BERCHTOLD WEBER

HISTORISCH-TOPOGRAPHISCHES LEXIKON DER STADT BERN

BERCHTOLD WEBER

HISTORISCH-
TOPOGRAPHISCHES
LEXIKON
DER STADT BERN

IN IHREN GRENZEN VOR DER EINGEMEINDUNG
VON BÜMPLIZ AM 1. JANUAR 1919

SCHRIFTEN
DER BERNER BURGERBIBLIOTHEK

AUSLIEFERUNG AN DEN BUCHHANDEL:
VERLAG STÄMPFLI & CIE AG, BERN

ELEKTRONISCH GESTEUERTER FILMSATZ, OFFSETDRUCK
BUCHBINDERARBEIT STÄMPFLI & CIE AG, BERN
PRINTED IN SWITZERLAND

ISBN 3-7272-0045-6

INHALTSVERZEICHNIS

ZUM GELEIT

Die Burgerbibliothek ist reich an Handschriften zur Schweizer und besonders zur Berner Geschichte. Neben der Betreuung und Erschliessung dieser Handschriften ist die Bibliothek bestrebt, zur zentralen bernischen Stätte zu werden, die dank einer umfangreichen Dokumentation Auskunft über die Entwicklung der Stadt und ihres Bildes im Laufe der Jahrhunderte vermitteln kann. Allen, die sich für diese Fragen interessieren, wird das von BERCHTOLD WEBER mit grosser Sorgfalt zusammengestellte Historisch-topographische Lexikon zu einem unentbehrlichen Handbuch werden. Viele Namen und Ortsbezeichnungen sind längst ausser Gebrauch geraten, oder ihre Bedeutung ist heute nicht mehr selbstverständlich. Bisher fehlte eine handliche Übersicht. Die Kommission der Burgerbibliothek freut sich, diese Lücke durch die Herausgabe des kleinformatigen, aber überraschend reichhaltigen Werkes zu schliessen, das nicht nur als alphabetisch geordnetes Nachschlagewerk dienen möchte, sondern vor allem bei fortlaufender Lektüre eine Fülle von Auskünften und Querverbindungen auf den Gebieten der bernischen Verwaltungs-, Wirtschafts- und Kulturgeschichte aufzeigt. Die Kommission dankt dem Verfasser für seinen grossen Einsatz.

HERMANN V. FISCHER
Präsident der Kommission der Burgerbibliothek

VORWORT

Topographische Bezeichnungen sind jedem alltäglich und vertraut, denn Namen von Strassen und Plätzen, von Restaurants und markanten Gebäuden, von Brücken, Brunnen und Denkmälern bilden das «bürgerliche Koordinatensystem». Dass diese Namen gelegentlich offiziell geändert werden, nimmt man zur Kenntnis, gewöhnt sich langsam an die neue Bezeichnung und merkt nicht, wie der alte Name vergessen wird. Mit der Überbauung der früheren stadtnahen Bauerngüter und in letzter Zeit auch mit der regen Bautätigkeit in der Altstadt sind wie überall so auch in Bern alte Namen verschwunden. Welcher heute Zwanzigjährige weiss noch, wo das Schmale Handtuch zu finden war, wer weiss, wo sich der Schattenhof befand? Wo gab es in der Bronzezeit eine Schmiede, woher kommt der Name Fricktreppe, auf welche Distanz wurde auf der Schützenmatte geschossen?

Wer auf solche Fragen die Antwort sucht, sieht sich einer sehr grossen Zahl von Publikationen gegenüber. Eine gewünschte Information zu finden, fällt deshalb oft schwer. Im vorliegenden Lexikon ist versucht worden, aus dem Gebiet der Gemeinde Bern (ohne Bümpliz) möglichst viele topographische Namen und Bezeichnungen zu sammeln und zu bestimmen. Um den Umfang des Buches nicht unabsehbar wachsen zu lassen, hat sich eine Beschränkung in zeitlicher Hinsicht aufgedrängt. Die Auswahlkriterien findet der Leser in den «Hinweisen für den Benützer».

Es ist mir an dieser Stelle eine angenehme Pflicht, allen jenen zu danken, die bereitwillig und jederzeit das Entstehen des Lexikons gefördert haben. Allen voran danke ich der Burgerbibliothek, ihrem Kommissionspräsidenten, dem Kantonalen Denkmalpfleger Hermann v. Fischer, und ihren Bibliothekaren, Dres. Hans Haeberli und Christoph v. Steiger. Das Stadtarchiv, das Historische Museum, das Städtische Vermessungsamt sowie die Kantonale Denkmalpflege und die Inventarisationsstelle der Kunstdenkmäler des Kantons Bern haben mir freien Zugang zu ihren Akten und zum Bildmaterial gewährt. Mein besonderer Dank gilt dem Altmeister stadtbernischer Baugeschichte, Herrn Prof. Dr. Paul Hofer, der mir nicht nur das Manuskript des Bandes 6 der Kunstdenkmäler der Stadt Bern zur Verfügung gestellt, sondern mir auch unbeschränkten Einblick in sein Privatarchiv gegeben hat.

Ungenannt bleiben müssen die vielen, die immer wieder mit Informationen und Anregungen zum Gelingen des Lexikons in verdankenswerter Weise beigetragen haben. Ohne die zahlreichen freundlichen Mitteilungen wäre manches unerwähnt geblieben.

In Dankbarkeit gedenke ich hier meines Grossvaters RUDOLF ZBINDEN (1881–1973). Er hat es verstanden, in mir schon früh das Verständnis für die Geschichte unserer Stadt zu wecken. Ihm verdanke ich auch die Kenntnis von vielen Einzelheiten der Entwicklung Berns in den letzten hundert Jahren.

Zum Schlusse danke ich meiner Frau: ohne ihre Mitarbeit wäre das Entstehen des vorliegenden Buches kaum möglich gewesen.

BERCHTOLD WEBER

HINWEISE FÜR DEN BENÜTZER

I. ALPHABETISCHER TEIL

Der Hauptteil des vorliegenden Buches behandelt unter unge-
fähr 2500 Stichworten (davon rund 2000 Hauptartikeln) die
*Flurnamen, Strassen, Plätze, öffentlichen und bedeutenden privaten
Bauten, Brücken, Brunnen, Banken, Gaststätten usw. der Gemeinde
Bern in ihren Grenzen vom 31. Dezember 1918,* also vor der Einge-
meindung von Bümpliz am 1. Januar 1919.

Es gelten dabei folgende Grundsätze:

– *Vollständig aufgenommen sind die Namen* von Objekten, die in
  der Gemeinde Bern (in ihren Grenzen von 1918) existieren
  oder einst existierten (abgegangene Namen) bzw. an die Stelle
  von anderweitig erwähnten Objekten getreten sind.

– *Erst nach 1919 entstandene Namen sind nur aufgenommen,* wenn sie
  an bereits vor 1919 bestehende Objekte anschliessen oder es
  sich um eine blosse Namensänderung handelt (z. B. bei Strassen oder Gaststätten). Dabei erscheint der 1918 gültige Name
  meist als Hauptartikel, auf den unter dem neuen Namen hingewiesen wird.

– *Nicht aufgenommen sind Namen,* die nicht an schon vor 1919
  bestehende Objektnamen anschliessen, so z. B. seit 1919 neu
  entstandene Gaststätten oder Banken. Es werden also auch
  neuangelegte Strassen nicht angeführt, die einen historischen
  Namen erhielten, ohne dass dieser in direkter Beziehung zur
  betreffenden Strasse steht (etwa in Erinnerung an einen früheren Wohnsitz oder Grundbesitz). So werden z. B. die Aberli-,
  Dunker-, Hildanus- und Ringoltingenstrasse nicht angeführt.

– *Ausnahmen:* Gelegentlich werden auch erst seit 1919 neu
  entstandene Namen bzw. Objekte aufgenommen; dies gilt
  besonders für Brücken, Fähren, Brunnen, Rechtsdenkmäler,
  Gedenktafeln, sowie Kirchen und andere Gebäude religiöser
  Bestimmung.

Sammelartikel
geben alle Hauptartikel eines bestimmten Sachgebietes an. Es
existieren folgende Sammelartikel:

Apotheken, Bäder, Bahnhöfe, Banken, Botschaften, Brücken,
Brunnen, Denkmäler, Friedhöfe, Gastgewerbe, Kellerwirtschaften, Kinos, Kirchen, Kornhäuser, Märkte, Museen, Rechtsdenk-

mäler, Schulen, Stadttore, Urgeschichte, Wehrbauten, Zünfte. Bei den Hauptartikeln findet der Benützer Standortangaben und soweit möglich einen Literaturhinweis.

Standortangabe: Bei heute noch bestehenden, mit einer Hausnummer versehenen Objekten ist der Standort unmittelbar nach dem Stichwort angegeben. In allen andern Fällen ist der Standort, soweit er bekannt ist und nicht aus dem Text hervorgeht, am Ende des Artikels zitiert.

Literaturhinweis: Aus der grossen Fülle von Literatur über Bern werden jeweils nur ein oder zwei Werke erwähnt, die entweder ausführlichere Angaben über das Objekt oder eine weiterführende Bibliographie enthalten. Werke, auf die mehrmals hingewiesen wird, sind mit einer Abkürzung zitiert.

2. STANDORTVERZEICHNIS

Das Standortverzeichnis enthält in der Art eines nach Strassen geordneten Adressenverzeichnisses alle im alphabetischen Teil erwähnten Standorte mit einer bestimmten Hausnummer, wobei auf den betreffenden Hauptartikel verwiesen wird. Innerhalb der einzelnen Strassen folgen die geraden Nummern den ungeraden. In der Altstadt findet man also zuerst die schattseitige Häuserreihe, dann die Häuser auf der Sonnseite.

3. PERSONENVERZEICHNIS

Das Personenverzeichnis enthält alle im alphabetischen Teil erwähnten Personen, wobei auf die betreffenden Hauptartikel verwiesen wird. Nicht aufgeführt sind Personen, die nur im Stichwort eines Hauptartikels selber auftreten. Das Personenverzeichnis enthält kein vollständiges Werkverzeichnis der genannten Künstler; es nennt nur Werke, die im alphabetischen Teil enthalten sind.

4. LITERATURABKÜRZUNGEN

Das vorliegende Verzeichnis enthält nur die Abkürzungen, die in den Literaturangaben des alphabetischen Teils verwendet werden. Wie es in Lexika allgemein üblich ist, wird hier kein vollständiges Verzeichnis der verwendeten Quellen angegeben.

Mit einem ↗ wird auf einen Hauptartikel verwiesen.

Wörter, die man unter K vermisst, findet man unter Ch. Im übrigen gilt die allgemein übliche Schreibweise (z. B. Kindlifresserbrunnen, aber Restaurant Chindlifrässer). Nur umgangssprachlich verwendete Wörter findet man unter Ch (z. B. Chachelimärit).

Die Umlaute ä, ö, ü sowie ae, oe und ue sind im Alphabet den Vokalen a, o und u gleichgestellt. So folgen aufeinander Affolter-Häuser, Aegertenstrasse, Aegidiuskapelle, Akademie.

Aarbergergasse Seit 1798 ist der Name A. für die frühere *Golatenmattgasse* offiziell. 1279 ist der Flurname Golatenmatten belegt.
Lit.: KDM 2

Aarbergerhof Aarbergergasse 40. **1)** Am Anfang der Fünfzigerjahre des 20. Jh. neu erbautes Haus. A. hiess auch schon der frühere Bau.
2) ↗Corso

Aarbergertor, Äusseres A. *1. Tor* In den ursprünglichen Schanzenplänen nicht vorgesehen, in den Jahren 1624–27 von DANIEL HEINTZ II. erbaut. Abgebrochen 1823/24.
2. Tor 1826 erstellter spätklassizistischer Bau mit Gittertor und Wachthäusern nach Plänen von J. D. OSTERRIETH. 1889 wird das Gitter bei der Tieferlegung der Strasse entfernt. 1893 wird das östliche Torhaus abgebrochen. Das westliche Torhaus wird 1905 zur Aufnahme des Schweiz. Schulmuseums (↗Schulwarte) erweitert. Abgebrochen 1961. Von 1881 bis 1893 waren hier die ABART'schen Bären vom ↗Murtentor aufgestellt.
Standort: Zwischen Stellwerk (Bollwerk 14) und Speichergasse
Lit.: HOFER, Wehrbauten
Abbildungen 5 und 6, S. 51

Aarbergertor, Inneres ↗Golatenmattgasstor

Aarbergstrasse Bis zum Abbruch des Äussern ↗Aarbergertors hiess der von dort bis zum ↗Henkerbrünnli führende Teil der Neubrückstrasse A.

Aarberg-Valangin-Haus Junkerngasse 26. Der Ostteil des heutigen Hauses war Sässhaus der Grafen von A.-V. Das Wappenrelief JOHANNES III. v. AARBERG aus den Achtzigerjahren des 15. Jh. wurde 1910 etwas stadtaufwärts versetzt.
Lit.: KDM 2

Aarbühl, Oberer Sandrain Landgut zwischen Sandrainstrasse und Aarbühlweg, nach den Besitzern zu Beginn des 20. Jh. auch *Lindtgut* genannt. Der Gartenpavillon von 1770 wurde 1964 in den Garten des Lindenhofs in Belp versetzt.
Standort: Sandrainstrasse 109/111

Aare Der Name des Flusses, in dessen südlichster Schleife die Altstadt von ↗Bern liegt, ist keltisch und hat vermutlich «Ara» gelautet. Belegt ist die gallo-römische Namensform *Arura*.

Aareggweg, Oberer und Unterer ↗Schärlochweg

Aarenturm ↗Blutturm

Aarenpulverturm ↗Blutturm

Aargauerstalden 1750–58 nach dem Projekt des Piemontesen MIRANI, nachmals Inspektor der bernischen Strassen, unter teilweiser Abtragung und Aufschüttung der ↗Sandfluh erstellt. Gleichzeitig wird die Papiermühlestrasse bis zur Gemeindegrenze in der heutigen Breite gebaut. Anfangs hiess der A. *Neuenweg* oder *Äusserer Stalden*. 1941 wird die Fahrbahnwölbung stark gemildert, und die tiefen Abzuggräben werden ausgefüllt.
Lit.: KDM I

Aargauerstalden, Alter Vor 1603 gebaut. In der Folge konnte die ↗Haspelgasse für den Fahrverkehr gesperrt werden. Der nicht ausbaufähige Alte A. wurde 1758 durch den ↗Aargauerstalden als Ausfallstrasse abgelöst.
Lit.: KDM I

Aargauerstalden-Denkmal Ästhetisch befriedigte das 1761 aus Sandstein errichtete Denkmal zur Vollendung des ↗Aargauerstaldens nie. Seine Form trug ihm den Populärnamen *Kaffeemühle* ein. 1815 wurde es durch den roten Granitfindling ersetzt, wobei der Text unverändert übernommen wurde.
Lit.: KDM I, HOWALD, Brunnen 2

Aarhof ↗Harnischturm

Aarstrasse In den Jahren 1861–65 als Verbindung von der ↗Matte zum ↗Marzili erstellt. 1966/67 verbreitert; dabei wird die alte Steinbrüstung durch ein Metallgeländer ersetzt. Ursprünglich hiess die A. *Matten-Marzilistrasse.*

Aarziele im 18. u. 19. Jh. verfälscht aus ↗Marzili.

Aarzieledrittel ↗Stadteinteilung

Aebi, Café Die im letzten Jahrzehnt des 19. Jh. als *Café Bieri* eröffnete Wirtschaft hiess vor dem Ersten Weltkrieg *Café Kiener,* nach dem Ersten Weltkrieg *Café Ae.*; heute *Casa d'Italia.*
Standort: Bühlstrasse 57

Aebimatte ↗Muesmatt

Aebischlössli 1929 abgebrochenes Landhaus aus dem 16. Jh.

Der Name A. nach den Besitzern von 1832 bis 1902 ersetzt seit Anfang des 20. Jh. die frühern Namen *Schlössli, Muesmattschlössli* oder *Lindengut* oder *-schlössli*.

Standort: Bühlstrasse 14
Lit.: MORGENTHALER, Länggasse

Adler, Goldener Adler Gerechtigkeitsgasse 7. Den 1489 als *Weisses Kreuz* erstmals erwähnten Gasthof erwirbt 1763 GABRIEL THORMANN. Er kauft das schmale östlich anstossende Haus dazu und lässt (vermutlich durch N. HEBLER) in den Jahren 1764/66 den Neubau errichten. Seit dem 1. Februar 1766 heisst das Haus zum G. A. Beim Gesamtumbau von 1953 kommt das Schild von 1766 wieder zum Vorschein; der Name wird in A. vereinfacht.
Lit.: KDM 6

Affen Kramgasse 5. Die 1321 gegründete Steinhauerbruderschaft vereinigt sich 1431 mit der Münsterbauhütte zur Gesellschaft zu A. Schon vor 1389 hat die Bruderschaft das Haus Kramgasse 1 bezogen. Diese Liegenschaft, 1539 neu erbaut, 1694 durch S. JENNER umgebaut, bleibt bis 1832 Gesellschaftshaus. In diesem Jahr wird das heutige, in den frühen Dreissigerjahren des 18. Jh. an Stelle des Hauses der ZIGERLI VON RINGOLTINGEN erbaute Haus bezogen.
Lit.: KDM 2,6

Affolter-Häuser Nach dem vormaligen Besitzer im letzten Viertel des 19. Jh. Name der Häuser Gesellschaftsstrasse Nrn. 29, 33 und 35.

Aegertenstrasse In der Verlängerung des südlichen Teils der 1887 angelegten Ae. befindet sich die Ruine Aegerten (Gde. Köniz).

Aegidiuskapelle, Gilgenkapelle Die 1344 geweihte Kapelle stand auf den Fundamenten einer früheren Kapelle und eines gallorömischen Tempels. Sie wurde 1534 abgebrochen, nachdem sie schon 1512 an die Stadt übergegangen war. Die Fundamente eines zweiten, kleineren Tempels fanden sich in der Nähe.
Standort: Wenig östlich des ↗Engemeister-Gutes, Reichenbachstrasse 142

Akademie 1) Die alte, 1528 gegründete A., meist *Hohe Schule* oder *Collegium zu Barfüssern* genannt, war vor allem eine Theologenschule und erhielt erst im 17. und 18. Jh. auch Lehrstühle für Eloquenz, Recht und Mathematik.

2) Die 1805 durch den Kanzler A. F. v. MUTACH neu gegründete
A. war die Vorläuferin der ↗Universität 1).
Standort 1) und 2): ↗Hochschule, heute ↗Casino 2), Herrengasse 25
Lit.: HAAG, die Hohen Schulen zu Bern, Bern 1903

Alexandraweg Die russische Grossfürstin ANNA FEODOROWNA
(1781–1860) nannte diesen Weg in ihrem Landgut ↗Elfenau nach
der Gattin des Zaren NIKOLAUS I., ALEXANDRA FEODOROWNA
geb. CHARLOTTE VON PREUSSEN (1798–1860). Der Name ist seit
1920 offiziell.

Alhambra Hirschengraben 24. 1908 erbauter Saal des Hotels
National (↗Maulbeerbaum).

Alkoholverwaltung, Eidgenössische Länggassstrasse 31. Das
stark dem Jugendstil verhaftete Gebäude erstellte 1903/04 A. HÜ-
NERWADEL. Das *Chemiegebäude* der Eidg. A., Länggassstrasse 35,
wurde 1894/96 erbaut, das *Verwaltungsgebäude,* Länggass-
strasse 37, 1948 bezogen.

Allmendstrasse Die A. hiess 1887–1911 *Allmendweg.*

Alpenblick Kasernenstrasse 29. Im letzten Jahrzehnt des 19. Jh.
eröffnetes Hotel.

Alpenegg Alpeneggstrasse 14. Auf dem früheren Landgut
Hübeli wurde 1826 die heutige Villa erbaut.

Alpes, Café des Zähringerstrasse 15. In den Siebzigerjahren des
19. Jh. eröffnete Wirtschaft, die eine Nachfolgerin der Kaffeewirtschaft in der ↗Falkenburg 1) war. Heute: Wohnheim für
Betagte.

Alpines Museum Helvetiaplatz 4. Die Stiftung «Schweiz. Alpines Museum» eröffnet ihre Schausammlung 1903 im Hauptsaal
des ↗Rathauses des Äussern Standes. Am 15. Dezember 1934
wird die Ausstellung im neuen Gebäude eröffnet (↗Postmu-
seum).

Altenberg 1) Seit alters Name des rechtsufrigen Nordhanges
der Aare. Name von altus mons (= hoher Berg).
Abbildungen 1 und 2, S. 33
2) Restaurant ↗Altenbergbad

Altenbergbad Uferweg 4. Kurz nach dem Bau des ↗Alten-
bergstegs (1834) wurde unter dem Namen *Café du Pont* das A.
eröffnet. 1862 wurde ein Flussbad eingerichtet. Seit der Über-

nahme durch RUP. GASSNER 1884 besteht nur noch das heutige *Restaurant Altenberg*.

Altenbergbrauerei ↗Gassner 1)

Altenbergdrittel ↗Stadteinteilung

Altenberg-Gut Landgut am Altenbergrain. Es reichte ungefähr von der ↗Lehrwerkstätte bis zur Rabbentaltreppe.

Altenbergsteg Am 1. Mai 1823 nahm an der Stelle der heutigen Brücke eine Fähre den Betrieb auf. Sie wurde in den Jahren 1833/ 34 durch eine Holzbrücke mit Zollhaus ersetzt. Die heutige Kettenbrücke wurde am 2. November 1857 eröffnet, nachdem sie in der Oltener Werkstätte der ↗SCB konstruiert und von GRÄNICHER montiert worden war. Länge 54 m, Breite 2,3 m.
Lit.: KDM 1

Altenbergstrasse, Obere Vor 1880 Name der *Schänzlistrasse*.

Altenberg-Wartturm Vom 14. bis ins 16. Jh. erwähnter Turm.
Standort: Vermutlich am südlichen Ende der Schönburgstrasse
Lit.: KDM 1

Altenbergweg, Oberer ↗Sonnenbergweg

Altenrain ↗Altrain

Altersheim Schönegg ↗Greisenasyl

Althof 1) In der ersten Hälfte des 20. Jh. Name des Hofes zwischen den Häusern Marktgasse 46–54, Waaghausgasse 5 und 7 und Zeughausgasse 35–41. Den Zugang zum A. bildete das *Althofgässchen*, welches (heute ohne offiziellen Namen) das Haus Waaghausgasse 7 durchquert.
2) Während des Ersten Weltkriegs lag am A. 1) die Pension A.

Althaus ↗Tollhaus

Altisheim Rabbentalstrasse 71. Vor dem Bau der ↗Kornhausbrücke entstandene Villa, die heute unter der Brücke liegt.

Altrain Oberweg 1. In den Sechzigerjahren des 19. Jh. erbaute und bis ca. 1880 *Altenrain* genannte Villa.

Amphitheater Die Mauern des römischen A. wurden 1880 entdeckt und als Wasserreservoir gedeutet. Erst die Ausgrabungen von 1956 nach dem Abbruch des ↗Pulverturms 4) legten das A. mit einer Ausdehnung von 27,55 auf 25,30 m frei.
Standort: Nordöstlich der ↗Matthäuskirche, Reichenbachstrasse 114
Lit.: BZfGH 1957

Amselweg hiess vor 1898 *Ziegelweg*.

Amthaus 1) Das A. an der Amthausgasse 7, das Haus der früheren *Privatbank Nägeli & Co.*, löste 1847 die ↗Amtsschreiberei 3) ab.
2) Hodlerstrasse 7. In den Jahren 1896–1900 erbaut an der Stelle der ↗Anatomie 1). Bezogen im August 1900. Umbau des Gefängnistrakts 1973/74.
3) *Café A.*, Hodlerstrasse 16. Kurz vor 1900 eröffnetes Restaurant, das am Anfang «zum neuen A.» hiess. Seit anfangs der Siebzigerjahre des 20. Jh. befindet sich an dieser Stelle das chinesische Restaurant *Hongkong*.

Amthausgassbrunnen Der 1837 errichtete klassizistische Brunnen hat zwei lange Achteckbecken. Er ersetzt den Brunnen von 1789, den N. SPRÜNGLI geschaffen hat. 1880 wird dem A. die Vennerfigur vom Vierröhrenbrunnen aufgesetzt (↗Vennerbrunnen). 1913 wird der A. abgebrochen. Die Becken werden zersägt und in neuer Zusammensetzung für den ↗Vennerbrunnen verwendet.
Standort: Nordostecke des ↗Bundeshauses Nord, Amthausgasse 15
Lit.: KDM 1
Abbildungen 3 und 4, S. 34

Amthausgässchen ↗Inselgässchen

Amthausgasse Ursprünglich *Schinkengasse* (erstmals 1320 belegt), um 1740 *Judengasse*, 1798–1803 *Bürgergasse*, dann wieder Judengasse, vereinzelt *Falkengasse* (Hotel ↗Falken in Nr. 6), seit 1878 offiziell A. (↗Amthaus 1) in Nr. 7.
Lit.: KDM 2
Abbildungen 3 und 4, S. 34

Amtsschaffnerei ↗Deutschseckelschreiberei

Amtsschreiberei 1) Seit 1718 befand sich die A. im Haus Rathausplatz 1. Ebendort befand sich das ↗Generalkommissariat.
Lit.: KDM 3
2) 1798 wurde die Verwaltung des neugeschaffenen Amtbezirks Bern ins ↗Nägelihaus 2) verlegt *(Präfektur)*.
3) 1824–1847 befindet sich die A. im Hause Amthausgasse 2 (↗Amthaus), dem früheren v. WERDT-Haus.

Anatomie 1) 1734/35 Gründung des ersten anatomischen Theaters durch ALB. V. HALLER im damals noch vorhandenen Teil des

↗Heiliggeistspitals. 1805 bis 1811 Umbau und Erweiterung eines Gartenhauses des ↗Mädchen-Waisenhauses zur Anatomie nach Plänen von OSTERRIETH (Hodlerstr. 5). 1833 bis 1836 Neubau der Anatomie an der Ringmauer unter Einbezug des ↗Kohlerturms (Südflügel des ↗Amthauses). 1898 abgebrochen beim Bau des ↗Amthauses 2) (Hodlerstrasse 7).
Lit.: KDM 3
2) Bühlstrasse 26, erbaut 1896/97.

Anatomiegässchen und -gasse ↗Genfergasse

Andres, Speisewirtschaft Café ↗Bigler

Ankenlaube ↗Kesslergasse

Ankenmarkt Noch im späten 15.Jh. vor den untersten schattseitigen Häusern der ↗Gerechtigkeitsgasse. Nach 1514 bei der ↗Ankenwaag.
Lit.: KDM 2

Ankenwaag Vom Rat 1514 als *Tuchhaus* erbaut, um den Tuchhandel einzudämmen. Das Gebäude wurde aber nie als Tuchhaus verwendet, sondern als Ankenwaag (Buttermarkt) mit Säumerställen eingerichtet. Im 1.Stock bestand bis zum Bau des ↗Salzmagazins ein Salzlager. 1755 grösstenteils abgebrochen.
Standort: Münstergasse 61/63 mittlerer Teil
Lit.: KDM 3

Ankenwaag-Brunnen 1596 Marktbrunnen am Westausgang der ↗Kesslergasse errichtet. 1755 wegen des Neubaus des Ankenwaagkornhauses (↗Stadtbibliothek) abgebrochen. Im Frühling 1760 wurde ein neuer Brunnen zwischen der Münsterbauhütte (↗Polizeigebäude 1) und dem Eingang des ↗Barfüsserfriedhofs errichtet. 1772/75 wird der A. beim Bau der ↗Bibliothekgalerie nach Westen verschoben und in einen Nischenbau gestellt. Mit diesem wird er im Sommer 1882 beim Bau der ↗Kirchenfeldbrücke abgebrochen.
Letzter Standort: Ca. 20 m östlich der ↗Hauptwache (Theaterplatz 13)
Lit.: KDM 1

Ankenwaagkornhaus ↗Stadtbibliothek

Anker Kornhausplatz 16. Älter als das in den Siebzigerjahren des 19.Jh. eröffnete Restaurant A. war die zu Beginn des 20.Jh. geschlossene Kellerwirtschaft im selben Haus, die *Arnet-* oder *Krummenacherkeller,* populär *Kleiner Kornhauskeller* oder *Sackträger* hiess.

Annaheim ↗Dienstenspital

Anna Seiler-Brunnen Der 1545/46 errichtete Brunnen ersetzt einen Brunnen aus dem 14.Jh. Die Figur aus der Werkstatt des HANS GIENG stellt vermutlich die Temperentia dar. Seit KARL HOWALD (1847) heisst der Brunnen nach Anna Seiler, der Stifterin des ↗Inselspitals. Vorher hiess er *Kefibrunnen* oder *by der Gefangenschaft*. Bei der Renovation von 1785/86 erhielt der Brunnen einen neuen Trog nach einem Entwurf von N. SPRÜNGLI. Säule, Sockel und Kapitell wurden ebenfalls ersetzt. Die Säule ist römisch und stammt vermutlich aus Bümpliz. Vor dieser Renovation hatte der Brunnen 4 Röhren. 1962 wurde die Figur durch eine Kopie von W. DUBI ersetzt.
Standort: Vor 1889 und seit 1961 vor dem Haus Marktgasse 58. 1889–1960 vor dem Haus Nr. 52
Lit.: KDM 1

Anna Seiler-Haus Freiburgstrasse 41 c. Das als Projekt *Loryspital II* genannte Spital auf dem ↗Engländerhubel entstand 1948–54.

Anneler, Café ↗Südbahnhof 2)

Antikensaal 1808 im Westflügel des Bibliothekstocks der alten ↗Hochschule eingerichteter Saal, der 1864 in die Aula umgebaut wurde.
Standort: Westlicher Teil des ↗Casinos 2), Herrengasse 25
Lit.: KDM 3

Antoniergässchen Einziges Verbindungsgässchen zwischen ↗Gerechtigkeits- und ↗Postgasse. Der Name weist auf das ↗Antonierhaus, das dem Nordausgang des A. schräg gegenüberliegt.

Antonierkirche, Antonierhaus Postgasse 62. 1444 baute der bereits 1283 in Bern ansässige Spitalorden der Antonier eine Kapelle und ein kleines Ordenshaus. 1492–1505 entsteht die neue Kirche. Baumeister ist evtl. HANS V. MÜNSTER, ein Gehilfe ERHARD KÜNGS. 1533 Umbau in ein Kornhaus. Nach 1798 dient die A. als Werkstätte und Postwagenremise bis 1831, 1839–43 als ↗Kunstmuseum, 1837–43 als ↗Historisches Museum. 1843 übernimmt der Kronenwirt J. KRAFFT die A. und baut sie z.T. neugotisch als Stallung und Heubühne um. 1860 kauft die Einwohnergemeinde die A. und verwendet sie als Feuerwehrmagazin, dem 1911 noch ein Steigerturm angebaut wird. 1939/40 Umbau unter E. INDERMÜHLE: Entfernung aller nachreform.

Zutaten. Raumaufteilung neu zur Verwendung als Kirchgemeindehaus.
Lit.: KDM 5

Apiarius-Haus Brunngasse 70. 1537–1547 hatte der erste Buchdrucker Berns, MATTHIAS APIARIUS (eigentlich BIENER), in diesem Hause seine Offizin. Der heutige Bau stammt vom Ende des 17. Jh., die Gedenktafel von 1937.
Lit.: KDM 2

Apollo Fabrikstrasse 45. Als *Café Waldrand* im letzten Jahrzehnt des 19. Jh. eröffnet, diente es bald unter dem Namen *Waldrand-Apollo* als *Operettentheater*. Bis in die Fünfzigerjahre des 20. Jh. befand sich das Restaurant A. im Haus Länggassstrasse 83.

Apotheken
↗Central-A., Kramgass-A., Rathaus-A., Rebleuten, Sinner-Haus, Staatsapotheke, Studer-Haus, Zeitglocken-A.

Arbeitshäuser ↗Blauhäuser

Arbeitshütte Sulgenrain 26. Nachdem sich die 1888 eröffnete A. ursprünglich an der Aarstrasse befunden hatte, verlegte sie der Verein für Arbeitsbeschaffung an den heutigen Standort und betrieb dort zur Zeit des Ersten Weltkriegs eine Speiseanstalt.

Arlequin ↗Rebleuten

Armbruster-Haus 1491 abgebrochenes Wohnhaus des Propsts JOH. ARMBRUSTER zuunterst an der Schattseite der Münstergasse.
Standort: Gegenüber dem Haus Münstergasse 30
Lit.: KDM 2

Armbruster-Kapelle 1) Erbaut 1503, abgetragen 1506. Name nach dem Stifter JOHANNES ARMBRUSTER, dem ersten Propst des Chorherrenstifts.
Standort: Südostecke der ↗Plattform

2) Erbaut 1506 als Ersatz für die baufällig gewordene A. K. 1). Abgebrochen 1528 (↗Schlüsselveld-Haus).
Standort: Südöstlich des ↗Mosesbrunnens, dem östlichen Teil des Hauses Münstergasse 32 gegenüber
Lit.: KDM 4

Arminsrain ↗Hunzikerhübeli

Arnetkeller ↗Anker

Aernisheim Die Scheuer des Landguts ↗Lorraine trug in der ersten Hälfte des 20. Jh. die Aufschrift Ae.
Standort: Talweg 5

Arschbacken, die sechs Vulgärname des Restaurants ↗Drei Eidgenossen.

Artillerieschopf 1753 bezogen, 1856 abgebrochen.
Standort: Bahnanlagen nördlich des ↗Burgerspitals
Lit.: KDM 3

Artillerie-Zeughaus ↗Kavalleriekaserne

Artistenhaus Ein 1824 erstellter Pavillon, der vor dem Bau der ↗Waisenhausturnhalle wieder abgebrochen wurde.
Standort: Hodlerstrasse 6

Aspi, Am Westzipfel des Könizbergwaldes (Koord. 596400/197700).

Astronomisches Institut Muesmattstrasse 25. Da die zunehmende Beleuchtung der Stadt die Beobachtungen im ↗Observatorium auf der Grossen Schanze erschwerte, wurde in den Jahren 1922/23 die Sternwarte an der Muesmattstrasse erbaut, die ihrerseits durch die 1959 errichtete Station von Zimmerwald an Bedeutung verlor.

Asyl für erstgefallene Mädchen Im heute abgebrochenen Hause Neufeldstrasse 31 bestand unter diesem Namen ein 1881 gegründetes Heim für ledige Mütter.

Aulastrasse 1882 erstellte Verbindungsstrasse zwischen ↗Polizeigasse und Nordende der ↗Kirchenfeldbrücke.
Standort: Tramgeleise auf dem ↗Casinoplatz

Ausserbad, auch Laufersbad Durch Ratsbeschluss von 1542 bewilligte und im Laufe des 16. Jh. eingerichtete Badwirtschaft mit Schwefelquelle im Marzili. Abgebrochen 1905 bei der Erweiterung des ↗Gaswerks.
Standort: Östlich der Sandrainstrasse unter der Monbijoubrücke
Lit.: DURHEIM Beschreibung; GOHL, Heilquellen

Ausserkrankenhaus Ein Ratsbeschluss vom 8. Mai 1765 vereinigt das ↗Siechen-, das ↗Blattern- und das ↗Tollhaus zu einer einzigen Stiftung und gibt ihr den aufgeklärten Namen A. 1891 bezieht das A. ein Gebäude im neuen Inselareal und wird auf den 1. Januar 1908 mit der Inselstiftung verschmolzen. Das Gebäude wird zur dermatologischen Klinik.
Standort 1891–1907: Freiburgstrasse 34
Lit.: KDM 1

Ausserkrankenhaus-Kornhaus ↗Siechenhauskornhaus

Aussetzelhaus ↗Siechenhaus 1)

Automobilmarkt Vor dem Zweiten Weltkrieg fand jeden Dienstagnachmittag auf dem Waisenhausplatz ein reger Autohandel statt.

Lit.: ANLIKER, Marktverhältnisse der Stadt Bern, Diss. Bern 1945

Bachhäuschen Kleines Haus südlich der Freiburgstrasse, dort wo der Stadtbach diese unterquert.

Standort: Etwas nördlich des Hauses Freiburgstrasse 69

Bachstrasse Der Name B. bezeichnete bis 1941 die heute zum *Erlenweg* gehörende Strasse westlich der Häuser Marzilistrasse 34–44.

Bäckereiweg Der Name erinnert an die Bäckerei ARN, die seit der Überbauung der KONRAD & WYDER-Besitzung (ca. 1880) am B. stand.

Bad 1) *Äusseres* ↗Ausserbad
2) *Inneres* ↗Innerbad

Bäder
↗Ausserbad, Bubenseelein, Frickbad, Innerbad, Inselibad, Laufeneggbad, Lorrainebad, Marzilibad, Mattenbühlbad, Mattenhof, Pelikan, Schwimmschule, Volksbad

Badergraben ↗Grabenpromenade

Baders Hahnen Ein im 18.Jh. erwähnter privater Anschluss am städt. Trinkwassernetz an der Südseite der ↗Spitalgasse.

Lit.: MORGENTHALER, Trinkwasser

Badgassbrunnen Hölzerner Brunnen, 1685 längs der Plattform-Ostmauer errichtet. 1747 durch eine steinerne Anlage ersetzt.

Standort: Gegenüber Badgasse 1
Lit.: KDM 1

Badgasse Bis in die Mitte des 19.Jh. hiess die B. *Im Spitz* oder *Spitzlaube*. Am Westende der B. befand sich das ↗Frickbad. An der Ostseite wurden 1828 zwei Bäder behördlich geschlossen. Die Gärten gegen die Aare wurden beim Bau und beim Ausbau der ↗Aarstrasse (1861/65 und 1966/67) erheblich verkleinert. In den Jahren 1916/32 baute die Gemeinnützige Baugenossenschaft

23

die Häuser 21–51 neu nach Plänen von K. INDERMÜHLE. 1951/52 wurden von der gleichen Bauherrin auch die Häuser gegen den ⁊Bubenbergrain neu gebaut. Nr. 1a hat noch die Lauben, die einst die ganze Gasse säumten. Im ausgehenden Mittelalter gab es auch Häuser am Fuss der Plattformmauer.

Lit.: KDM 2

Badstöckli Stöckli des ⁊Ausserbades.

Standort: Sandrainstrasse 6

Badstubengraben ⁊Grabenpromenade

Badweiher ⁊Schwimmschule

Bahnhöfe
⁊Fischermätteli 2), Güter-B., Haupt-B., Obstberg-B., Süd-B. 1)

Bahnhofplatz Bei der Schleifung der Mauern und Türme der 4. ⁊Stadtbefestigung 1830/32 entstand zwischen ⁊Burgerspital und ⁊Neuengasse ein Platz, der zuerst wegen der benachbarten Kavalleriekaserne *Kasernenplatz,* dann bald *Spitalplatz* hiess. Auf ihm fand der *Kabismarkt* statt. Dieser Name bezeichnete zuweilen den ganzen Platz. Bei der Einführung der ⁊SCB wurde der Kopfbahnhof auf dem westlichen, *Hundmatte* genannten Teil des Platzes errichtet, während der östliche Teil fortan B. hiess.

Bahnstrasse Vor 1960 hiessen die südwestlichen Teile der B. *Ladenwandstrasse.*

Balderstrasse Der altgermanische Gott BALDUR soll auf dem ⁊Vejelihubel ein Heiligtum gehabt haben, wie 1914 in der Begründung der Benennung der B. angeführt wurde.

Bali Café ⁊Emmenthalerhof

Ballenhaus 1678 durch Überdachung der beiden gezinnten Mauerzüge nördlich des ⁊Schindelturms erbaut. Seit 1697 fanden im B. Theatervorführungen statt. 1804–1820 war es Exerzierhalle der Stadtgarnison. Abgebrochen 1820 für den Bau des ⁊Casino 1).

Standort: Ostflügel des ⁊Parlamentsgebäudes, Bundesplatz 15

Lit.: KDM 2

Ballenhausgässli Bis zum Bau des ⁊Casinos 1) 1820 Name der südlichen Fortsetzung des ⸁⁊Käfiggässchens auf dem ⁊Bundesplatz. Die Achse des B. lag parallel zu der des Käfiggässchens, befand sich aber ca. 10 m weiter östlich.

Ballenhausturm ↗Schindelturm

Ballonhalle Papiermühlestrasse 92. Ursprünglich für die Fessel-
ballone der Armee gebaut, diente die B. seit ca. 1910 auch als
Hangar für Militär- und Privatflugzeuge.

Bank, Eidgenössische Schweizerische ↗Bankgesellschaft

Bank in Bern Diese Bank existierte von 1910 bis 1932.
Standort: Schwanengasse 8
Lit.: SCHAUFELBERGER, Bankwesen

Banken
↗Bankgesellschaft, Bank in Bern, Berner Handelsbank, Boden-Creditanstalt,
v. Büren (↗Effingerhaus), Deposito-Cassa, v. Ernst, v. Ernst Armand, Ersparniskasse, Burgerliche, Ersparniskasse für die Einwohner des Amtes Bern (↗Mar-
cuard), Fastnacht & Buser, Gewerbekasse, v. Grenus (↗Grenus-Haus), Hypothekarkasse, Kantonalbank, Kreditanstalt (↗Marcuard), Marcuard, Müller
(↗Tscharnerhaus 3)), Nägeli (↗Amthaus 1)), Nationalbank, Schnell, Spar- und
Leihkasse, Wagner.

Bankenkeller ↗Hotelkeller

Bankgesellschaft, Schweizerische Bubenbergplatz 3. Die
1863 als *Eidgenössische Bank* gegründete B. verlegte 1891 ihren
Hauptsitz nach Zürich und trägt seit 1945 den heutigen Namen.
Lit.: SCHAUFELBERGER, Bankwesen

Bankgässchen Name des Gässchens südlich des 1867 errichteten
Gebäudes der Eidgenössischen Bank, das 1952/53 die Schweiz.
↗Bankgesellschaft neu erbauen liess.

Bannwartenhubel ↗Bawartehubel

Bannwartenweg ↗Glasbrunnenstrasse

Banques, Café des ↗National 1)

Bär, Grosser 1622 auf der ↗Gatschethöhe erbaute Bastion.
Standort: Areal des ↗Frauenspitals (Schanzeneckstrasse 1) und der Generaldirek-
tion ↗SBB (Hochschulstrasse 6).
Lit.: HOFER, Wehrbauten

Bär, Kleiner 1622 erstellte und 1834 ausgeebnete Bastion.
Standort: Bogenschützenstrasse
Lit.: HOFER, Wehrbauten

Barcelona 1) Bis ins letzte Jahrzehnt des 19. Jh. hiess das im
Ersten Weltkrieg verschwundene Café B. *Spanische Weinhalle.*
Standort: Waisenhausplatz 9
2) ↗Cardinal 1)

Bäreck Bärenplatz 2. Nach der 1861 wegen des Abbruchs erfolgten Verlegung des ↗Bärens wurde im Neubau das *Hotel de l'Europe* eröffnet, das bis 1874 existierte. Das heutige Haus B. mit dem gleichnamigen Restaurant entstand 1932.
Lit.: KDM 6

Bären Schauplatzgasse 4. Der 1519 eröffnete Gasthof befand sich bis 1861 im Haus Bärenplatz 2 (↗Bäreck), das 1725 neu gebaut worden war. Der Neubau von 1860 am heutigen Standort des B. wich 1958 zusammen mit dem Haus Bärenplatz 6 von 1853/54 einem modernen Bau.
Lit.: KDM 6

Bärenbrunnen 1) ↗Bärenplatz-Brunnen
2) ↗Zähringerbrunnen

Bärengraben 1) Nachdem schon seit 1480 in den Stadtgräben gelegentlich Bären gehalten worden waren, wurde der *erste B.* 1513 am ↗Bärenplatz eröffnet. Aufgehoben und zugeschüttet wurde der erste B. 1763. Der nördlichste Teil des Bärenplatzes hiess schon im 15.Jh. gelegentlich *Tiergraben*.
Standort: Zwischen den Häusern Bärenplatz 2 und 3, 5 und 7
2) Der *zweite B.* wurde 1764 eröffnet und 1825 aufgehoben. In den Jahren 1798–1810 stand er leer. Zugeschüttet wurde er 1830 beim Bau des Grossen ↗Zuchthauses.
Standort: ↗Bollwerkpost, Süd-Teil, Bollwerk 25
3) Der *dritte B.* wurde 1825 eröffnet und 1857 wegen der Einführung der ↗SCB aufgehoben.
Standort: Eisenbahnareal nördlich des Stellwerks, Bollwerk 14
Abbildung 5, S.51
4) Der *vierte B.* (Muristalden 4) wurde in den Jahren 1856/57 von Tschiffeli erbaut. 1892 wurde der «Bärenstein» («Erst Bär hie fam») an der Nordseite der Brüstung eingesetzt. Dieser Stein war früher im Portal des ↗Klösterli-Friedhofs eingemauert gewesen. Der hintere, kleine Graben für Jungbären entstand 1924. Die Renovation von 1974/75 brachte einige betriebliche Erleichterungen.
Lit.: KDM 1
5) *Café B.* Muristalden 1. Kurz nach der Eröffnung der ↗Strassenbahn B.–Bahnhof–Bremgarten-Friedhof (1890) entstand im nordöstlichen Zollhaus der ↗Nydeggbrücke das Café B.

Bärenhöfli 1) *Hinteres oder altes B.* In der Mitte des 19.Jh.

bestehende, 1866 abgebrochene Wirtschaft im südlichen Teil des Eckhauses Bundesplatz/Schauplatzgasse (↗Kantonalbank).
Abbildung 9, S.101

2) *Vorderes oder neues B.* Um die Mitte des 19.Jh. eröffnete Wirtschaft, die vom 1.Juli 1867 an B. heisst und 1896 beim Abbruch des Hauses verschwindet.
Standort: Auf dem Bundesplatz, 20 m südlich des Hauses Käfiggässchen 32

3) Zeughausgasse 41. Im Anschluss an den Abbruch von 2) eröffnete Kaffeehalle.

Bärenplatz An der Stelle des heutigen B. befand sich seit 1256 der Graben vor der ↗3.Stadtbefestigung. 1513 wird der nördliche Teil als ↗Bärengraben abgetrennt. 1578 verschwindet die Brücke vor dem ↗Käfigturm, und 1579 wird der Südteil des Grabens aufgefüllt. Kurz vorher beginnt die Überbauung des östlichen Zwingelhofes. Der Südteil des Platzes wird zum *Heu- und Holzmarkt*. 1668/69 wird der *Rossmarkt* hierher verlegt. Nach der Aufhebung des ↗1.Bärengrabens wird auch dieser Platzteil ausgeebnet und heisst im nördlichsten Teil *Holzmarkt* und im mittleren Teil *Viehmarkt*. Der Name B. kommt erst in der Mitte des 19.Jh. auf.
Lit.: KDM 2

Bärenplatz-Brunnen 1840 wird der neugotische Brunnen von Bargetzi (nach einem Entwurf von R. v. Sinner) in der Nordwestecke des heutigen ↗Bundesplatzes an Stelle des Fischbrunnens (↗Waisenhausplatz-Brunnen) aufgestellt. 1901 wird der B. in die Mitte des ↗Bärenplatzes versetzt. 1904 wird die Sandstein-Plastik «Spielende Bären» von F.Huttenlocher nach einem Entwurf von R.Münger auf den Brunnen gestellt *(Bärenbrunnen)*. 1935 wird diese Gruppe durch den «Berner Söldner» von W.Linck ersetzt.
Standort: Zwischen den Häusern Bärenplatz 4 und 9
Lit.: KDM 1
Abbildungen 9 und 10, S.101

Bärenstübli Nach 1861 Name des Restaurants im Hotel ↗Bären.

Barfüsserfriedhof Friedhof des ↗Barfüsserklosters, dient nach der Reformation bis 1804 dem mittleren Teil der Stadt; wurde dann in einen ↗Botan. Garten umgewandelt und nach 1863 an Private verpachtet bis zum Bau des ↗Casinos 2).
Standort: Hofgarten der ↗Stadtbibliothek und westlichster Teil der ↗Herrengasse
Lit.: Bloesch, Bern

Barfüssergässlein ↗Bibliotheksgässchen

Barfüsserkirche In der 1405 neu erbauten Kirche des ↗Barfüsser- oder Franziskanerklosters fand 1528 die Berner Disputation statt. Die B. wurde 1535 abgebrochen.
Standort: Nordostecke des ↗Casinos 2), Herrengasse 25 und nördlich davon
Lit.: KDM 3

Barfüsserkloster Die seit 1255 in Bern ansässigen Barfüsser (Franziskaner) mussten nach dem Stadtbrand von 1405 das B. neu aufbauen. Der Baubestand von 1483 blieb bis zum Teilneubau für die ↗Hochschule 1685 erhalten.
Standort: ↗Casino 2), Herrengasse 25
Lit.: KDM 3

Bars ↗Gastgewerbe

Bastionen Die ↗5. Stadtbefestigung umfasste im Westen folgende 7 Schanzen und Bastionen (von Nord nach Süd):
1) ↗Freitagschanze
2) B. ↗Hohliebe 2)
3) B. Grosser ↗Bär
4) B. ↗Meyenburg
5) B. Kleiner ↗Bär
6) B. ↗Christoffel
7) B. ↗Wächter
Nicht ausgeführt wurden die östlich anschliessenden B. Felsen (↗Vannazhalde) und ↗Marzili. 2)–5) bilden die Grosse, 6) und 7) die Kleine ↗Schanze.
Lit.: HOFER, Wehrbauten

Baumann, Café Café ↗Seiler

Baumgarten 1) Bolligenstrasse 18/20. Der Herrenstock aus dem 17.Jh. weicht 1740/50 dem heutigen Herrenhaus, das 1844/45 nach Plänen von FR. STUDER stark erweitert wird. Der Dachausbau erfolgte um 1920. Die Restauration von 1957/58 stellte den früheren Zustand wieder her. Das Bauernhaus wurde 1690 erbaut.
Lit.: KDM 6
2) ↗Beaulieu

Baumgarten, Vorderer Bolligenstrasse 12. Zu Beginn der Achtzigerjahre des 19.Jh. erstmals erwähntes Landhaus.

Baurgut ↗Rabbental

Bavaquerain Bis zum Anfang des 19.Jh. Name einer Parzelle im ⁊Engemeistergut.
Standort: Hang westlich des Tiefenauspitals

Bawartehubel, Bannwartenhubel Östlichste Erhebung im Gr. Bremgartenwald (Koord.: 598 900/201 600)

Béatrice v. Wattenwyl-Haus Junkerngasse 59. 1446 Zusammenschluss des östlichen und mittleren Teils des Hauses. Der westliche Teil, das frühere Sässhaus des Klosters Interlaken kommt 1705 dazu. Die Renovation von 1957/58 hat versucht, den Zustand nach dem Umbau von 1560/62 zu restaurieren. Mit Vertrag von 1929 geht das Haus nach dem Tode des Donators JAK. EM. V. WATTENWYL 1934 an die Eidgenossenschaft über und trägt seither den Namen der Gattin des Verstorbenen. Es dient heute für Empfänge des Bundesrates.
Lit.: KDM 2

Beaujolais, Le Café ⁊Schmutz

Beaulieu 1) Hochfeldstrasse 101. Landgut westlich der Neubrückstrasse. Das heutige Herrenhaus wurde 1735 errichtet. Sein Vorgängerbau ersetzte zu Beginn des 17.Jh. vermutlich eines der beiden ⁊Bremgartnerhäuser, *Baumgarten* genannt.
Lit.: NBTb 1933
2) Erlachstrasse 3. Im letzten Jahrzehnt des 19.Jh. eröffnetes Restaurant.

Beaumont 1) Kurz vor 1845 erbauter Landsitz an der Südwestecke der Verzweigung Schwarzenburgstrasse/Seftigenstrasse. Nach einem Besitzer hiess es im 19.Jh. auch *Bürkigut.*
Standort: Seftigenstrasse 10
2) Seftigenstrasse 32. Im letzten Jahrzehnt des 19.Jh. eröffnete Wirtschaft.

Beaumontweg Name nach dem Landgut Beaumont. Der B. hiess vor 1915 *Oberer B.,* der heutige ⁊*Bürkiweg* dagegen *Unterer B.*

Beauregard ⁊Simplon

Beau-Séjour In der Zeit des Ersten Weltkriegs bestehende Pension im Haus Frohbergweg 14.

Beau-Site 1) Das in der Mitte des 19.Jh. zum herrschaftlichen Landhaus ausgebaute Gebäude wird 1932 abgebrochen. Dort befand sich vor der Eröffnung des ↗Beaulieus 2) eine Wirtschaft.

Standort: Länggass-Strasse 14

Lit.: MORGENTHALER, Länggasse

2) Schänzlihalde 11/17. Das im 1. Jahrzehnt des 20. Jh. als Hotel eröffnete Gebäude wurde kurz nach dem Zweiten Weltkrieg Privatspital.

3) Landhaus an der Muristrasse. Das dazugehörige Bauernhaus hiess *Bodenscheuer.*

Standort: Muristrasse 73

Beginenhäuser Vor der Reformation gab es in Bern folgende B.:

1) *Graue Schwestern,* welche Kerzen herstellten im Haus Herrengasse 9, nach 1518/20 Junkerngasse 41.

2) *Weisse Schwestern,* welche Hostien backten im ↗Bröwenhaus.

3) 1331 in *Meister Jordans Haus,* Junkerngasse 48.

4) *«an der Bruck»* bis 1288 ausserhalb der Stadt, dann in der Stadt, vermutlich in der Mattenenge.

5) *«bei den Predigern»* im Dietrichshaus, dem hintern Teil des ↗Schützenhauses, vermutlich Zeughausgasse 17.

Lit.: KDM 2; HOWALD, Brunnen 1

Bei den Eichen Parkartige Waldparzelle in der Südostecke der Kreuzung Neubrückstrasse/Studerstrasse. 1809 wurde die ↗Kühhütte abgebrochen. Mit 350 Baumarten entstand eine botanische Sammlung (Arboretum), die heute noch zum Teil besteht. Es wurde auch ein Pavillon errichtet. 1893 *Studerstein* eingeweiht (Erinnerung an GOTTL. STUDER, 1804–1890, der von dort, vom *Eichplatz* aus ein Alpenpanorama gezeichnet hat).

Bei der grossen Tanne Name im Könizbergwald (Koord.: 597900/198500).

Beinhaus zu St. Vinzenzen ↗Michaelskapelle

Belletruche-Keller Kurz vor dem Ersten Weltkrieg geschlossene Kellerwirtschaft, deren Name auf das Rebgut am Genfersee hinwies.

Standort: Junkerngasse 41

Bellevue 1) Landhaus an der Seftigenstrasse 95.

2) Landgut von 1); es umfasste in der Gde. Bern das Areal des ↗Zieglerspitals.

3) Militärstrasse 42. Gegen Ende der Siebzigerjahre des 19. Jh. zusammen mit der ↗Kaserne 4) entstandene Wirtschaft.

4) Kochergasse 5. Das 1864 westlich der (neuen) ↗Münzstatt erbaute Hotel wird 1911 mit dieser und dem ↗Hallerhaus 3) abgebrochen und neu gebaut. Seit dem letzten Jahrzehnt des 19. Jh. lautet der Name *Bellevue-Palace.*

5) Pension ↗Lötschberg & International

Bellevue-Garage ↗Gerberngraben

Belmont 1) Landgut bei der Äussern Enge.
Standort des Hauses: Reichenbachstrasse 6

2) ↗Engehof

3) ↗Enge, Äussere

Belpstrassbrunnen Brunnen an der Ostseite der Anlage an der Schwarztorstrasse. Nach einem Entwurf des Bildhauers Bergmann für den Garten des Musterhotels «Hospes» an der Landesausstellung 1914 ausgeführt.
Lit.: Schenk, Brunnen

Belvedere Münzterrasse, Rundterrasse beim ↗Münztor.

Belvoir 1) Villa an der Schänzlistrasse 25, vormals Bauernhaus des Obern ↗Spitalackergutes.

2) Name der Überbauung am Westende der ↗Lerberstrasse (1970/73).

Benz, Café In den Sechzigerjahren des 19. Jh. gab es im Haus Münstergasse 68 ein Café B.

Berchten, Café ↗Luntenhüsi

Berchtoldsbrunnen ↗Zähringerbrunnen

Bergheim ↗Favorite

Bern Herzog Berchtold V. v. Zähringen, Rektor von Burgund, gründete um 1190 (traditionell wird 1191 angenommen) B. und sicherte den östlich davon gelegenen Aareübergang mit der Burg ↗Nydegg. B. gehörte territorial zum Reichshof Bümpliz und kirchlich zur Augustinerpropstei Köniz. Von 1276 an trennte der Graben östlich des ↗Heiliggeistspitals die Kirchgemeinden B. und Köniz. Die Gründungsstadt reichte vom untern Ende der ↗Gerechtigkeitsgasse bis zur ↗Kreuzgasse. Sie wurde vor 1218, dem Todesjahr Berchtolds V., bis zum ↗Zytglogge erweitert *(Zähringerstadt, älteres und jüngeres Burgum).* 1256 er-

folgte die zweite Erweiterung bis zum ↗Käfigturm unter der Herrschaft PETERS V. SAVOYEN *(Savoyerstadt, innere Neuenstadt).* Die bis zur Schleifung der Schanzen im 19. Jh. letzte Stadterweiterung bezog 1344/46 auch das Heiliggeistspital ein *(äussere Neuenstadt).* ↗1.–5. Stadtbefestigung. Der Name B. scheint keltischen Ursprungs zu sein. Er ist 1208 erstmals belegt.
Lit.: KDM 1

Berna 1) Von den Sechzigerjahren des 19. Jh. bis kurz vor dem Ersten Weltkrieg gab es im Haus Schauplatzgasse 33 ein Café B., das bis gegen 1880 *Bernerhalle* hiess.

2) In der Zeit des Ersten Weltkriegs bestehende Pension im Haus Schanzeneckstrasse 19.

3) *Kinema B.* Im Hause Beundenfeldstrasse 32 gab es zu Beginn des Ersten Weltkrieges für kurze Zeit ein Kino B.

Bernabrunnen Der B. wurde 1858 errichtet. Erst 1863 wurde die Bernastatue von RAPHAEL CHRISTEN aufgestellt. Bei dieser Gelegenheit wurde die zuerst falsche Reihenfolge der «4 Jahreszeiten» berichtigt.
Standort: Hof des ↗Bundeshauses West
Lit.: SCHENK, Brunnenchronik

Bernerhalle ↗Berna 1)

Berner Handelsbank Diese 1862 gegründete Bank übernahm 1916 die Privatbank Grenus & Cie (↗Grenus-Haus) und ging 1938 an die ↗Bankgesellschaft über.
Standorte: Bis in die Neunzigerjahre des 19. Jh. Spitalgasse 40, dann für knapp zwei Jahrzehnte Bundesgasse 4, zuletzt Bundesgasse 14
Lit.: SCHAUFELBERGER, Bankwesen

Bernerhof Bundesgasse 3. Das 1859 eröffnete Hotel, das anfangs französisch *«Hôtel de la Couronne»* hiess, liess der Wirt der bisherigen ↗Krone 1), KRAFFT, in den Jahren 1856/58 von FR. STUDER bauen. Zu diesem Zweck musste der ↗Viehmarkt an den Klösterlistutz verlegt werden. In den Jahren 1907/08 wurde der B. umgebaut und von 185 auf 220 Betten vergrössert. Seit 1923 gehört der B. der Eidgenossenschaft und dient als Verwaltungsgebäude.
Lit.: Livre d'or du Grand Hôtel et Bernerhof, Berne 1913

Bernhardsbrunnen 1285 ist der Brunnen von ↗Brunnadern beato Bernhardo geweiht.

Bern-Neuenburg-Bahn ↗Dekretsbahnen

Abb. 1. Altenberg und Rabbental, kurz vor 1700. Im Vordergrund ein Stück der Langmauer. Ölgemälde von Johann Dünz (1645–1736).

Abb. 2. Altenberg mit Saxergut, 1676. Rechts das Stürlerspital, im Vordergrund die Langmauer. Ölgemälde von Albrecht Kauw (1621–1681).

33

Abb. 3. Amthausgasse Nordseite mit Burgerlicher Mädchenschule und Tscharnerhaus 4), um 1845. Aquarell/Farbstift von Friedrich Zimmer (1808–1846).

Abb. 4. Amthausgasse Südseite, um 1910. Rechts der Amthausgassbrunnen und
die Inselstallung. Photo.

Bersethgut ↗Friedeck

Bersethweg Bis 1964 Name dreier paralleler Verbindungswege zwischen Bovet- und Sulgenbachstrasse, welcher an die Besitzer der ↗Friedeck erinnerte.

Bertha Trüssel-Haus ↗Haushaltungsschule

Besenscheuer Bauernhaus in der Nordwestecke der Kreuzung Schwarzenburgstrasse/Eigerplatz, abgebrannt am 22. Mai 1893. *Standort:* Schwarzenburgstrasse 2

Besenscheuerweg ↗Tscharnerstrasse

Bethanien ↗Tiefenau

Bethlehemgrübli Senke im Gr. Bremgartenwald zwischen ↗Glasbrunnen und Murtenstrasse (Koord.: 597200/200050).

Bethlehemsträsschen, -weg ↗Glasbrunnenstrasse

Bettlerbrünnlein Seit dem Bau des ↗Burgerspitals Name des Brunnens bei der ↗Passantenherberge. *Lit.:* MORGENTHALER, Trinkwasser

Beundenfeld 1) Flurbezeichnung beidseits der Papiermühlestrasse zwischen Laubeggstrasse und ↗Guisanplatz. **2)** Kasernenstrasse 31. In den ersten Jahren des 20. Jh. eröffnete Wirtschaft. Sie ersetzte den ↗Beundenhof.

Beundenfeld, Unteres Am Ende des 19. Jh. Name der Häuser Scheibenstrasse 21–25.

Beundenhof Im letzten Jahrzehnt des 19. Jh. eine Wirtschaft an der Schönburgstrasse in der Nähe der ↗Kaserne 4).

Beundenweg Vom letzten Viertel des 19. Jh. an bis 1941 Name des nördlichen Teils der *Schönburgstrasse*.

Bibliothekgalerie 1773/75 errichtetes Gebäude als nördliche Fortsetzung des Westflügels der ↗Hochschule. Letztes Werk von N. SPRÜNGLI. 1790/91 Bau des Verbindungstrakts zum ↗Ankenwaagkornhaus. 1801 Aufstellung der ornithologischen Sammlung aus dem Legat Pfarrer SPRÜNGLIS. Daher im ganzen 19. Jh. der Populärname *Vögelibibliothek*. 1813–1894 Historisches Museum (1881–94 auch die Bestände aus dem ↗Zeughaus umfassend). 1813–1881 Naturhistorisches Museum. 1905/09 abgebrochen. Die Nordfassade der B. wird 1911 unter Schutz gestellt und am ↗Thunplatzbrunnen wieder aufgerichtet.

Standort: Südabschluss der Hotelgasse, vor dem heutigen Westausgang der Herrengasse

Lit.: KDM 3

Bibliotheksgässchen Seit 1881 offizieller Name des früheren *Schulgässleins,* das bis ins 18.Jh. auch *Barfüssergässlein* hiess.

Bider-Denkmal Das Denkmal für den Flugpionier OSKAR BIDER (1891–1919) schuf HERMANN HALLER. Es wurde 1924 eingeweiht.

Standort: Kavaliere der ↗Kleinen Schanze

Biergarten ↗Aarbergerhof 2)

Bierhalle In den Sechzigerjahren des 19.Jh. gab es im Haus Aarbergergasse 9 ein Restaurant B.

Bierhalle, Bayrische 1) ↗Volkshaus
2) ↗Löwen

Bierhalle, Berner ↗Prinzhalle

Bierhaus, Deutsches Name einer Wirtschaft um die Mitte des 19.Jh.

Standort: Brunngasse 17

Bierhübeli Seit dem 18.Jh. Name der Häuser oberhalb des Neubrückstutzes. Die 1729 belegte Wirtschaft B. brannte 1847 ab. Sie befand sich am Ort des Hauses Bierhübeliweg 22. Nach Auflösung des ↗Krähenbühlleists wurde dessen Gesellschaftshaus zur neuen Wirtschaft B. Der heutige Bau, Neubrückstrasse 43, stammt aus dem Jahr 1912.

Bieri, Café 1) Café ↗Aebi
2) Kornhausplatz 5. Die schon in der ersten Hälfte des 19.Jh. bestehende Pintenwirtschaft heisst in der zweiten Jahrhunderthälfte *Café Zingg,* nach dem Ersten Weltkrieg Café B. Der Populärname *Schmales Handtuch* verlor sich mit dem Neubau der frühen Sechzigerjahre des 20.Jh., in dem das Restaurant *Chindlifrässer* eröffnet wurde.

Bigler, Café Um die Mitte des 19.Jh. gab es im Haus Aarbergergasse 6 eine Speisewirtschaft *Gyger,* die später *Andres* hiess. Im ersten Viertel des 20.Jh. hiess das Restaurant Café B.

Birago'sche Brücke ↗Schwellenmätteli-Fähre

BKW-Verwaltungsgebäude Viktoriaplatz 2. Das Verwaltungsgebäude der Bernischen Kraftwerke erstellte 1915/16 Architekt Bösiger.

Blankenburg-Haus ↗Erlacherhof

Blasermätteli Nach dem damaligen Baudirektor genannte Trammanövrieranlage auf dem ↗Bubenbergplatz, erstellt 1930, entfernt 1972.

Blatternhaus 1) 1498 unter der ↗Sandfluh erstelltes Spital für die vom Mal de Naples Befallenen. Diese Seuche wurde 1495 durch den Zug Karls VIII. nach Neapel in Westeuropa verbreitet. 1528/29 geht das B. vom ↗Niederspital an die Stadt über, welche es 1601 zum ↗Siechenhaus 2) verlegt. Das B. dient bis zum Bau des ↗Deutschfasshauses 1637 als Fasshaus.
Standort: Ungefähr Altenbergstrasse 6

2) Bolligenstrasse 135. 1598/1601 erbaut und mit dem ↗Siechenhaus 2) unter die gleiche Verwaltung gestellt. Nach dem Bau des ↗Blatternspitals 1760/64 innen umgebaut. 1784/85 und 1831/34 um je ein Stockwerk erhöht und *Kurhaus* genannt.
Lit.: KDM 1

Blatternspital Bolligenstrasse 127. 1756/59 von L.E.Zehender im Rohbau fertiggestellt, erst 1765 vollendet. Am Hauptportal Rocaillekonsolen von J.F.Funk. Vor dem B. befanden sich dort Bauten des heute im Gebiet der Viertelsgemeinde Ostermundigen liegenden *Mösligutes*.
Lit.: KDM 1

Blauhäuser, offiziell **Arbeitshäuser** Nach der blaugestreiften Kleidung der Insassen benannte Arbeitserziehungsanstalten.
1) *Frauenblauhaus.* 1783 zweistöckiger Holzbau im Zwingelhof der 4. ↗Stadtbefestigung errichtet. 1826 beim Bau des ↗Grossen Zuchthauses abgebrochen.
Standort: Ostflügel der ↗Bollwerkpost

2) *Männerblauhaus.* 1786 zweistöckiger Steinbau im Zwingelhof errichtet. Es dient von 1834 bis zu seinem Abbruch 1893 als Infirmerie des ↗Grossen Zuchthauses.
Standort: Speichergasse 8/Südecke des ↗Amthauses
Lit.: KDM 3

Blausäure Café ↗Zytglogge

Blindenanstalt ↗Privat-Blindenanstalt

Blindenheim Neufeldstrasse 95/97. Das vom Bern. Blindenfür-sorge-Verein getragene B. wurde 1896 im Haus Länggass-strasse 75 eröffnet. Schon 1897 zog es ins Haus Neufeldstrasse 31 und wurde 1902 durch das Haus Nr. 29 erweitert. Der Umzug an den heutigen Standort erfolgte 1929, die Neubauten wurden 1964/67 errichtet.

BLS-Verwaltungsgebäude ↗Synagoge 3)

Blume Um 1860 eröffnete Wirtschaft im Haus Neuengasse 17 (↗Emmenthalerhof).

Blumenberg Villa an der Schänzlistrasse 31, früher *Blumenrain* genannt.

Blumenhain ↗Blumenrain 1)

Blumenrain 1) Seit dem frühen 19. Jh. Name des Hanges zwischen Rainmattstrasse und Marzili (anfangs auch *Blumen-hain*).
2) Name der Häuser Taubenstrasse 14 und 16 (auch *Rain* ge-nannt) sowie der Häuser Sulgeneckstrasse 19 und 27. Tauben-strasse 14 (Architekt: C. A. v. SINNER) und 16 (abgebrochen 1969).
3) ↗Blumenberg

Blumenstein-Strasse Oberrichter BLUMENSTEIN (1825–1882) erwarb 1864 ein Landgut zwischen Länggasse und Freiestrasse. 1892 wurde es gegen die Freiestrasse und 1924 gegen die Läng-gasse hin überbaut. Dabei verschwand das Wohnhaus, das aus der Mitte des 17. Jh. datierte.
Standort des Landhauses: Länggass-Strasse 75 und 77

Blutturm 1) Der Name B. stammt von GRUNER. Der im dritten Viertel des 15. Jh. errichtete Turm wurde vermutlich nie für Folterungen oder Hinrichtungen benützt. Die früheren Namen heissen *Aaren-, Pulver-, Aarenpulver- oder Wasserpulverturm*. Am Ende des 18. Jh. heisst der B. wegen des dort gelagerten Pechs für Fackeln auch *Harzturm*. Der B. ist mit dem *Harzwürsttürmchen*, das DURHEIM erwähnt, identisch. 1806 wird der B. Leichenhalle der ↗Anatomie, seither dient er verschiedenen Zwecken.
Lit.: HOFER, Wehrbauten; GRUNER, Deliciae
2) ↗Felsenburg

BN ↗Dekretsbahnen

Böcklinstrasse Die B. hiess vor 1933 *Schattenhofweg* nach dem benachbarten ↗Schattenhof, dann bis Ende 1947 *Arnold Böcklin-Strasse.*

Boden-Credit-Anstalt, Bernische Die von 1869 bis 1891 bestehende Bank befand sich im Haus Spitalgasse 30.
Lit.: SCHAUFELBERGER, Bankwesen

Bodenscheuer ↗Beau-Site 3)

Bogenschützenstrasse Bei der Parzellierung der (staatlichen) ↗Spitalpromenade entstand im letzten Jahrzehnt des 19.Jh. die B., welche ans ↗*Bogenschützenhaus* erinnert.

Bogenschützenhaus Nachdem 1829 feststand, dass der ↗Entengraben zugeschüttet werde, musste die Bogenschützengesellschaft sich nach einem Bauplatz umsehen, der im z.T. ausgefüllten Schanzengraben nördlich der ↗Spitalpromenade gefunden wurde. Nach Plänen von MELCHIOR BERRY baut 1830–33 ED. STETTLER das B. 1893 zieht die Gesellschaft in ihr neues Haus an der Thormannstrasse 67, das B. weicht den Backsteinbauten der Bogenschützenstrasse, die ihrerseits zu Beginn der Sechzigerjahre des 20.Jh. für den Bau der ↗Schanzenpost abgebrochen werden.
Standort: Nordteil des Hauses Bubenbergplatz 12
Lit.: KDM 3

Bogenschützentürmchen Türmchen in der äussern Mauer der ↗4.Stadtbefestigung. 1632 wird es den Bogenschützen überlassen. Abgebrochen 1830.
Standort: Ca. 40 m nördlich der ↗Heiliggeistkirche in der Verlängerung ihrer Westfassade auf dem Bahnhofplatz
Lit.: HOFER, Wehrbauten

Böhlen-Haus Papiermühlestrasse 9. Das im frühen 18.Jh. erbaute Haus stand ursprünglich an der ↗Wendschatzgasse. 1844 erwarb Müllermeister BÖHLEN das ursprünglich *Jenner-,* später *de Rougemont-Haus* genannte Gebäude, liess es abbrechen und auf seinem Grundstück stadtwärts des ↗Böhlenstocks neu errichten.
Ursprüngl. Standort: Nördlich ans Haus Nydeggasse 17 anschliessend
Lit.: KDM 2
Abbildung 22, S.188

Böhlenstock Landhaus gegenüber der Südwestecke der Einmündung der Kasernenstrasse in die Papiermühlestrasse. Das Haus hiess zu Beginn des 19.Jh. *Kohlershaus* nach dem damaligen

Besitzer. Müllermeister BÖHLEN erwirbt die Liegenschaft 1810 nach einem Brandfall. Von 1833 bis 1874 befindet sich im B. die ↗Taubstummenanstalt, später der ↗Schweizergarten.

Standort: Papiermühlestrasse 12

Bohrhaus Südlich des ↗Giesshauses 1749 errichteter Bau, wo S. MARITZ seine neue Technik der Geschützrohrherstellung anwenden konnte. Die Südostecke des B. bildete der ↗Nachrichterturm. Abgebrochen 1829

Standort: Genfergasse 4/8
Lit.: KDM 3

Bois Fleury In der Zeit des Ersten Weltkriegs bestehende Pension im Haus Riedweg 17.

Bollwerk, Äusseres Bollwerk Die beim Bau der ↗5. Stadtbefestigung entstandene Strasse westlich des Grabens der ↗4. Stadtbefestigung heisst im 19.Jh. im Gegensatz zum Innern B. (↗Genfergasse) Äusseres B., seit 1903 nur B.

Abbildungen 5 und 6, S.51

Bollwerk, Café Bollwerk 21 (früher Nr.23). Im letzten Jahrzehnt des 19.Jh. eröffnetes Restaurant. In den Sechzigerjahren des 19.Jh. gab es im Haus Nr.21 eine Speisewirtschaft.

Bollwerk, Inneres ↗Genfergasse

Bollwerkpost, vor 1965 **Hauptpost** Bollwerk 25. An Stelle des ↗Grossen Zuchthauses errichteten die Architekten JOST und BAUMGART 1903/05 das Hauptpostgebäude als Ersatz für die Postlokale im Hotel du ↗Boulevard.

Bollwerkschule 1711 wurde als Knabenschule der oberen Stadt die B. erbaut. 1828 zog die Schule ins vergrösserte ↗Ferrierhaus. Das Gebäude wurde 1830 abgebrochen

Standort: Nördlich an den ↗Christoffelturm angebaut, vor der Südwestecke der ↗Heiliggeistkirche, Spitalgasse 44

Bondelihaus Münzrain 3. Das bis ins 16.Jh. zurückgehende Haus wurde 1743 von J.A.HERPORT im Osten erweitert und vom Sommersitz zum Stadthaus umgebaut. Den Namen trägt es von C.A.BONDELI, der es 1825 erwarb.

Lit.: KDM 1

Boneffhütte Markantes Stall- und Remisegebäude an der Kreuzung Speichergasse/Genfergasse, abgebrochen 1905.

Standort: Genfergasse 15

Bonstetten-Kapelle ↗Ringoltingen-Kapelle

Bonstettenstrasse Die nach der dort ansässigen Familie v. BON-STETTEN genannte Strasse hiess bis 1947 *Myrthenweg.*

Bornweg Seit 1939 heisst der *Schattenweg* B.

Börse Bärenplatz 27. An der Stelle des Hotels z. Goldenen ↗Hahnen wurde in den Siebzigerjahren des 19. Jh. das Restaurant *Gambrinus* eröffnet, das seit dem Ende des 19. Jh. B. heisst.

Bosshard, Café Kurz vor dem Ersten Weltkrieg gab es im Haus Gerechtigkeitsgasse 16 eine Wirtschaft B.

Botanischer Garten 1789 im Marzili eingerichtet, 1796 zum ↗Harnischturm verlegt (dort bis 1815); 1804 befand sich ein B. G. im ↗Barfüsserfriedhof, der 1863 ins ↗Rabbental verlegt wurde.
Lit.: BLOESCH, Bern

Botschaften und **Gesandtschaften**
1) *Britische B.* ↗Engländerhubel
2) *Deutsche B.* ↗Frohberg
3) *Französische B.* ↗Erlacherhof, Favorite, Kocher-Spital, Sulgeneck
4) *Nuntiatur* ↗Marguerita, Souvenir
5) *Tschechoslowakische B.* Villa ↗Jenner

Boulangers, Hôtel des ↗Pfistern

Boulevard, Hôtel du 1860 im Stil der Münchner Ludwigstrasse an Stelle der ↗Kavalleriestallungen erbautes Hotel, in dessen Mittelteil sich seit 1861 die Hauptpost befindet. 1881 übernimmt die Post das ganze Gebäude. Nach dem Bezug der Bollwerkpost dient das Haus bis zum Abbruch 1966 als *Transitpost.*
Standort: Gegenüber den Häusern Bollwerk 15–21
Abbildung 6, S. 51

Boveger ↗Bubenbergrain

Bovex-Türli ↗Bubenbergtörli

Brandstätte Name im Könizbergwald (Koord.: 597600/198100)

Brandwache ↗Feuerwehrkaserne

Bräterhaus oder **-hüsi** Bis in die Sechzigerjahre des 19. Jh. gab es den Gasthof zum B., der schon im 18. Jh. bestanden hatte.
Standort: Rathausgasse 29

Bratpfanne, offiziell **Goleten-Gässli** Fussweg von der Altenbergstrasse (zwischen den Häusern 8 und 10) hinauf zum ⁊Aargauerstalden (bei der Einmündung der Oranienburgstrasse).
Lit.: HAAS, Altenberg

Brauiross ⁊Rebstock 2)

Breitenrain Der heute übliche Begriff für das Gebiet zwischen ⁊Wankdorf, ⁊Lorraine und ⁊Spitalacker bezeichnete ursprünglich nur das geneigte Gelände zwischen Birkenweg, Nordring, Breitenrainstrasse und Scheibenstrasse. In den Achtzigerjahren des 19.Jh. hiessen folgende Häuser B.: Breitenrainstrasse 29, Scheibenstrasse 21–27, Zaunweg 16 und 24.

Breitenraingut auf dem Wylerfeld ⁊Jaussigut

Breitenrainplatz, Café Herzogstrasse 26. Kurz nach der Eröffnung der Strassenbahnlinie Breitenrainplatz–Burgernziel (1901) entstandene Wirtschaft.

Breitenrain-Schulhaus Breitenrainstrasse 42. 1865/67 im spätklassizistischen Stil errichtet.

Breitenrainstübli Im letzten Jahrzehnt des 19.Jh. eröffnete, mit dem Bau des ⁊Ringhofs verschwundene Wirtschaft.
Standort: Turnweg 9

Breitfeld 1) Ursprünglich Bezeichnung des Gebietes, das sich von der heutigen Breitfeldstrasse je etwa 150 m nach Süden und nach Norden erstreckte. Gegen Ende des 19.Jh. hiessen das Haus Militärstrasse 36 (⁊Militärgarten) und Scheibenstrasse 12 B.
2) ⁊Kirchenfeld
3) *Oberes B.* ⁊Neufeld

Breitfeld-Schulhaus Standstrasse 61. Erbaut in den Jahren 1911/13.

Bremgarten–Fähre Die seit 1877 zwischen der Felsenau (Fährstrasse) und Bremgarten betriebene B. wurde 1928 durch eine Holzbrücke des Berner Sappeur-Bataillons und diese 1949 durch eine Betonbrücke ersetzt *(Felsenaubrücke)*.

Bremgarten–Friedhof Am 1.Januar 1865 als Ersatz für den ⁊Monbijou-Friedhof eröffnet. Die Leichenhalle wurde 1885, das ⁊Krematorium 1908 eingeweiht.

Bremgartenwald Durch die Neubrückstrasse in den *Grossen B.* (westlich) und den *Kleinen B.* (östlich) geteilter Wald. Er wird in der Handfeste von 1218 wie auch in der ersten bernischen Forstordnung von 1304 erwähnt. Sein Gebiet war in früherer Zeit nicht vollständig bewaldet (↗Viereckschanze).

Bremgartner-Häuser Im 17.Jh. erwähnte Amtswohnungen der beiden Beamten, die die Aufsicht über den ↗Bremgartenwald besorgten. Beim einen der B. handelt es sich wahrscheinlich um das spätere ↗Beaulieu.
Lit.: NBTb 1933

Brésil ↗France

Brieggenwinkel Im 16.Jh. genannter Name eines Feldes südlich des ↗Ziegelackers, der heutigen Zentralwäscherei.

Bristol Schauplatzgasse 10. 1913 eröffnetes Hotel, das aus dem ↗Storchen 2) hervorgegangen ist. Im westlichen Teil des Hauses befand sich im 19.Jh. das Restaurant *Storchenstübli*.

Brotschaal, Niedere Die 1376 erwähnte, aber sicher ältere N.B. umfasste knapp 30 Verkaufsbänke. 1468 wurde der alte, unterhalb von ↗Richterstuhl und ↗Schandpfahl rittlings auf dem Stadtbach stehende Bau abgebrochen. Bis ins 18.Jh. befand sich dann die N.B. im Gesellschaftshaus zu ↗Niederpfistern, Gerechtigkeitsgasse 74.
Lit.: KDM 6

Brotschaal, Obere Die O.B. sass vor 1400 rittlings auf dem Stadtbach in der Marktgasse, wurde dann in «Gottfrieds Laube» verlegt, die 1405 dem Brand zum Opfer fiel. Von 1413 bis 1749 befand sich der O.B. im Erdgeschoss des Gesellschaftshauses zu ↗Oberpfistern.
Lit.: KDM 6

Brotschelm ↗Sonne 2)

Bröwenhaus Junkerngasse 49. Mit einer Vergabung der BELA v.THUN 1331 vom Deutschordenspriester ULRICH v.BRÖWO gegründet. Weisse Beginen unter Aufsicht des Deutschordens. 1526 wird das Gut dem ↗Inselspital einverleibt, 1562 wird der Spital nach dem Ableben der letzten Schwester aufgehoben. Das Haus wird später mehrmals umgebaut, so besonders das Hinterhaus im späten 18.Jh. nach einem Entwurf von A.C. v.SINNER.
Lit.: KDM 1

Brücken und **Fähren**
↗Altenbergsteg, Bremgarten-F., Dalmazibr., Eisenbahnbr., Felsenau-F., Halenbr., Hasli-F., Kirchenfeldbr., Kornhausbr., Lorrainebr., Monbijoubr.,

Nydeggbr., Passerellen, Predigerbr., Reichenbach-F., Schanzenbr. (↗Schanzenstrasse), Schönausteg, Schützenmattbr., Schwellenmätteli-F., Seftausteg (↗Felsenau-F.), Siebenschläferbr., Steininbrügg, Tiefenaubr., Untertorbr.

Brückfeld Durch Daxelhoferstrasse, Neufeldstrasse, Zähringerstrasse, Hallerstrasse und Engestrasse begrenztes Gebiet, dessen Namen auf die ↗Neubrücke weist.

Brückfeld–Wirtschaft An Stelle des Graffenried'schen Sommerhauses in der Mitte des 18. Jh. erbaut. Die Wirtschaft bestand bis 1857 (↗Schweizerhof).
Standort: Neubrückstrasse 73
Lit.: Morgenthaler, Länggasse

Brückgut Landgut mit Wirtschaft am stadtseitigen Brückenkopf der ↗Neubrücke.

Bruder Klausen-Kirche Ostring 1. Röm.-kath. Kirche, erbaut 1953/54 nach Plänen von H. Baur, Basel.

Brüggboden Bezeichnung des ebenen Waldstückes ob der Aare zwischen der Halen- und der Neubrückstrasse, genannt nach der ↗Neubrücke. Die Strasse von der ↗Halenbrücke zur Neubrückstrasse wurde 1972/73 gebaut. Im Zuge der Ersatzaufforstung wurde die 1936 eröffnete *Küntigrube* 1974 geschlossen.

Brüggler-Kapelle Die zwischen 1448 und 1453 von M. Ensinger überwölbte Kapelle im Südteil des Querschiffs des ↗Münsters enthielt vor der Reformation den von Joh. v. Kiental vor 1451 gestifteten Jodocus-Altar. Der Gewölbe-Schlussstein trägt das Brüggler-Wappen, ebenso eine Grabplatte an der Ostwand. Die Wappenscheibe Brüggler stammt aus der Zeit um 1550/60, die Wappenscheibe Bubenberg von 1900, die Scheiben v. Muralt und v. Tavel schuf 1893 Rud. Münger.
Lit.: KDM 4

Brünig In den letzten Jahren des 19. Jh. wurde im Haus Neuengasse 42 das *Café Schwarz* eröffnet, das später *Café Schöni* hiess. Kurz vor dem Ersten Weltkrieg wurde es zum Hotel B. erweitert. Heute gehört es zum ↗Wächter 2).

Brunnadern 1) ↗Brunnadernrain-Gut, Inneres B.-Gut
2) ↗Elfenau
3) Im 19. Jh. Name der ↗Kalcheggüter.

Brunnaderndrittel ↗Stadteinteilung

Brunnadernrain-Gut, auch **Inneres Brunnaderngut** Um 1720 errichtetes Landhaus, das um 1820 tiefgreifend umgestaltet und durch den Westanbau symmetrisiert wird. Abgebrochen 1958.

Standort: Brunnadernrain 6
Lit.: KDM 6

Brunnen

↗Amthausgassbr., Ankenwaagbr., Anna Seiler-Br., Badgassbr., Baders Hahnen, Bärenplatzbr., Belpstrassbr., Bernabr., Bernhardsbr., Bettlerbrünnlein, Brunngassbr., Davidbr., Elfenaubr., Engebr., Falkenbrünnli, Florabr., Gerberngassbr., Gerberngrabenbr., Gerechtigkeitsbr., Glasbr., Henkerbrünnli, Herrenbr., Herrengassbr., Herzogbrünnlein, Hungerbr., Junkerngassbr., Kindlifresserbr., Konservatoriumsbr., Kreuzgassbr., Kronenbr., Küngsbr., Landhausbr., Länggassbr., Langmauerbr., Läuferbr., Laupenstrassbr., Lenbr., Lerbers Hahnen, Lindenbr., Lorrainebr., Löschbr., Marzilibr., Mattenengebr., Maybr., Metzgergassbr., Mosesbr., Mühleplatzbr., Münzstattbr., Muristaldenbr., Neuengassbr. Mittlerer und Oberer, Nischenbr., Nydegghöflibr., Pfeiferbr., Ryfflibr., St.Jakobsquelle, Sandozbrünnlein, Schallenbr., Schauplatzgassbr., Schegkenbr., Schiffländtebr., Schützenbr., Schützenhausbr., Schweinemarktbr., Siechenbrünnlein, Simsonbr., Staatsarchivbr., Stadtbibliotheksbr., Steckbr., Steigers Brünnli, Steinhölzlibr., Stettbr., Taubentränke, Thunplatzbr., Vennerbr., Waisenhausplatzbr., Waldaubr., Widmann-Br., Zähringerbr., Zankbr.

Brunner-Gut Nach dem letzten Besitzer genanntes, 1908 parzelliertes Bauerngut zwischen Optingen-, Moser- und Schänzlistrasse.

Brunner-Haus Hotelgasse 1. Der 1562 begonnene Bau wurde 1690–1710 frühbarock umgebaut und 1905/07 mit Einbezug des Hauses Kramgasse 85 in schulmässiger Neogotik «restauriert». Das Wandbild schuf PAUL LINCK 1907. Bis zum Umbau der Häuser befand sich im Eckhaus (Kramgasse 87) der *Widmerkeller*.
Lit.: KDM 2

Brunner-Strasse Nach dem ↗Brunner-Gut genannte Strasse im Projekt der Breitenrain-Überbauung. Die Strasse wurde erst später unter dem Namen *Optingenstrasse* gebaut (↗Optingen).

Brunngassbrunnen Kurz vor der Mitte des 18.Jh. ersetzt ein steinerner Brunnen auf der Schattseite den Holzbrunnen vom Ende des 16.Jh., der in der Gassenmitte stand. 1785 erhält der B. einen neuen Stock mit einem Pinienzapfen als Bekrönung.
Standort: Vor dem Haus Brunngasse 31
Lit.: KDM 1

Brunngasse Name nach dem ↗Stettbrunnen; 1349 als vicus fontis, 1360 als B. belegt.
Lit.: KDM 2

Brunngasshalde Mit dem Bau des Strassenzuges B./Postgasshalde wird 1827 von der ↗Grabenpromenade her begonnen. In den Jahren 1967/69 zur Durchgangsstrasse ausgebaut.

Brunngassschulhaus Brunngasse 66/Grabenpromenade 3. 1835 wurde der Bau des 1839 eingeweihten B. beschlossen, das ursprünglich der Burgerlichen ↗Realschule diente, 1852 mit dieser an die Stadt überging und seit 1885 für verschiedene Schulen verwendet wird. Nach dem Bezug des Neubaus der ↗Knabensekundarschule Munzinger 1921 kamen insbesondere die Städt. ↗Zeichenklassen ins B.

Brunnhaus Bis ins 20. Jh. Bezeichnung des 1730 neu erbauten Hauses Brunnmattstrasse 10.
Lit.: DURHEIM, Beschreibung

Brunnhof 1) Erst zu Beginn der Zwanzigerjahre des 20. Jh. aufgekommener Name für die Gegend des früheren Äusseren ↗Sulgenbachgutes.
2) ↗Malaga 2)

Brunnmatt-Schulhaus Brunnmattstrasse 16. Erbaut 1902/03 zur Entlastung des ↗Friedbühl-Schulhauses. Turnhalle von 1924/25.

Brunschür 1338 besitzt die Zieglerfamilie BRUN am Stadtbach vor dem obern Tor die B. 1355 erwirbt die Stadt die Anlage, welche zum äussern od. obern ↗Ziegelhof wird.
Standort: Ungefähr Laupenstrasse 10

BTG ↗Strassenbahn

Bubenberg Bubenbergplatz 8. In den Neunzigerjahren des 19. Jh. im damals neuerbauten Haus Bubenbergplatz 12 eingerichtetes Restaurant. Seit dem Abbruch des ↗Francke-Hauses am Ende der Fünfzigerjahre des 20. Jh. heisst das Restaurant im Haus Bubenbergplatz 12 *Caravelle* (wegen Abbruch des Hauses 1974 geschlossen), das neue im Haus Bubenbergplatz 8 dagegen hiess zuerst *Café Haller* und heisst seit dem Ende der Sechzigerjahre des 20. Jh. Restaurant B.

Bubenberg-Denkmal Bronzestandbild von ADRIAN V. BUBENBERG (1431–79) von MAX LEU. (Das Geburtsjahr 1424 am Denkmal ist falsch.) Eingeweiht 1897. Standort ursprünglich am Westende der kleinen Anlage auf dem Bubenbergplatz, die an Stelle der ↗Rossschwemme errichtet worden war. Denkmal

nach Westen gerichtet. Standort wenige Meter östlich der Achse der Schwanengasse. Seit dem Umbau des ⁊Bubenbergplatzes 1930 am Nordende des ⁊Hirschengrabens, gegen Norden gerichtet.
Abbildung 7, S. 52

Bubenberg-Hofstatt oder -Haus ⁊Erlacherhof

Bubenberg-Kapelle, später auch **Steiger-Kapelle** Die Kapelle am Ostende des nördl. Seitenschiffs des ⁊Münsters enthielt vor der Reformation den 1488 von ADRIAN II. V. BUBENBERG gestifteten Marien(?)-Altar. Der Epitaph für N. FR. V. STEIGER, der als letzter Schultheiss Berns 1799 in Augsburg verstorben ist, wurde im August 1806 nach einem Entwurf von L. FR. SCHNYDER von FR.-MICHEL PUGIN ausgeführt und errichtet, nachdem die sterbliche Hülle V. STEIGERS 1805 in dieser Kapelle beigesetzt worden war. Die 6 Gedenktafeln der 1798 gefallenen Berner sind kurz nach 1821 entstanden.
Lit.: KDM 4

Bubenbergplatz Seit dem Bau des ⁊Obertors hiess der B. *Zwischen den Toren.* Von 1858 bis 1898 heisst der B. *Christoffelplatz* und trägt seither den Namen des Verteidigers von Murten, ADRIAN V. BUBENBERG (⁊Bubenberg-Denkmal). 1930 wurde der B. umgestaltet (neue Tramwartehalle, Denkmal entfernt, Trammanövrierfeld). 1971/76 Bau der Unterführungen, Änderung der Schienen- und Strassenführung.
Abbildung 7, S. 52

Bubenbergrain Weg vom ⁊Bubenbergtörli zur ⁊Badgasse. Von 1749 bis 1881 führte der B. in einem Tunnel unter dem Garten des ⁊Erlacherhofes durch. Populär heisst der B. auch *Boveger.*
Lit.: KDM 1

Bubenbergstrasse ⁊Mottastrasse

Bubenbergtörli, auch **Bovex-Türli** Junkerngasse 47, Ostseite. Kleines Tortürmchen an der Ostseite des Bubenbergischen Sässhauses, vor 1484 erbaut. 1749/52 Südfassade an die Fassade des ⁊Erlacherhofs angepasst.
Lit.: KDM 1

Bubengasse ⁊Speichergasse

Bubenseelein, kurz **Bueber** Bis heute Name des untern Teils der Kleinen Aare, der seit dem ersten Drittel des 19.Jh. den

Schülern zum Baden zur Verfügung stand. Der unterste Teil des Kanals hiess im 19.Jh. ↗Studentenseelein. B. bezeichnete im 18.Jh. den obern, heute zugeschütteten Teil der Kleinen Aare.

Bucher-Gut Landgut an der Nordostecke der Einmündung der Stadtbachstrasse in die ↗Bühlstrasse.
Lit.: BRECHBÜHL, Länggasse

Buchholz Im 13.Jh. gerodeter Teil des ↗Wylerholzes.
Lit.: Archiv des Hist. Vereins des Kts. Bern 1875

Buchseegässli Name im Könizbergwald (Koord.: 597000/ 197700)

Buchseehaus ↗Johanniterhaus

Büchsenhaus Grosses ↗Zeughaus

Buchwald Name im Grossen Bremgartenwald zwischen ↗Glasgraben und Wohlenstrasse (Koord.: 597800/201500)

Buchwegstürli Im frühen 18.Jh. verfälschter Name des ↗Bubenbergtürli.

Bühlstrasse 1) 1877 wird das Stück Länggasse–Bühlplatz erstellt. Erst 1890 ist die B. in ihrer ganzen Länge fertig. 1894/95 wird der Niveauübergang durch die Eisenbrücke über die Geleiseanlagen ersetzt. Das Stück Bühlplatz–Länggassstrasse heisst anfangs *Kurze Strasse*.
2) *Café B.* In den Achtzigerjahren des 19.Jh. eröffnete, mit dem Bau der Institute an der Sahlistrasse wieder verschwundene Wirtschaft.
Standort: Bühlstrasse 22

Bulzinger-Kapelle, später **Metzgern-Kapelle** Das Gewölbe dieser östlicheren der beiden Kapellen zwischen den zwei Nordportalen des ↗Münsters wurde vor 1429 von M. ENSINGER gebaut. Vor der Reformation enthielt die B. den 1425 von HANS BULZINGER gestifteten Vinzenzen-Altar. Seit 1888 sind die Wappenscheiben der Gross- und Kleinmetzger von 1520/30 in die bunte Verglasung einbezogen.
Lit.: KDM 4

Bümplizgasse, Lange Kleine ↗Länggasse

Bundesarchiv Archivstrasse 24. Im als Archiv- und Bibliotheksgebäude in den Jahren 1896/99 von TH. GOHL erbauten B.

waren bis zur Eröffnung des Neubaus der ⌐Landesbibliothek auch deren Bestände untergebracht.

Bundesbahnen 1) Brauner ⌐Mutz
2) ⌐SBB

Bundesgärtnerei ⌐Vannazhalde

Bundesgasse In der Mitte der Fünfzigerjahre des 19.Jh. entstandene Strasse, die den beiden Gebäuden ⌐Bundeshaus-West (Nr. 1) und ⌐Bernerhof (Nr. 3) entsprechend als Prunkstrasse konzipiert war. Die anfangs bis zur ⌐Christoffelgasse reichende B. wurde 1872 bis zur Schwanengasse erweitert und erreichte 1878 beim Bau der ⌐Effingerstrasse ihre volle Länge. Ursprünglich hiess die B. *Bundesratsgasse* nach dem Bundesratshaus (heute Bundeshaus-West).

Bundeshaus Inselgasse Inselgasse 1. An Stelle des 1956 abgebrochenen Baus aus dem 18.Jh., der zuletzt ⌐*Japanhaus* genannt wurde, 1963 errichtet.

Bundeshaus Nord Amthausgasse 15. Erbaut in den Jahren 1912/14 von Ed. Joos.

Bundeshaus Ost Kochergasse 9. In den Jahren 1888/92 symmetrisch zum ⌐Bundeshaus West durch den Architekten des ⌐Parlamentsgebäudes, H. Auer, erbaut. Das B. hiess anfangs *Neues Bundesratshaus*.

Bundeshaus Taubenhalde ⌐Taube

Bundeshaus West Bundesgasse 1. In den Jahren 1851–57 vom Architekten Fr. Studer für die Einwohnergemeinde Bern erbaut, welche es als *Bundesratshaus* dem Bundesrat am 5.Juni 1857 zur Benützung übergibt. 1876 geht das B. ins Eigentum der Eidgenossenschaft über.

Bundesplatz Das westliche Drittel des B. war ursprünglich Graben vor der ⌐3.Stadtbefestigung. 1765 wird der Platz zwischen ⌐Ballenhaus und ⌐Holzwerkhof von Steinwerkmeister N. Hebler mit Linden bepflanzt und durch eine urnenbesetzte Balustrade gegen Süden abgeschlossen (⌐Oberer Graben). Nach Abbruch verschiedener Gebäude entsteht 1894–1900 der B., der bis 1909 *Parlamentsplatz* heisst.
Lit.: KDM 2

Bundesräte, Die sieben Populärname der sieben Häuser an der Oranienburgstrasse (Nrn. 1–13).

Bundesratsgasse ↗Bundesgasse

Bundesratshaus 1) ↗Bundeshaus West
2) *Neues B.* ↗Bundeshaus Ost

«Bund»–Haus Monbijoustrasse 2. 1909/11 an Stelle der ↗Inselscheuer für den Verlag der seit der Mitte des 19.Jh. erscheinenden Tageszeitung «Der Bund» erbaut.

v. Büren, Bank v. B. ↗Effingerhaus

Büren–Besitzung 1909 abgebrochenes Haus am Bundesplatz mit ostseits anschliessendem Garten und klassizistischem Portikus gegen das Käfiggässchen, wo sich die Bank v. Büren befand (↗Effingerhaus).
Standort: Bundesplatz 4
Lit.: KDM 2

Bürengut Heute von der *Bürenstrasse* durchzogener Teil des alten ↗Sandrainguts. Der Herrenstock stammte aus den Jahren vor 1720.

Bürenpark Grünzone im ehem. Bürengut (↗Sandraingut). Das kirchliche Zentrum entstand in den Jahren 1970/71.

Bürenstock Schosshaldenstrasse 56. Um 1740 für PHILIPP MAGRAN-V. BÜREN errichtetes Landhaus. 1764 erbt es L. v. Büren und lässt es umbauen. Der Anbau an der nördlichen Schmalfront nach Plänen von G. HEBLER entsteht 1857. Bis gegen Ende des 19.Jh. heisst der B. *Schosshalde(n-Gut)*. Der moderne Name weist auf den Stadtpräsidenten von Bern, OTTO V. BÜREN (1822–88), der dort wohnte, hin.
Lit.: KDM 6

Bürenstutz Teil der Schosshaldenstrasse zwischen Laubegg- und Bitziusstrasse, genannt nach den Besitzern des Schosshaldenguts im 19. u. 20.Jh. (↗Bürenstock).

Burgau Feld zwischen Aare und Felsenaustrasse. Der Hang zwischen der Felsenaustrasse und der Reichenbachstrasse heisst Ende des 18.Jh. nach SAM. DÜBI, dem damaligen Besitzer der ↗Felsenau, *Dübis Loch,* gelegentlich nach dem früheren Besitzer EM. SCHMALZ auch *Schmalzenloch.*

Abb. 5. Bollwerk, um 1830. Im Vordergrund das Aarbergertor mit den beiden Wachthäusern und dem dritten Bärengraben. Dahinter Grosses Zuchthaus, Heiliggeistkirche und Christoffelturm. Lavierte Kohlezeichnung.

Abb. 6. Bollwerk mit Transitpost, Kavalleriekaserne und westlichem Wachthaus des Aarbergertors, 1958. Photo.

Abb.7. Bubenbergplatz von Nordwesten anlässlich der Einweihung des Buben-
bergdenkmals am 18.Juli 1897. Photo.

Abb.8. Bahnhofplatz, rechts die Heiliggeistkirche, um 1910. Photo.

Burgdorfholz Das Wäldchen im heutigen Burgfeld, dessen Ausdehnung ungefähr durch Zentweg, Mittelholzerstrasse und Gemeindegrenze gegeben ist, kam 1852 an die Burgergemeinde und von dieser 1875 durch Tausch an die Einwohnergemeinde, welche es bis 1877 schlagen liess.

Burgerbibliothek 1) Noch zu Beginn des 19.Jh. verwendeter Name für die ↗Stadtbibliothek.

2) Münstergasse 63. Anlässlich der Errichtung der «Stiftung Stadt- und Universitätsbibliothek» 1951 wurde unter dem Namen B. eine Verwaltungsabteilung der Burgergemeinde gegründet. Im Mittelpunkt der Sammlungen der B. stehen Handschriften des Mittelalters und zur Berner- und Schweizergeschichte.
Lit.: Bibliotheca Bernensis, Bern 1974

Burgerchrutze Um die Wende vom 19. zum 20.Jh. bei den Zöglingen des ↗Knabenwaisenhauses übliche Bezeichnung der Kapelle des ↗Burgerspitals.

Bürgergasse ↗Amthausgasse

Burgergässlein Alle Quergässlein der Altstadt hiessen B.

Burgergesellschaft der Stadt Bern Die 1910 gegründete Vereinigung von Burgern ohne Zunftangehörigkeit erwarb 1927 das Haus Kramgasse 14, das um 1788 erbaut worden war.
Lit.: KDM 2

Burgerhaus 1) ↗Rathaus 1)
2) ↗Burgerkanzlei

Bürgerhaus Neuengasse 20/22. Das in den Siebzigerjahren des 19.Jh. eröffnete Restaurant *Stadtgarten* wurde 1912 abgebrochen. An seiner Stelle wurde unter Einbezug des Hauses Nr.20 das B. errichtet.

Burgerkanzlei Amthausgasse 5. Das 1763/65 vermutlich von NIKLAUS SPRÜNGLI für J.R.FISCHER von Bremgarten erbaute Haus ist von 1836 bis zum Erwerb durch die Burgergemeinde 1949 im Besitz der Familie MARCUARD *(Marcuard-Haus)*.
Lit.: KDM 2
Abbildung 11, S.102

Burgernziel 1) früher auch *Stadtziel* genannte, seit dem Anfang des 15.Jh. durch ↗Burgernzielsteine markierte Begrenzung des örtlichen Geltungsbereichs des Stadtrechts.
Lit.: KDM 1

2) Seit der zweiten Hälfte des 19.Jh. heisst der Platz beim Burgernzielstein an der Muristrasse B. (heute: Kreuzung der Muristrasse mit dem Strassenzug Thunstrasse/Ostring).

3) Thunstrasse 115. Kurz nach der Eröffnung der Strassenbahnlinie B.–Breitenrainplatz (1901) eröffnetes Restaurant.

Burgernzielsteine In den letzten Jahrzehnten vor dem Untergang des Alten Bern gab es folgende B., die zum Teil in der Restaurationszeit als «Alterthümer» gepflegt und sogar durch neue ersetzt wurden.

Links der Aare:

1) dem Hause Hallerstrasse 60 gegenüber (erhalten),

2) im Muesmattfeld (wenig westlich der ↗Pauluskirche, Freiestrasse 8; nicht erhalten),

3) an der Murtenstrasse (Haus Nr. 43; nicht erhalten),

4) an der Freiburgstrasse (beim Haus Nr. 44a, erhalten),

5) an der Kreuzung beim Haus Holligenstrasse 43 (heute im Park des Schlosses ↗Holligen),

6) an der Kreuzung beim Haus Weissensteinstrasse 61 (heute im Park der ↗Pilgerruh),

7) an der Kreuzung beim Haus Seftigenstrasse 32 (nicht erhalten),

8) an der Kreuzung beim Haus Sandrainstrasse 111 (nicht erhalten),

9) beim Haus Aarhaldenstrasse 7 (nicht erhalten),

10) an der Aare gegenüber dem Haus Dalmaziquai 149 (heute im Gosset-Gut, Gde. Köniz)

Rechts der Aare:

11) beim Haus Ostring 2 (heute im Historischen Museum), ↗Burgenziel 2),

12) an der Kreuzung beim Haus Melchenbühlweg 83 (nicht erhalten),

13) an der Weggabelung nordwestlich des Hauses Melchenbühlweg 4 (nicht erhalten),

14) im östlichen Teil des ↗Schosshalden-Friedhofs (nicht erhalten),

15) in der Nähe des Hauses Breitenweg 25 (nicht erhalten),

16) im Burgfeld nördlich des Hauses Mittelholzerstrasse 30 (nicht erhalten),

17) auf der Allmend südlich des Autobahnanschlusses Schermenweg (nicht erhalten),

18) östlich der Papiermühlestrasse zwischen Festhalle (Nr. 50) und ↗Ballonhalle (Nr. 92) (nicht erhalten),
19) beim Haus Talweg 1 (nicht erhalten).
Lit.: KDM 1,6

Burgernzielweg Der B. umfasste früher zusätzlich auch den östlichen Teil der Kasthoferstrasse und den ↗Schiferliweg.

Burgerspital Bubenbergplatz 4. Zehn Jahre nach dem Beschluss, für den Grossen ↗Spital einen Neubau zu errichten, genehmigt der Rat der Zweihundert 1732 das Projekt Joseph Abeilles. Die Bauleitung hat N. Schiltknecht und nach dessen Tod im Januar 1735 S. Lutz inne. Nach Fertigstellung von Gebäude und Brunnen ziehen die Insassen im Mai 1742 ein. Der 1770 aufgekommene Name B. wird mit der Aussteuerungsurkunde von 1803 offiziell. Die Spitalkapelle wird am Ende der Siebzigerjahre des 19. Jh. von der Nordwestecke des Hauptgebäudes ins hintere Gebäude verlegt. Im Zuge der Überbauung an der ↗Bogenschützenstrasse folgt 1891 die Verlegung der *Passantenherberge* aus dem Hauptgebäude in ein besonderes Gebäude, das 1964 durch einen Neubau ersetzt wird.
Lit.: KDM 1; H. Morgenthaler, Geschichte des Burgerspitals der Stadt Bern, Bern 1945

Burgerspital-Kornhaus Das 1785/87 von N. Sprüngli erbaute Kornhaus des ↗Burgerspitals hiess auch *Speichergasskornhaus* oder kurz *Spitalkornhaus*. Von 1798 is 1810 diente es als *Obere Kaserne* und blieb dann bis 1820 unbenützt. Nachdem es bis 1825 nochmals ein Kornhaus gewesen war, wurde es bis 1830 umgebaut und diente bis zum Bezug der ↗Kaserne 4) (1878) als Kaserne II und wurde 1883 für den Bau des ↗Gymnasiums Waisenhausplatz abgebrochen.
Standort: Waisenhausplatz 30
Lit.: KDM 1

Burgerstrasse ↗Güterstrasse

Burgfeld In den Sechzigerjahren des 20. Jh. offiziell gewordener Name des Wohnquartiers an Stelle des ↗Burgdorfholzes.

Burgistein-Häuser ↗Rathaus 3)

Burgtreppe 1958 neu geschaffene Verbindungstreppe vom ↗Nydegghöfli zur ↗Mattenenge. Der Name erinnert an die Burg ↗Nydegg.

Burgum, älteres und jüngeres ↗Bern

Burkhard-Keller Kellerwirtschaft Gerechtigkeitsgasse 15.

Burkhart-Gruner ↗Fastnacht & Buser

Bürkigut ↗Beaumont 1)

Bürki-Haus Zweistöckiges Haus aus dem 18.Jh., das 1896 von der Eidgenossenschaft für den Bau der ↗Nationalbank erworben wurde. Zuletzt gehörte es dem Grossrat, Bankier und Kunstsammler FRIEDRICH BÜRKI (1819–1880).
Standort: Bundesplatz 1

Bürkiweg Seit 1915 heisst der frühere *Untere Beaumontweg* nach einem Besitzer des ↗Beaumonts 1) im 19.Jh. B.

Burri, Café Café ↗Seiler

Busenberg Südlich des Busenhards gelegener Hang, heute von der Rabbentalstrasse durchzogen (↗Schänzli).
Lit.: Archiv d. Hist. Vereins des Kantons Bern, 1875

Busenhard ↗Schänzli

Cachemari oder **Speckkämmerlein** Populärer Name des Arrestlokals im ↗Polizeigebäude 1).
Lit.: HOWALD, Brunnen 3

Cafés ↗Gastgewerbe

Capitol ↗Grenus-Haus

Caravelle ↗Bubenberg

Cardinal 1) Aarbergergasse 19. Die schon in der ersten Hälfte des 19.Jh. bestehende Wirtschaft hiess zu Beginn des 20.Jh. C., dann von 1923 bis 1973 *Barcelona* und heisst seither *España*.
2) heute Café an der Standstrasse 4.

Casino 1) Nach Plänen von L. F. SCHNYDER 1820/21 an Stelle des ↗Ballenhauses erbaut. Seit 1832 im Besitz der Stadt dient es bis 1848 verschiedenen Zwecken. 1848–1858 ist es Sitz des Nationalrates. 1895 für den Bau des ↗Parlamentsgebäudes abgebrochen.
Standort: Westflügel des Parlamentsgebäudes
Lit.: KDM 2

2) Herrengasse 25. An Stelle der alten Hochschule in den Jahren 1906/08 von LINDT und HOFMANN für die Burgergemeinde erbaut. 1967/69 im Innern renoviert.

Central 1) Das im letzten Jahrzehnt des 19.Jh. eröffnete Restaurant befand sich im Haus Spitalgasse 25.
2) Kurz vor 1910 eröffnetes Kino, das sich bis zu seiner Schliessung 1971, wegen Abbruch der Liegenschaft im Hause Amthausgässchen 1/Marktgasse 27 befand.

Central-Apotheke Zytgloggelaube 2. Seit der Mitte des 17.Jh. befindet sich im 1925 durch einen Neubau ersetzten Eckhaus eine Apotheke.
Lit.: Schweiz. Apotheker-Zeitung 1961

Centralbank ↗Effingerhaus

Centralschweineschlächterei ↗Schlachthaus Engehalde

Chachelimärit Der Geschirrmarkt befand sich bis zum Ende des 19.Jh. beim ↗Kindlifresserbrunnen, später an der ↗Grabenpromenade.

Challandes Tiergruppen ↗Zoologischer Garten

Chardonne-Keller, auch **Muralt-Keller** Kellerwirtschaft im Haus des Altseckelmeisters v.MURALT, Junkerngasse 63. Der Name weist auf ein Waadtländer Rebgut hin.
Lit.: NBTb 1910

Chemiegebäude Freiestrasse 3. Das 1891/93 erbaute und 1937 erweiterte Ch. wird 1972/73 durch einen Neubau ersetzt.

Chindlifrässer, Restaurant Café ↗Bieri 2)

Choisy Kleines Landgut zwischen Freiburgstrasse und Choisystrasse.

Chorhaus 1) Münsterplatz 3. Ostanbau des ↗Stifts, ursprünglich Konventsbau der Chorherren, nach der Reformation Tagungsort des Chorgerichts und Chorgerichtgefängnis.
Lit.: GRUNER, Deliciae
2) Münstergasse 24. Im 1735/40 von ALBRECHT STÜRLER erbauten Hause tagten in der Restaurationszeit das ↗Obergericht und das Chorgericht. 1831–35 beherbergte das Ch. die Knabenschule der Münstergemeinde (↗Stadtschule), 1895–1940 das ↗Konservatorium.
Lit.: HOWALD, Brunnen 2

Chorherrenstift ↗Stift

Chouette, La Um 1875 erbautes Landhaus im ↗mittleren Sulgenbach, abgebrochen 1911 für den Bau der ↗Monbijoustrasse.
Standort: Giessereiweg 9

Chrätze ↗Eisenbahnbrücke

Christen, Café 1) Lorrainestrasse 22. Die im letzten Jahrzehnt des 19.Jh. eröffnete Wirtschaft heisst heute *Café Feldschlösschen.*
2) Kurz vor der Wende zum 20.Jh. zuerst unter dem Namen *Café Leu* eröffnete Wirtschaft im Haus Aarbergergasse 51.
3) In den Sechzigerjahren des 19.Jh. gab es im Haus Rathausgasse 61 ein Café Ch.
4) Das im letzten Jahrzehnt des 19.Jh. eröffnete Restaurant im Haus Zeughausgasse 25 hiess zuerst *Café Schindler,* im 20.Jh. dann Café Ch. Es verschwand im Ersten Weltkrieg.

Christkatholische Kirche St. Peter und Paul Rathausgasse 2. In den Jahren 1858/64 an Stelle des ↗St.Johannsen-Kornhauses und der 1787 abgebrannten alten ↗Münzstatt als erste katholische Kirche erbaut. Erster Gottesdienst am 13.November 1864. Seit 1875 christkatholisch. 1965/67 vollständige Renovation von Turm und Südfassade.
Lit.: KDM 3

Christoffel 1622/23 an Stelle des GÜRTLER'schen Sommerhauses erbaute Bastion. Ausgeebnet 1874 bei der Anlage der westlichen Bundesgasse und der Wallgasse.
Standort: Hirschengraben, Wallgasse, Westteil der Bundesgasse
Lit.: HOFER, Wehrbauten

Christoffelbrunnen ↗Davidbrunnen

Christoffelgasse Zusammen mit der *Gurtengasse* und dem östlichen Teil der *Bundesgasse* angelegt während der Überbauung des Areals südlich der ↗Schauplatzgasse durch die 1.Berner Baugesellschaft (1858–1872).
Lit.: KDM 2

Christoffelplatz ↗Bubenbergplatz

Christoffelturm, Obertor (bis ca.1430), **Oberspitalturm** 1344–46 erbaut, 1379–84 1.Ausbau. 2.Ausbau 1467–70: Erhöhung um fast 10 m, Vergrösserung der stadtseitigen Nische. Die Christoffelfigur aus der Mitte des 15.Jh. wird 1498 durch eine 9,7 m hohe Lindenholzfigur ersetzt. 1487/88 Bau des Vorwerks und der steinernen Grabenbrücke. 3.Ausbau 1575–83: Turm um

ca. 9 m erhöht. First mit 2 Wetterfahnen. 4. Ausbau nach dem
Bau des ↗Murtentors wird 1642/43 die Triumphbogenfront des
Vorwerks errichtet. 1853 wird an dieser eine Kopie des Bildes im
Hof des Grossen ↗Zeughauses (3 Eidgenossen) angebracht. Ab-
bruch des Ch. im Frühjahr 1865 nach der Gemeindeabstimmung
vom 15. Dezember 1864, bei der 415 Befürworter 411 Gegnern
gegenüberstanden. Die Christoffelfigur wurde in der Mitte des
16. Jh. zum Torwächter, später zum Goliath «umgerüstet» (Keule
statt Jesuskind, Stab und Heiligenschein).
Standort: Westlich des Hauses Spitalgasse 57
Lit.: KDM 1
Abbildung 5, S. 51

Christoffelturm, Neuer ↗Murtentor

Christoffel-Unterführung Seit 1975 heisst die vom ↗Haupt-
bahnhof nach Süden führende Fussgängerverbindung Ch.-U.
Bei ihrem Bau wurden 1973/74 die Fundamente des ↗Christof-
felturms sowie Teile der Grabenbrücke freigelegt.

Chrueg ↗Schützengarten

Chübel ↗Kornhauskeller

Chutzengut ↗Weissenheim

Chutzenhubel ↗Lentulushubel

City, Cinéma ↗Sternen

Claretsack Bis in die Mitte des 19. Jh. Name des Rest. Schönegg,
Seftigenstrasse 99.

Claretsack, Näherer Zu Beginn des 19. Jh. Name der Häuser
↗Friedheim und ↗Hühnersädel.

Clematis Fellenbergstrasse 8. Name eines durch florale Jugend-
stilornamentik ausgezeichneten Mehrfamilienhauses.

Collegium zu Barfüssern ↗Akademie 1)

Commerce, Café du Gerechtigkeitsgasse 74. Dieses Restaurant
besteht seit dem frühen 19. Jh. Es hiess vor 1850 *Café Giudice* und
auch *Café Juge*, noch früher (um 1836) *Kaffeehaus Küser*.

Conradweg ↗Wyderrain

Continental, Hotel 1) Das vor dem Bau des Volkshauses
1913 im westlichen Teil des Hauses bestehende Hotel C. hiess

um die Jahrhundertwende, kurz nach seiner Eröffnung *Hôtel d'Italie.*
Standort: Zeughausgasse 11

2) Zeughausgasse 27. Das heutige Hotel C. scheint den Namen von 1) wieder aufgenommen zu haben.

Coq d'or Aarbergergasse 55. Im letzten Jahrzehnt des 19.Jh. eröffnetes Restaurant.

Corps de Garde ↗Staldenwachthaus

Corso Restaurant im ↗Aarbergerhof 1), Aarbergergasse 40, das bis zum Beginn des 20.Jh. *Biergarten* hiess. Seit dem Neubau des Hauses kurz nach der Mitte des 20.Jh. heisst es *Aarbergerhof.*

Cyro-Haus Gerechtigkeitsgasse 71. Der Sitz der Familie v. SCHWARZENBURG (V.HOLZ) wird im 15.Jh. Sässhaus der Familie v.STEIN. 1529 erwirbt der Stadtschreiber PETER CYRO die Osthälfte und lässt sie 1554/57 neu aufbauen. Die Westhälfte (Nr.73) ist seither abgetrennt. Zum Haus der v.SCHWARZEN-BURG und v.STEIN gehörte auch das Haus Junkerngasse 50.
Lit.: KDM 2

Dachnaglergraben ↗Tachnaglergraben

Dachselhofer ↗Daxelhofer

Daheim Das während des Ersten Weltkriegs eröffnete Frauenrestaurant D. befand sich bis in die Fünfzigerjahre des 20.Jh. im Haus Zeughausgasse 31.

Dählenweg 1916–1941 Name des Weges vom Thunplatz zum Kalcheggweg.

Dählhölzli 1) Wald im Süden der Stadt. Seit 1937 befindet sich dort der ↗Tierpark D.
2) Dalmaziquai 151a. Kurz vor dem Ende des 19.Jh. wurde das Restaurant D. auf dem alten Knechteninseli (↗Inseli 2) eröffnet.

Dählhölzlifähre ↗Schönausteg

Dalmazi 1) Der im 18. und 19.Jh. gelegentlich auch *Talmazi* geschriebene Name des rechten Aareufers zwischen ↗Monbijoubrücke und ↗Schwellenmätteli dürfte von einem Rückwanderer aus venezianischen Diensten gewählt worden sein. 1652 ist nämlich der Name *Dalmatien* belegt.

2) Dalmazirain 22. In den Sechzigerjahren des 19.Jh. eröffnete Wirtschaft.

Dalmazibrücke Die 1871/72 unter finanzieller Beteiligung der Grundeigentümer im Marzili und der Burgergemeinde errichtete Eisenbrücke wird 1927 beidseits durch 2 m breite Trottoirs erweitert und 1958 durch eine Betonbrücke ersetzt.

Dalmazischulhaus ↗Kirchenfeld-Schulhaus

Dalmaziweg Seit 1941 heisst der D. *Dalmaziquai.*

Dammweg Der alte Eisenbahndamm gewann auf der Ostseite des D., von der ↗Eisenbahnbrücke herkommend, die Höhe des ↗Wylers. Der Damm wurde 1855/57 aufgeschüttet und nach der Linienverlegung 1941/42 abgetragen, was nach dem Zweiten Weltkrieg den Bau des parallel zum D. verlaufenden *Nordrings* ermöglichte. Der Name Nordring wurde 1951 offiziell.

Dampfkraftwerk Engehalde Unterirdisches Elektrizitätswerk an der Engehalde. Neben einer Dampfturbinengruppe ist ein Hilfsdieselaggregat installiert. In Betrieb genommen 1938.

Dampfzentrale Marzilistrasse 47. 1904 mit zwei Dampfturbinen à 1000 kW eröffnetes und 1907 um eine gleiche Turbine erweitertes thermisches Kraftwerk, das in trockenen Wintern vor seinem Umbau in ein Dieselkraftwerk (1924) fast die Hälfte des städtischen Strombedarfs deckte. Das 55 m hohe Kamin wurde zu Beginn des Zweiten Weltkrieges abgebrochen.

Dändlikerheim ↗Wartegg

Dänzer, Café Kurz vor dem Ersten Weltkrieg bestand am Birkenweg 33 ein Café D.

Dapplesweg ERNST DAPPLES (1836–95), Stadtgeometer, wohnte im ↗Weissenbühl 1). Nach dem Abbruch dieses Landgutes wurde der nördlich davon angelegte Weg D. genannt.

Dätwyler, Café Zu Beginn des 20.Jh. eröffnetes heute verschwundenes Restaurant.
Standort: Kramgasse 74

Davidbrunnen, auch **Christoffelbrunnen** Der schon 1372 erwähnte Brunnen oben an der ↗Spitalgasse hiess 1441 *Brunnen vor dem Spital.* Die erste Figur aus dem 16.Jh. zeigte König David mit Krone. 1711 entstand ein neues Standbild (David als Knabe) von PHILIPPE CHÉRET. Von da datiert der Name D. 1778–1846 stand auf dem Brunnen eine Davidfigur von FR. SCHAEFER, Luzern, die bis 1862 im Garten des ⁊Käderegge aufgestellt, dort zerstört wurde. Den neuen neogotischen Brunnen schuf 1846 GOTTLIEB HEBLER. Die für ihn geplante Figur RUD. V. ERLACHS von GASSMANN wurde nie aufgestellt.

Standort: Ursprünglich in der Gassenmitte vor dem Südeingang der ⁊Heiliggeist-kirche, seit 1919 auf der Kreuzung Bernstrasse/Frankenstrasse in Bümpliz (Ge-schenk der Stadt an das eingemeindete Bümpliz).

Lit.: KDM 1

Davoignes-Keller Kellerwirtschaft Spitalgasse 34.
Lit.: NBTb 1910

Daxelhofer-Gut auch **Engeried** Engestrasse 43 und 49. Vom D., dessen Herrenhaus aus der zweiten Hälfte des 18. Jh. stammt, wurde zu Beginn des 20. Jh. ein grosser Teil parzelliert (⁊Enge-ried-Spital).
Lit.: MORGENTHALER, Länggasse

Daxelhoferstrasse Name nach dem ⁊Daxelhofer-Gut. Bis 1907 hiess die heute nach dem ⁊Diesbach-Gut genannte Strasse *Obere D.,* die heutige D. entsprechend *Untere D.* 1946 wurden beim Aushub für den Westanbau des Hauses D. Nr. 17 die Überreste einer urgeschichtlichen Kupfergiesserei gefunden.

Deichelbohrhütte ⁊Dünkelhütte

Dekanatsgebäude Junkerngasse 19. Das im 3. Jahrzehnt des 18. Jh. erbaute D. beherbergte im 19. Jh. das Dekanat der Theolo-gischen Fakultät. Bis ins 16. Jh. gehörte das Haus mit Nrn. 21 und 23 zu den ⁊Scharnachtalhäusern.

Dekretsbahnen Einem Dekret des Grossen Rates folgend, wur-den in den ersten Jahren des 20. Jh. folgende Eisenbahnlinien gebaut: die *Gürbetalbahn* (eröffnet 1901) und die *Schwarzenburg-bahn* (eröffnet 1907), zusammengefasst in der Bahngesellschaft GBS (Gürbetal-Bern-Schwarzenburg) sowie die *Bern-Neuen-burg-Bahn* (BN) (eröffnet 1901).

Della Casa Schauplatzgasse 16. Das schon im frühen 19. Jh. bestehende Restaurant hiess in der zweiten Hälfte des Jahrhun-derts *Café Fédéral,* später *Café Frick,* dann nach dem neuen Besitzer im letzten Jahrzehnt D. C. Charakteristischer Riegbau aus dem späten 16. Jh.

Denkmäler und Gedenktafeln

↗Aargauerstalden-D., Bider-D., Bubenberg-D. (auch: ↗Kantonalbank), Einstein-Haus Erlach-D., Fricker (↗Kantonalbank), Frisching (↗Kantonalbank), Gotthelf (↗Rosengarten 1)), Greyerz-D., Haller-D. (auch:↗Kantonalbank), Hallwyl (↗Kantonalbank), Hodler-Gedenktafel, Kocher-D., Manuel (↗Kantonalbank), Nägeli (↗Kantonalbank), Niggeler-D., Refugianten-Gedenktafel, Soldaten-D., Stämpfli-D., Steiger (↗Kantonalbank), Studerstein, Telegraphen-D., Weinzäpfli-Gedenktafel, Weltpost-D., Werdt-D., Widmannbrunnen, v. Wurstenberger-Gedenktafel, Zähringer-D.

Deposito-Cassa Kochergasse 6. Die 1825 gegründete D. befand sich bis in die Siebzigerjahre des 19.Jh. zusammen mit der Burgerlichen ↗Ersparniskasse im Hause Rathausgasse 82, dann an der Bundesgasse 6.
Lit.: SCHAUFELBERGER, Bankwesen

Deutschfasshaus Zwischen 1635 und 1637 an die Ostmauer des Gartens des älteren ↗Welschfasshauses gebaut. Nur der eingeschossige Westanbau ist noch erhalten (Altenbergstrasse 3).
Lit.: KDM 3

Deutschherren-Schopf In der Mitte des 15.Jh. erwähnter Bau auf dem Südteil des ↗Münsterplatzes.
Lit.: KDM 4

Deutschordenshaus ↗Stift

Deutschseckelschreiberei 1667/68 wird das längst der Stadt gehörende 5.Haus westlich des ↗Rathauses 3) umgebaut zur D. Im Keller wird ein Weinlager eingerichtet. Das Gebäude wird 1704/06 von H.J. DÜNZ III. vollständig und 1721 von R. HEBLER teilweise renoviert. Mit den andern Häusern gegen das Rathaus wird es 1793 abgebrochen. Die D. zieht an den Rathausplatz, wo sie von 1798 bis 1832 *Seckelschreiberei,* dann *Standeskasse* heisst. 1847 erfolgt die Umwandlung in die *Amtsschaffnerei.*
Standorte: Bis 1793 dem Haus Rathausgasse 7 gegenüber, von 1793 an Rathausplatz 1

Dézaley ↗Simplon

Diakonissenhaus ↗Salem, ↗v. Wurstemberger-Gedenktafel

Diana 1) Speichergasse 15. In den Sechzigerjahren des 19.Jh. mit dem Namen *Edelweiss* eröffnetes Restaurant, welches das *Café Löw,* Speichergasse 9 ablöste.
2) Name des Hauses Marktgasse 61 nach dem Delikatessengeschäft Gaffner & Ludwig «Zur D.».

Dienstbotenschule ↗Haushaltungsschule

Dienstenspital Die 1812 von Frau Stadtschultheissin ANNA MARIA MAY errichtete Stiftung für alte und gebrechliche Mägde wurde 1817 im ↗Frienisbergerhaus eingerichtet. Nach dessen Abbruch zog der D. ins Morellhaus (Postgasse 14), dann 1855 ins ↗Kirchbergerhaus 2) (Junkerngasse 1), später ins Mutachhaus (Junkerngasse 23). Seit 1943 befindet sich der D. unter dem an die Stifterin erinnernden Namen *Annaheim* an der Gesellschaftsstrasse 12.
Lit.: BRECHBÜHL, Länggasse

Diesbach-Gut Landgut, dessen Herrenhaus zu Beginn des 18.Jh. erbaut und 1920 abgebrochen wurde.
Standort des Herrenhauses: Neubrückstrasse 70
Lit.: MORGENTHALER, Länggasse

Diesbach-Haus Münstergasse 2. Das 1716–18 erbaute Haus des Junkers HANS GEORG V. DIESBACH heisst seit dem 18.Jh. auch *Haus an der Kette,* da damals während der Gottesdienste im Münster dem Fahrverbot mit einer Kette zwischen den Häusern Münstergasse 1 und 2 Nachachtung verschafft wurde.
Lit.: KDM 2

Diesbach-Kapelle Kapelle südlich des 3.Joches des Südschiffes des ↗Münsters. Das Gewölbe mit dem Diesbachwappen als Schlussstein errichtete in den Jahren 1448/53 M. ENSINGER. Der Epitaph für NIKLAUS II. V. DIESBACH befand sich ursprünglich unter dem Fenster der Südwand und wurde 1899 nach seiner Wiederauffindung an die Ostwand versetzt. Vor der Reformation enthielt die Kapelle den 1442 von den Söhnen N. V. DIESBACHS gestifteten Christophorus-Altar.
Lit.: KDM 4

Diesbachstrasse ↗Daxelhoferstrasse

Dieselkraftwerk Marzili ↗Dampfzentrale Marzili

Dietrichs Haus ↗Beginenhäuser 5)

Distelzwang Gerechtigkeitsgasse 79. Das Wirtshaus zum D. kommt gegen Ende des 14.Jh. in den Besitz der adligen Gesellschaft, die sich vielleicht vor 1439 aus zwei Gesellschaften (Narr und Distelfink (= Distelzwang) im Wappen) zusammengeschlossen hat. Der Neubau von HÜPSCHI (1469–78) ist reich ausgestattet

und wird 1551/56 grundlegend umgebaut. Den heutigen Bau errichtet 1700–1703 Sam. Jenner. Bis ins 18. Jh. diente einerseits die Erdgeschosshalle den Beratungen des Gerichtes an Landtagen, und andererseits war das Haus eine Freistatt für flüchtige Totschläger. Das Hinterhaus «*zum Narren*», Junkerngasse 56, hat eine der elegantesten Régencefassaden Berns.
Lit.: KDM 2, 6

Dittlingerturm 1345 erbauter Turm in der innern Mauer der ↗4. Stadtbefestigung. Der D. diente seit dem 16. Jh. immer wieder als Gefängnis für politische Häftlinge und im 17. Jh. auch für Wiedertäufer. Anfangs 1825 von J. D. Osterrieth abgetragen.
Standort: Vor der Nordwestecke der ↗Heiliggeistkirche
Lit.: Hofer, Wehrbauten

DMB ↗Marzilibahn

Doktorgässlein 1818 erwähnter Weg am Stadtbach.

Dominikanerkirche ↗Französische Kirche

Dominikanerkloster ↗Predigerkloster

Donnerbühl 1) Vor der Mitte des 19. Jh. Name des ↗Engländerhubels.
2) Seit dem letzten Viertel des 19. Jh. Name des Hügels nördlich des Stadtbachquartiers.
3) Name der Villa Wildhainweg 19.

Donnerbühlweg Der steile, östliche Teil des D. gehörte bis 1941 zum Falkenhöheweg.

Dörfli, verkürzt aus **Steinegger-Dörfli** ↗Golaten

Dorngasse, Dorngässlein Im zweiten Viertel des 19. Jh. entstandener Weg im ↗Sandraingut.

Dragonerweg In der zweiten Hälfte des 19. Jh. Name des Weges, der von der Länggass-Strasse zum ↗Glasbrunnen führt.

Drakau Schon im 18. Jh. gilt der Name D. für den nördlichen Teil des ↗Bremgartenwalds bei der Mündung des Glasbachs.

Drakauweg Name des Weges, der vor dem Bau der Halenstrasse 1911 von der Länggass-Strasse zum ↗Nägelisschlössli führte.

Drei Eidgenossen Rathausgasse 69. Im letzten Jahrzehnt des 19. Jh. eröffnetes Restaurant.

Dreifaltigkeitskirche Taubenstrasse 6. In den Jahren 1896/99 von H. v. SEGESSER, Luzern, in altchristlichem Basilikastil erbaute erste Kirche der röm.-kath. Kirchgemeinde. Hauptfassade in Anlehnung an San Zeno, Verona. Weihe: 17. Juni 1899. Höhe des Turms: 45 m.

Drei Könige ↗Sternen

Dreikönigsgässchen ↗Sternengässchen

Drosselweg Der D. hiess von 1896 bis 1898 *Maurerweg*.

Druckereiweg Bis 1969 offizieller Name des Weges zwischen Falken- und Malerweg.

Dübeli ↗Tübeli

Dübis Loch ↗Burgau

Dudelsackpfeiferbrunnen ↗Pfeiferbrunnen

Dufour Beundenfeldstrasse 47. Zu Beginn des 20. Jh. eröffnetes Restaurant.

Dufourstrasse Von 1891 bis 1942 hiess die heute zur D. gehörende Verbindungsstrasse zwischen Thun- und Florastrasse *Untere D.* im Gegensatz zur grössern *Oberen D.*

Dula-Keller Bis in die Achtzigerjahre des 19. Jh. existierte im Eckhaus Kramgasse 87 (heute Nr. 85) (↗BRUNNER-Haus) eine Kellerwirtschaft, die nach ihrem Besitzer benannt war und später *Widmerkeller* hiess.

Dünkelhütte auch **Deichelbohrhütte** Vorstadthaus mit Weiher am Stadtbach. Abgebrochen 1858 für den Bau des ↗Güterbahnhofs 1).
Standort: Nördlich des Hauses Laupenstrasse 10

Durheimhaus Gerechtigkeitsgasse 33. Das 1607/08 für Seckelschreiber JOHANN DURHEIM neu erbaute Haus ist eines der wenigen bedeutsamen Häuser der Spätrenaissance in Bern. Die Ausführung des Baues ist vermutlich ANDRES WIDMER zuzuschreiben. Die heutige Régencefassade vom zweiten Viertel des 18. Jh. stammt wahrscheinlich von ALBRECHT STÜRLER.
Lit.: KDM 2

Ebni ↗Schwendplatz

Edelweiss ↗Diana 1)

Eden Kurz vor dem Ersten Weltkrieg gegründete Pension.
Standort: Choisystrasse 1

Edle Gasse ↗Junkerngasse

Effingergarten In den Achtzigerjahren des 19.Jh. eröffnete, heute verschwundene Wirtschaft.
Standort: Effingerstrasse 18

Effingerhaus Münstergasse 32. Im 2.Jahrzehnt des 18.Jh. wurde der Südteil der beiden ersten Häuser westlich des ↗Münstergässchens vereinigt und neu erbaut. Dieses nach einem früheren Besitzer genannte Haus beherbergte in der ersten Zeit nach ihrer Gründung in den Sechzigerjahren des 19.Jh. die *Bank v. Büren & Cie,* die später in die ↗v. Büren-Besitzung (Käfiggässchen 5) verlegt wurde und nach deren Abbruch bis zur Aufhebung des Instituts im Haus Bundesgasse 28 untergebracht war, wo sich vorher während weniger Jahre die *Centralbank* befunden hatte.
Lit.: KDM 2

Effingerstrasse Genannt nach dem Berner Stadtpräsidenten von 1849 bis 1863 FRIEDR. LUDWIG V. EFFINGER. Erbaut 1878 bis zur Brunnmattstrasse; 1941 bis zur Könizstrasse verlängert.
Lit.: FELLER, Stadt Bern

Egelberg Schosshaldenstrasse 32. Vielleicht von NIKLAUS SRÜNGLI erbautes Landhaus.

Egelmoos 1) ↗Muesmatt
2) früherer Name des Mooses, in dem im 19.Jh. der Tümpel für die Gewinnung von Natureis vergrössert wurde. Kurz vor dem Zweiten Weltkrieg entstand durch Melioration der heutige *Egelsee* mit dem Park.
3) Name des Vorstadthauses Muristrasse 29.

Egelsee ↗Egelmoos 2)

Egerdon-Gasse ↗Herrengasse

Eggerschule ↗Lerberschule

Egg-Gut Landgut am Kollerweg (↗Gryf-Egg).

Egghölzli Muristrasse 184. In der zweiten Hälfte des 19.Jh. erbaute Villa.

Egghölzlistrasse Vor 1957 hiess die E. Egghölzliweg.

Eggimannstrasse Die E. erinnert an KARL JOH. EGGIMANN (1843–1900), der es mit seinem Legat für wohltätige und gemeinnützige Zwecke der Stadt Bern ermöglicht hat, die an ihr gelegene Kinderkrippe Ausserholligen zu errichten.

Eggturm, Grosser ↗Wurstembergerturm

Eichenbühl-Sod Sodbrunnen ↗bei den Eichen südlich der Studerstrasse. Der E. hiess im 19.Jh. auch *Kessisod.*
Lit.: MORGENTHALER, Länggasse

Eichholz Im 13.Jh. Name des ↗Wylerholzes.

Eichmatt Im letzten Viertel des 19.Jh. Name eines Vorstadthauses im Weissenbühl.
Standort: Schwarzenburgstrasse 8

Eichplatz ↗Bei den Eichen

Eichrain ↗Hunzikerhübeli

Eiger Belpstrasse 73. Zum heutigen Restaurant E. gehörte auch der im letzten Jahrzehnt des 19.Jh. eröffnete Gasthof E. an der Belpstrasse 75.

Eigerstrasse Seit 1964 heisst der Ost–West verlaufende Teil der frühern ↗Wabernstrasse mit der westlichen Zufahrt zur ↗Monbijoubrücke E.

Eigerweg Bis 1960 offizieller Name des Weges zwischen Rallig- und Bäckereiweg.

Eilgut, Café In den Achtzigerjahren des 19.Jh. eröffnete, spätestens beim Bau des ↗Eisenbahnviadukts verschwundene Wirtschaft.
Standort: Neubrückstrasse 13

Eilgutgasse Von 1881 bis 1970, bis zum Abbruch der alten Bahnhofhalle, Name der kurzen Gasse zwischen Burgerspital und Bahnhof. Weil in dieser Gasse in der ersten Hälfte des 20.Jh. täglich Milch umgeladen wurde, hiess die E. allgemein *Milchgässli.* Offiziell wurde der Name E. schon 1941 aufgehoben.

Einstein-Haus Kramgasse 49. ALBERT EINSTEIN (1879–1955) wohnte während seines Aufenthaltes in Bern (1902–1909) längere Zeit im E.
Lit.: M.FLÜCKIGER, Albert Einstein in Bern, Bern 1974

Eintracht Flurstrasse 24. Zu Beginn des 20.Jh. eröffnete Wirtschaft.

Einwohnermädchenschule Die 1836 gegründete E. ist Nachfolgerin der alten ↗Meitlilehr. Sie umfasst von Anfang an alle Stufen vom Kindergarten bis zum Seminar. Nach ihrem langjährigen Direktor Gustav Fröhlich (1811–73) heisst sie oft *Fröhlich-Schule*. 1880 wird sie mit der Städt. ↗Mädchenschule vereinigt.

Standorte: 1836: Brunngasse 66; 1837/38: ↗Predigerkloster (Predigergasse 3); 1838–1857: Erdgeschoss des ↗Rathauses des Äusseren Standes (Zeughausgasse 17); 1857–1873: ↗Nägelihaus 2) (Kornhausplatz 11) und Brunngasse 70; 1873–1880: Bundesgasse 26
Lit.: Rothen, Mädchenschule

Eisenbahnbrücke, Rote Brücke In den Jahren 1856/58 nach einem Projekt von Gränicher erbaute Eisenbrücke zur Einführung der ↗SCB in den ↗Hauptbahnhof. Wegen der scheuenden Pferde kam es auf der Fahrbahn im untern Geschoss der Brücke immer wieder zu Unfällen, was zum Populärnamen *Würgengel* führte. Der früheste Populärname, *Chrätze,* wies auf die Gitterkonstruktion. Verstärkt 1899 und 1921. Der Fahr- und Fussweg wird 1930 nach der Eröffnung der ↗Lorrainebrücke gesperrt. Nach der Eröffnung des ↗Eisenbahnviadukts wird die E. 1941 abgebrochen.

Standort: Parallel zur ↗Lorrainebrücke auf deren NW-Seite
Lit.: KDM 1; Bloesch, Bern

Eisenbahnviadukt Erbaut in den Jahren 1936/41 als Ersatz für die ↗Eisenbahnbrücke von 1858. Gesamtlänge ca. 1100 m, davon 330 m eigentliche Aarebrücke. Spannweite des Bogens 150 m, Höhe 47 m.

Eisgrube Um die Mitte des 19.Jh. befand sich eine E. an der Postgasshalde, in der das meist im ↗Egelmoos 2) gebrochene Eis aufbewahrt wurde.
Lit.: Howald, Brunnen 3

Elektrizitätswerk Felsenau ↗Felsenau-Kraftwerk

Elektrizitätswerk Matte ↗Mattenwerk

Elendenherberge Gestiftet 1395/96 von den Brüdern Rud. u. Heinr. Seiler zur Beherbung von Heiliggrabfahrern, später auch von Pilgern nach Santiago de Compostela. Deshalb heisst die E.

am Ende des 15.Jh. auch *St.Jakobsspital*. 1466 bemalt HEINRICH BÜCHLER die Fassade. 1531 hebt die Vennerkammer die Anstalt auf und überweist das Vermögen dem Obern ⁊Spital. (Elende sind Pilger, fremde Durchreisende.)

Standort: Brunngasse 68
Lit.: KDM 1

Elendenkreuzkapelle Die 1365 von NICLAUS V.GYSENSTEIN und THOMAS BIDERBO gestiftete E. beim *Äusseren oder Elendenkreuz* gelangte 1512 vom Könizer Komtur an die Stadt.

Standort: In der Gabelung von Freiburg- und Murtenstrasse, nördlich des Hauses Freiburgstrasse 3
Lit.: JbBHM 7/1927

Elfenau Elfenauweg 91. Die emigrierte russische Grossfürstin ANNA FEODOROWNA (1781–1860) erwarb 1814 das *Brunnaderngut* mit dem um 1735 erbauten Landhaus. 1816 liess sie den Namen E. amtlich eintragen. Seit 1918 gehört die E. der Stadt Bern, welche dort 1928/29 die Stadtgärtnerei einrichtete.

Lit.: KDM 6

Elfenaubrunnen, früher **Inselgassbrunnen** Die 1850 errichtete spätklassizistische Anlage ersetzt an der ⁊Kochergasse den unschönen Brunnen von 1744. Der 5,2 m lange Trog ist der zweitlängste Monolith-Trog in Bern (⁊Mittlerer Neuengassbrunnen).

Standorte: Vor 1850: In der Gassenmitte südlich des Hauses Münzgraben 6; nach 1850: südlich des ⁊Bundeshauses-Nord (Amthausgasse 15); 1926 bei der Einrichtung des Einbahnstrassensystems Kochergasse/Amthausgasse entfernt und bald darauf in der ⁊Elfenau aufgestellt.
Lit.: KDM 1

Elfenau–Naturschutzgebiet Die bei der Aarekorrektion von 1830 entstandene Bucht wurde mit dem angrenzenden Hang 1936 zum Naturschutzgebiet erklärt.

Elisabethenstrasse Die E. wurde 1900 auf Wunsch des damaligen Grundbesitzers so benannt.

Elite Zieglerstrasse 12. Während des Ersten Weltkriegs gegründete Pension. Heute Altersheim *Sonnhalde*.

Emmenthalerhof In den Siebzigerjahren des 19.Jh. eröffnetes Hotel. Seit dem Neubau des Hauses in den Fünfzigerjahren des 20.Jh.: *Café Bali*.

Standort: Neuengasse 19

Enge 1) Ausgehend von der schmalen Landbrücke südlich des ↗Rossfelds 1), heisst die Gegend an der Enge- und der Reichenbachstrasse seit alters E.
2) Bis 1881 offizielle Bezeichnung der ↗Mattenenge.

Enge, Äussere Reichenbachstrasse 2. In den Achtzigerjahren des 19. Jh. eröffnetes Restaurant. In unmittelbarer Nähe befand sich schon im ersten Viertel des 19. Jh. die Wirtschaft *Belmont,* die in der zweiten Hälfte der Dreissigerjahre *z. Goldenen Löwen* hiess.
Lit.: SOMMERLATT, Adressenbuch

Enge, Innere Engestrasse 54. Nach Anlage der ↗Engeallee wurde das *Viererhaus obenaus* als *Küherhaus* neu erbaut. Das beliebte Ausflugsziel mit Gartenwirtschaft wurde 1820 im klassizistischen Stil umgebaut und 1864 abgebrochen. An seiner Stelle entstand die I. E., die 1945/46 erweitert wurde.
Lit.: KDM 1

Engeallee In den Jahren 1738/40 und 1753 wurde die E. vom Viererobmann GRUBER als Doppelweg mit Ulmen, Laubwänden, Rasenparterres und Ruhebänken angelegt. Der Fussweg verlief östlich des ↗Küherhauses, die Strasse westlich davon. Das ↗Soldatendenkmal wurde 1964 errichtet. Der Brunnen wurde Ende 1947 aufgestellt.

Engebrunnen Seit der Mitte des 18. Jh. gab es in der ↗Engeallee einen Brunnen. Der heutige E. wurde Ende 1947 aufgestellt.

Engehalbinsel Die vom gewundenen Lauf der ↗Aare nördlich der Äussern ↗Enge umflossene E. war in der späten Eisenzeit und unter römischer Herrschaft besiedelt. Wall und Graben der Spät-La-Tène-Siedlung lagen beim Tunnel der Felsenaustrasse unter der Reichenbachstrasse, diejenigen der gallorömischen Siedlung bei der ↗Matthäuskirche (Reichenbachstrasse 114).
Lit.: MÜLLER-BECK, Besiedelung der E., 43/44. Bericht der Römisch-Germanischen Kommission, Berlin 1964

Engehaldestrasse Nach dem ↗Schlachthaus Engehalde hiess die E. 1870–1916 *Schlachthausweg,* dann bis 1926 *Molkereiweg.*

Engehof Ca. 1865 erbautes Landhaus, das vor 1878 *Engewald* hiess. Nach Abbruch des Hauses ↗Belmont 1) bekam es im 20. Jh. dessen Namen. Im Garten des Vorgängerbaus wurde gegen Ende des 18. Jh. die erste Sternwarte der Schweiz, «*Urania*», errichtet (↗Observatorium).
Standort: Reichenbachstrasse 8; Urania: Reichenbachstrasse 12

Engekapelle ↗Aegidius-Kapelle

Engel, Haus zum Das Haus zum E. soll sich nach HOWALD an der Sonnseite der ↗Kramgasse unterhalb der ↗Schaal befunden haben.

Engel-Gut Schützenweg 22. Im 18.Jh. Landgut des Landvogts FRANZ CHRISTOPH ENGEL (1740–1820) von Oron, 1853 neu erbaut.
Lit.: HEBEISEN, Lorraine

Engemeister-Gut 1515 erwähntes Landhaus am Südausgang des Engewaldes, Amtswohnung des Engemeisters. Der Herrenstock wurde beim Bau der ↗Matthäuskirche, das Bauernhaus 1969 abgebrochen. Damals fand man die Fundamente eines dritten gallorömischen Tempels, (↗Aegidiuskapelle).
Standort: Reichenbachstrasse 138 und 142

Engeried ↗Daxelhofer-Gut

Engeried-Spital Riedweg 3, 5 und 11. Auf einem Teil des ↗Daxelhofer- oder Engeried-Gutes entstand 1907 die Privatklinik E., deren Gebäude 1927 erweitert und zu Beginn der Sechzigerjahre des 20.Jh. mit einem Neubau ergänzt wurde, während der Altbau (Nr. 11) ein Altersheim aufnahm.

Enge-Schulhaus Studerstrasse 56. Erbaut 1909/11.

Engesteg Der eiserne Fussgängersteg wurde 1908 beim Bau des Stauwehrs Engehalde errichtet. Vorher befand sich an seiner Stelle die *untere Felsenaufähre.*

Engewald 1) Wald auf der Engehalbinsel.
2) ↗Engehof

Engländerhubel Das frühere Landgut *Donnerbühl,* auch *Hubelgut* genannt heisst, seitdem es ARONLD KÖNIG, ein Rückwanderer aus England, 1845–53 bewohnt hat, E. In der gleichen Zeit befand sich auch die britische Gesandtschaft im Herrenstock, Freiburgstrasse 41, der heute als *Inselheim* dient.

Englische Anlagen Bereits 1873 genannter Name der Anlagen im englischen Stil. Der Name hat mit der englischen Berne-Land-Company nichts zu tun, sondern stammt von der Kirchenfeld-Gesellschaft, die 1871 das Kirchenfeld überbauen wollte.

Englische Kirche, St. Ursula's Church Jubiläumsplatz 2. Erbaut 1908. Seit 1846 fanden gelegentlich anglikanische Gottesdienste in der Kapelle des ↗Burgerspitals statt.

Entbindungsanstalt Am 1. Dezember 1781 beginnt an der ↗Insel der erste dreimonatige Hebammenkurs an der ersten E. Berns. Später wird die E. ins Obergeschoss des ↗Interlaknerhauses verlegt. 1834 zieht die E. ins ehemalige ↗Salzkammergebäude (Brunngasse 48) um, das 1853 neu aufgebaut wird. Seit 1876 befindet sich die E. im heutigen ↗Frauenspital.
Lit.: DURHEIM, Beschreibung

Entengraben Im frühen 19. Jh. Name des mittleren Teils des Grabens der ↗4. Stadtbefestigung. Bereits 1823/24 mit der Erdmasse der ↗Freitagsschanze gefüllt.
Lage: ↗Christoffelturm bis ↗Golatenmattor
Lit.: HOFER, Wehrbauten

Eremitage Ca. 1875 erbautes Vorstadthaus am Altenberg.
Standort: Altenbergstrasse 112, heute Südteil des Hauses Rabbentalstrasse 65

Erkercafé Name der im zweiten Drittel des 19. Jh. in einem der Eckpavillons auf der ↗Plattform bestehenden Kaffeewirtschaft.
Lit.: HOWALD, Brunnen 1

Erlach-Denkmal Das von JOSEPH SIMON VOLMAR geschaffene E. für RUD. V. ERLACH, den Sieger bei Laupen (1339), mit dem Sockel von G. HEBLER wurde am 12. Mai 1849 auf dem Münsterplatz enthüllt. Nachdem es 1961 entfernt worden war, folgten für dieses erste Reiterstandbild der Schweiz auf provisorischem Sockel zwei Standorte: östlicher Teil der ↗Plattform mit Blick nach Westen und später beim Chor des ↗Münsters, dem Hause Münstergasse 4 gegenüber, mit Blick nach Osten. Die endgültige Aufstellung an der ↗Grabenpromenade im Juli 1969 erlaubte es, das E. als Ganzes mit Sockel und Bären zu erhalten.
Ursprünglicher Standort: Vor dem Haus Münsterplatz 12 in der Platzmitte mit Blick nach Osten
Heutiger Standort: Dem ↗Stadttheater, Kornhausplatz 20, gegenüber mit Blick nach Westen
Lit.: KDM 1
Abbildung 16, S. 169

Erlach-Haus 1) ↗Lerberhaus
2) Junkerngasse 55. Der nachmalige Schultheiss RUDOLF V. ERLACH († 1507) liess an der Hoffassade seines Hauses sein Wappen mit dem seiner ersten Frau, BARBARA V. PRAROMAN († gegen 1480), anbringen. Der heutige Bau stammt aus den Jahren 1720–1735.

73

3) Junkerngasse 25. Gegen Ende des 15. Jh. aus zwei Häusern zusammengeschlossenes Gebäude, das BERNHARD V. ERLACH 1559 umbauen lässt. Das Wappenschild geht auf diesen Umbau zurück. Die heutige Gestalt bekam das E. in der Mitte des 18. Jh.
Lit.: KDM 2

Erlacherhof Junkerngasse 47. Das im 14. Jh. aus zwei alten Häusern zusammengeschlossene und in der Mitte des 15. Jh. um ein drittes erweiterte Stadthaus der V. BUBENBERG umfasste im westlichsten Teil das alte *Blankenburghaus*. In der Mitte des 17. Jh. umgebaut erfährt das alte *Bubenberghaus* (auch *Bubenberghofstatt* oder kurz *Hofstatt* genannt) in den Jahren 1745–1752 den unter HIERONYMUS V. ERLACH begonnenen vollständigen Umbau zum E. Als Baumeister wirkten dabei vermutlich ALBRECHT STÜRLER († 1748), nachher eventuell JOH. AUG. NAHL. Der E. diente in der Mediationszeit als ↗Mattenschule und war seit dem 1. Jahrzehnt des 19. Jh. bis 1831 Sitz der französischen Botschaft. Von 1848 an enthielt er die Amtsräume des Bundesrates, die 1857 ins ↗Bundeshaus-West verlegt wurden. Seither beherbergt er Teile der Gemeindeverwaltung.
Lit.: KDM 2

Erlacherhof-Stallungen ↗Speiseanstalt der untern Stadt

Erlach-Ligerz-Kapelle Kapelle südlich der Turmhalle des ↗Münsters. Der Schlussstein des 1475 von N. BIRENVOGT errichteten Gewölbes trägt ein Allianzwappen V. GURTENFRY-LOMBACH. Vermutlich von URS WERDER wurden 1460/70 die Wappenscheiben ULRICH V. ERLACHS und seiner 3. Gemahlin JONATA V. ERLACH-V. LIGERZ geschaffen. Die genannte war Stifterin des hier aufgestellten Altars für Johannes den Täufer und Johannes den Evangelisten. Die Sigristenstube wurde 1897, die Pfarrstube 1909 abgetrennt.
Lit.: KDM 4

Erlach-Kapelle ↗Krauchtal-Kapelle

Ermitage 1) Restaurant ↗Winkelried 1)
2) ↗Eremitage

Ernst-Besitzung ↗Knaben- und ↗Mädchenwaisenhaus

v. Ernst & Cie Marktgasse 63. Die Bank befand sich seit ihrer Gründung 1869 bis zum Bezug des Neubaus (1973) im Hause Bärenplatz 4.

v. Ernst, Armand v. E. & Cie., Privatbankiers Bundes-gasse 30. Seit die 1812 gegründete Bank in den Achtzigerjahren des 19. Jh. den heutigen Namen erhielt, befand sie sich bis weit ins 20. Jh. im Haus Bundesgasse 6.

Ernst-Otz-Heim ↗Pfründerhaus

Ersparniskasse, Burgerliche Bundesgasse 28. Nach Aufhe-bung der Bank v. Büren (↗Effingerhaus) zog die 1820 gegrün-dete B. E. ins heutige Gebäude, nachdem sie bis zum Ersten Weltkrieg zusammen mit der ↗Deposito-Cassa (zuletzt Bundes-gasse 6, vor den Siebzigerjahren des 19. Jh. im Hause Rathaus-gasse 82) und nachher im Hause Marktgasse 46 untergebracht war.
Lit.: SCHAUFELBERGER, Bankwesen

Ersparniskasse für die Einwohner des Amtsbezirkes Bern ↗Marcuard

Espagne, Café d' Das um die Mitte des 19. Jh. eröffnete Restau-rant *de la Place* hiess seit den Siebzigerjahren auch *Schweizerhalle* und bekam in den ersten Jahren des 20. Jh. den Namen d'E.
Standort: Waisenhausplatz 11

España ↗Cardinal 1)

Europe, Hôtel de l' ↗Bäreck

Eymatt(en) Name des Bauerngutes im Nordwestteil des ↗Gr. Bremgartenwaldes. In der ersten Hälfte des 19. Jh. war es gegen Westen hin noch nicht von Wald begrenzt.

Fabrikstrasse Der Name erinnert an die alte Fabrik für Eisen-bahnmaterialien. Die F. wurde mit der Eisenbrücke über die Geleiseanlagen 1878/79 angelegt.

Fähren ↗Brücken und F.

Fahrhalde ↗Hasli

Fährstrasse ↗Bremgartenfähre

Falken 1) Marktgasse 11/Amthausgasse 6. Seit dem Beginn des 16. Jh. Gasthof des Bischofs von Lausanne. Der Name geht auf die beiden letzten kirchlichen Besitzer, AYMON und SEBASTIEN DE MONTFAUCON, zurück. 1536–46 in städtischem Besitz, bis 1722

privat, dann Gesellschaftshaus zu ↗Mittellöwen, welche den Gasthof nur noch im 1732/36 von S. BAUMGARTNER neu errichteten Nordteil der Liegenschaft führt. 1905 wird dieser Teil des Hauses von LINDT und HOFMANN neu gebaut. Von der Mitte des 17. bis in die Mitte des 19. Jh. war der F. das erste Haus Berns. Es verschwindet 1904.
Lit.: KDM 6

2) Münstergasse 64. Das im letzten Jahrzehnt des 19. Jh. eröffnete Restaurant *Schützen* heisst seit 1905 F.

Falken, Hinterer 1) Seit 1835 im Haus Amthausgasse 3, seit 1856 auch in Nr. 1 gelegene Dependence des ↗Falken 1), abgebrochen 1905.
2) Volkstümliche Euphemie für ↗Spinnstube.
Lit.: HOWALD, Brunnen 5

Falkenbrünnli Brunnen im Falkenhof, dem Hof des Hotels ↗Falken 1).

Falkenburg 1) Im 16. Jh. erbautes und im Frühling 1903 abgebrochenes Landhaus. Seine Lage ist immer noch aus der Stellung der Parzellen Alpeneggstrasse 11 (Hauptgebäude) und Hallerstrasse 31 (Wirtschaftsgebäude) ersichtlich. Im 18. und 19. Jh. bestand in der F. eine gutbesuchte Kaffeewirtschaft, die nach ihrem Wirt LAUFFER auch *Lauffenburg* genannt wurde.
Lit.: MORGENTHALER, Länggasse

2) Falkenhöheweg 16–20. Gebäude in historisierendem Stil aus dem Jahre 1895.

Falkenegg Alpeneggstrasse 17. Das früher wegen seines Aussehens *Rattenfalle* genannte Haus wurde 1834 von FR. EM. V. SINNER umgebaut und erhielt den Namen F.
Lit.: MORGENTHALER, Länggasse

Falkengasse ↗Amthausgasse

Falkenheim Seit dem Ende des 19. Jh. Name des Hauses Alpeneggstrasse 18.

Falkenhof ↗Falkenbrünnli

Falkenplätzli Alte Bezeichnung des Gebietes nördlich der Bastion Grosser ↗Bär, ungefähr begrenzt durch Hallerstrasse–Länggasse–Sidlerstrasse–Malerweg–Falkenweg. Durch die Ausebnung der Schanzen entstand die heutige Anlage am *Falkenplatz*.

Falkenweg und andere Namen mit Falken... legen die Vermutung nahe, dass im Länggassquartier bis ins 18.Jh. Falknerei gepflegt wurde. Der kleine Mann mag im gleichen Gebiet eher Finkenherde betrieben haben (↗Finkenhubel).
Lit.: MORGENTHALER, Länggasse

Fankhauser In den Sechzigerjahren des 19.Jh. bestand im Haus Rathausgasse 82 eine Speisewirtschaft F.

Farb Im dritten Viertel des 19.Jh. bestehende Färberei am rechten Aareufer.
Standort: Turnplatz südlich des Hauses Altenbergstrasse 98

Färbhaus 1) Vor dem Bau des Filialbaus der ↗Mattenschule 2) diente das ursprünglich für eine Färberei gebaute F. als Schulhaus. Das F. heisst gelegentlich auch *Farbhof.*
Standort: Westlich des Hauses Schifflaube 3

2) Den Passementerie-Werkstätten der hugenottischen Refugianten diente eine nördliche Dependenz des ↗Predigerklosters als F.
Standort: Nordteil des Hauses Predigergasse 5

Farbhof ↗Färbhaus 1)

Fasshaus 1543/44 wurde bei der ↗Untertorbrücke das erste obrigkeitliche Fass- und Fassholzlager erstellt, nachdem die seit der Reformation dazu verwendeten Kirchen (↗Prediger- und ↗Nydeggkirche) nicht mehr genügten. Vermutlich wurde zu Beginn des 17.Jh. das ↗Blatternhaus 1) an der Sandfluh zum F. umgebaut. Seit dem Bau des ↗Deutschfasshauses wird das F. als *Welschfasshaus* bezeichnet. Abgebrannt 1849.
Standort: Altenbergstrasse 9
Lit.: KDM 3

Fasshausbrunnen Vermutlich nach dem Brand des ↗Welschfasshauses 1849 versetzter einröhriger Obeliskbrunnen. Röhre mit Delphinkopf von 1968.
Standort: Gegenüber dem Haus Altenbergstrasse 46
Lit.: KDM 1

Fasshaustreppe ↗Golatentreppe

Fastnacht & Buser Die 1914 aufgelöste Privatbank wurde im 2.Jahrzehnt des 19.Jh. von LUDWIG FRIEDRICH SCHMID, einem frühern Mitarbeiter von LUDWIG ZEERLEDER (↗Grenus-Haus) als *Privatbank L.Fr.Schmid* gegründet. 1865 ging sie an *Gruner*

& *Haller* über und hiess von 1891 bis 1905 *Burkhart-Gruner*, hernach F. & B.

Standorte: Bis gegen die Mitte des 19.Jh. im ↗Kirchbergerhaus 1), Kramgasse 61, dann Kramgasse 74, um die Jahrhundertwende Marktgasse 44 und zuletzt Amthausgasse 1.
Lit.: SCHAUFELBERGER, Bankwesen

Faulhorn ↗Schreckhorn

Favorite Schanzeneckstrasse 25. Auf der 1861 vom ↗Manuelgut abgetrennten Parzelle wurde 1862 die Villa *Bergheim* errichtet. Der Name F. stammt aus der Zeit, als die französische Botschaft dort eingerichtet war (1880–1908). Danach wurde die F. ein Hotel, dann ein Alters- und Pflegeheim, das seit 1926 dem Diakonissenhaus gehört. Das Gebäude wurde 1935 aufgestockt.
Lit.: BRECHBÜHL, Länggasse

Favrerain 1920–1933 Bezeichnung des Weges zwischen der Dietler- und der Kirchbergerstrasse.

Fédéral 1) ↗Della Casa
2) Bärenplatz 31. Im letzten Jahrzehnt des 19.Jh. eröffnetes Restaurant.

Federweg Seit 1921 offizieller Name. Er soll von den hier liegenden Federn der Enten und Gänse herrühren, die sich im benachbarten Stadtbach geputzt haben.

Feldegg 1) Kleines Landhaus an der Bolligenallee Nr. 34.
2) Von 1908 bis 1965 Privatklinik am Fischerweg, heute Nrn. 7–13.
3) In den Achtzigerjahren des 19.Jh. erbautes Vorstadthaus am Feldeggweg 3.

Feldegg-Spital ↗Feldegg 2)

Feldeggweg Name von ↗Feldegg 3)

Feldgut Melchenbühlweg 38. Landgut, das schon 1496 als *Sollacker* erwähnt ist.

Feldschlösschen Café ↗Christen 1)

Feldsiechenhaus Siechenhaus 1)

Fels, Felsen ↗Vannazhalde

Felsenau Der Name dieses Landguts taucht erst im 19.Jh. auf. Der Bauernhof stand bei der heutigen Wirtschaft F. (↗Burgau), Fährstrasse 2.

Felsenaubrücke ⁊Bremgarten-Fähre

Felsenau-Fähre 1) *Obere F.* ⁊Bremgarten-Fähre
2) *Untere F.* Seit den Siebzigerjahren des 19.Jh. befand sich bis 1908 zum Bau des Seftausteges eine Fähre an seiner Stelle.

Felsenau-Kraftwerk Felsenaustrasse 51. 1910 nach einer Bauzeit von 3 Jahren in Betrieb genommenes Elektrizitätswerk von heute 10 Megawatt Leistung. Die benötigten Wasserrechte hatte die ⁊Spinnerei Felsenau anfangs der Sechzigerjahre des 19.Jh. erworben und 1906 der Stadt verkauft. Das zugehörige *Stauwehr Engehalde* und der 470 m lange Stollen wurden gleichzeitig mit dem F.K. gebaut.

Felsenburg Klösterlistutz 4. Der 1335 erstmals belegte Torturm an der ⁊Untertorbrücke hiess im 17. und 18.Jh. auch *Blutturm* und *Wachtturm*. Seit dem 3.Jahrzehnt des 17.Jh. führt die Strasse von der Brücke her nördlich am Turm vorbei statt durch ihn hindurch. Die Gesamtrenovation von 1760 bringt auch den Bau eines neuen Torbogens durch E. RITTER. Der Graben wird 1820 zugeschüttet. 1862 erwerben Private den Turm und entstellen ihn 1864 durch An- und Umbauten. Der Name F. stammt aus dieser Zeit.
Lit.: HOFER, Wehrbauten

Felsenkeller Im 19.Jh. Name des 1862 in die Ostwand des ⁊Klösterlistutzes gesprengten Stollens.
Lit.: HOWALD, Brunnen 2

Ferme, La ⁊Madrid

Ferrierhaus 1815 erwirbt die Stadt das F. von der Witwe des letzten Besitzers. 1816 wird die Mädchenschule der obern Stadt, die sich seit 1725 im *Aarbergergass-Schulhaus* befand, ins F. verlegt, das von da an offiziell *Neuengass-Schulhaus* heisst. 1828 wird auch die Knabenschule von der ⁊Bollwerkschule hierher verlegt. 1885 erfolgt der Umzug ins Speichergass-Schulhaus (⁊Gymnasium Waisenhausplatz).
Standort: Neuengasse 26, 28 und 30 (nicht Schulhaus)

Fetzer, Hotel ⁊Schweizerhof

Feuerwehrkaserne Viktoriastrasse 70. 1935 von H. WEISS erbaut. An der Südfassade «St.Florian» von M. PERINCIOLI (1943). Die *Brandwache* befand sich von ihrer Gründung 1811 an bis 1902 im ⁊Polizeigebäude 1) (südlich des Hauses Casinoplatz 2), dann

bis 1907 in der ↗Hauptwache (Theaterplatz 13) und hernach
bis 1936 in der nachmaligen ↗Stadttheater-Direktion (Nägeligasse 1).

Lit.: A. Riser, Die Feuerwehr der Stadt Bern, Bern 1936

Feuerwerker-Laboratorium Im Turm des ↗(1.) Murtentors
befand sich das Laboratorium der Feuerwerker zur Herstellung
der Brand- und Sprengmittel der bernischen Artillerie.

Finkenhaus, -häuslein oder **-hüttli** Name eines Häuschens
nordwestlich des ↗Beaulieus 1).

Finkenhubel Der Name erinnert an einen der verschiedenen
Finkenherde (Fangplätze), die bis 1798 als herbstliches Vergnü-
gen des kleinen Burgers im Länggassquartier eingerichtet waren.
Es finden sich auch Namen wie *Lerchen-* und *Finkenhäuslein*
(heute noch *Lerchenweg*).

Lit.: Morgenthaler, Länggasse

Finstergässchen Das *Schlüsselgässchen* hiess bis 1881 auch F.
sonnseits, während das heutige F. (schattseits) auch *Kesslergassgässchen* hiess.

Finstergässlibrunnen ↗Zähringerbrunnen

Fischbankkeller Eine Kellerwirtschaft an der Kreuzgasse.

Lit.: Howald, Brunnen 2

Fischbrunnen ↗Waisenhausplatz-Brunnen

Fischer-Gut 1) Grosses Landgut im östl. Teil der Länggasse. Das
1640 erbaute und 1931 abgebrochene Wohnhaus stand auf der
Parzelle Hallerstrasse 56. Der Name *Fischerweg* erinnert an dieses
Gut.
2) auch *Hübeli* genannt. Landgut an der Neubrückstrasse. Das
kurz vor 1740 erbaute Haus wurde 1917 abgebrochen.

Standort: Bonstettenstrasse 2
Lit.: Morgenthaler, Länggasse

3) auch *Sulgenrain* genanntes Gut mit einem Landhaus aus dem
18.Jh., das zu Beginn des 20.Jh. von Henry B. v. Fischer renoviert wurde. Abgebrochen in den Sechzigerjahren des 20.Jh.

Standort: Sulgeneckstrasse 48

Fischer-Haus, Fischer-Häuser 1) Drei spätmittelalterliche
Fachwerk-Häuser an der Schattseite der Münstergasse, die 1861
dem östlichen Anbau der ↗Stadtbibliothek weichen mussten.

Standort: Östlichste 5 Fensterachsen der Stadtbibliothek, Münstergasse 61
Lit.: KDM 2

2) ↗Stadttheater-Direktion

3) Nydeggasse 15. Zu Beginn der zweiten Hälfte des 19. Jh. schenkt der Besitzer des Hauses seinen Oberhofner im Keller *(Fischerkeller)* aus.
Lit.: HOWALD, Brunnen

Fischerkeller ↗Fischer-Haus 3)

Fischermätteli 1) Seit dem 18. Jh. Flurname südwestlich des Schlossgutes ↗Holligen.
Standort des Wohnhauses: Holligenstrasse 76

2) *Bahnhof F.* Fischermättelistrasse 3. An Stelle des alten Stations-gebäudes aus der Eröffnungszeit der Gürbetalbahn (1901) soll mit dem Neubau des Bahnhofs Thun das hierher versetzte frühere Bahnhöflein von Scherzligen (ca. 1925) errichtet worden sein.

3) Restaurant, Holligenstrasse 70. In den ersten Jahren des 20. Jh. eröffnet.

Fischermättelistrasse Von 1903 bis 1941, als sie nach Nordwe-sten verlängert wurde, hiess die F. *Fischermätteliweg.*

Fischerstübli Gerberngasse 41. Restaurant, das als Pintenwirt-schaft im *Neeser-Haus* schon in der Mitte des 19. Jh. bestand. Der Populärname *Dreckiger Löffel* verlor sich im zweiten Viertel des 20. Jh. Als im ersten Jahrzehnt des 20. Jh. der Wirt KOHLER hiess, lautete der Vulgärname *Kohlerenschlucht* in Anlehnung an die Schlucht des Hünibachs bei Thun, bei deren Eingang sich früher oft fahrendes Volk aufhielt.

Fischerweg ↗Fischergut 1)

Fleischmarkt Spätestens seit 1778 findet der F. an der ↗Kessler-gasse (heute ↗Münstergasse) statt.
Lit.: KDM 2

Fleischschaal, Obere F. Die Obere F. steht bis 1468 rittlings auf dem Stadtbach am Platz des heutigen ↗Simsonbrunnens. 1468 entsteht der grosse Bau zwischen Kram- und Rathaus (Metzger-)gasse, der 1665 unter A. EDELSTEIN an der Südseite umgebaut wird. Teilweise nach Plänen von N. HEBLER entsteht 1769 die F., die erst 1938 dem ↗Konservatorium weichen muss.
Standort: Kramgasse 36
Lit.: KDM 6
Abbildungen 17 und 18, S. 170

Fleischschaal, Niedere Seit Beginn des 14.Jh. bis 1468 steht die N.F. oberhalb des heutigen ↗Gerechtigkeitsbrunnens rittlings auf dem Stadtbach. Als Ersatz dient die ↗Fleichschaal von 1468.

Flöhboden Populärer Name für die ↗Kavalleriekaserne seit ca. 1850 (Ausbau des Dachstocks für Theoriesäle).

Florabrunnen Standbild «Flora» des Bildhauers Aug. Heer unter einem Rundsäulenbaldachin von Otto Roos, Bern. Der F. stand an der Landesausstellung 1914. Heute steht er im ↗Florapark.
Standort: Nördlich des Hauses Schwarztorstrasse 1
Lit.: Schenk, Brunnen

Florapark Das letzte, südwestliche Stück des alten ↗Monbijou-Friedhofs wird 1916 in eine Promenade umgewandelt. Das Gitterportal stammt aus dem Mettlen-Gut in Muri. Rundpavillon in der Südecke: ↗Florabrunnen.
Lit.: KDM 1

Fontanellazkeller Bis kurz vor dem Ersten Weltkrieg bestehende Kellerwirtschaft im Haus Kramgasse 46, die früher *Guignard-Keller* hiess.
Lit.: NBTb 1910

Forstgarten Die als F. bezeichneten Pflanzschulen der burgerlichen Forstverwaltung wurden (bis auf den F. beim ↗Forsthaus Schermenwald) in den Jahren 1863/70 aufgehoben.

Forsthaus, Restaurant Café ↗Kohler

Forsthaus Fischermätteli Holligenstrasse 96. Das in den Fünfzigerjahren des 19.Jh. erbaute F.F. wurde 1903 durch einen Neubau ersetzt.

Forsthaus Muesmatt Murtenstrasse 94. Das in den Fünfzigerjahren des 19.Jh. erbaute F.M. musste wegen der vorgesehenen Erweiterung des ↗Güterbahnhofs 1910 abgebrochen werden. Der heutige Bau steht rund 100 m nördlich des ursprünglichen.

Forsthaus Schermenwald Papiermühlestrasse 120/122. Das zu Beginn der Sechzigerjahre des 19.Jh. erbaute F.Sch. (Nr.120) dient seit dem Bau des Hauses Nr.122 (1918) als Bannwarthaus. Es wurde 1947 umgebaut.

Forsthaus Tiefenau Tiefenaustrasse 98. Nachdem lange Zeit ein Gebäude des Landgutes ↗Tiefenau als F.T. gedient hatte, wurde 1903 der heutige Bau errichtet.

Forsthaus Wylerfeld Stauffacherstrasse 76. Das 1897 erstellte F. W. ging 1934 in Privatbesitz über.

Forum ↗Volkshaus

Français, Café ↗France

Français-Bad, auch **Francey-Bad** ↗Frickbad

France Das Hotel F. entstand in den Sechzigerjahren des 19. Jh. aus dem *Café Français,* das 1837 oder 1838 eröffnet worden war. Vor dem Ersten Weltkrieg lautete der Name *France & Terminus.* Später wurde es mit dem *Hotel de la* ↗*Poste* vereinigt. An seinem ursprünglichen Standort entstand das heute noch bestehende *Café Brésil.*
Standort: Neuengasse 46

Francke-Haus Gegen Ende des 19. Jh. erbautes Haus, in dem sich die DALP'sche Buchhandlung, nachmals die Buchhandlung FRANCKE befand. Abgebrochen am Anfang der Sechzigerjahre des 20. Jh.
Standort: Bubenbergplatz 8

Franziskanerkirche und -kloster ↗Barfüsserkirche, ↗Barfüsserkloster

Französische Kirche Zeughausgasse 8. Seit 1269 ist der Dominikaner- oder Predigerorden in Bern ansässig. Die zum ↗Predigerkloster gehörende Kirche *(Predigerkirche)* entsteht in den letzten zwei Jahrzehnten des 13. Jh. 1534 werden Chor und Altarhaus in ein Kornhaus umgewandelt. 1702 entsteht im obersten Stockwerk des Chors der Musiksaal für das Collegium musicum, welcher eine Orgel enthält und 1723/24 nach Plänen von N. SCHILDKNECHT renoviert wird. 1753/54 erfolgt der Abbruch des westlichsten Langhausjoches und der südseits angebauten ↗Marienkapelle. 1912 ersetzt der heutige Zwischenboden im Chor die Kornböden. Bei der Totalrenovation des Chors 1962/69 wird versucht, die Fehler von 1912 zu korrigieren. Die Lettnerorgel von 1934 ist die vierte nachreformatorische (frühere von 1724, 1756 und 1828). Die Glocke im Dachreiter wurde 1728 für die ↗Heiliggeistkirche gegossen und ersetzt die ursprüngliche, die 1859 zersprungen ist. Ursprüngliches Patrozinium: Peter und Paul. Der Name tritt seit 1623 mit dem hier eingesetzten französischen (welschen) Pfarrer auf.
Lit.: KDM 5

Fraubrunner-Haus ↗Zeerleder-Haus

Frauenarbeitsschule Kapellenstrasse 4. Die 1888 eröffnete F. bezieht kurz vor 1910 den Neubau an der Kapellenstrasse. Seit 1962 heisst sie *Frauenschule der Stadt Bern*.

Frauenblauhaus ↗Blauhäuser

Frauengässli ↗Ryffligässchen

Frauenhaus Städtisches Bordell, das von Amtes wegen von der Frau des Scharfrichters betreut wird. Das Gebäude von 1473 brennt 1523 ab und wird sofort wieder aufgebaut. Nach einem kurzen Unterbruch nach der Reformation bis gegen das Ende des 16.Jh. im Betrieb. Kurz vor 1895 abgebrochen.
Standort: Ryffligässchen 8
Lit.: KDM 3

Frauenkappeler-Haus Bis zu seiner Aufhebung 1486 besass das Nonnenkloster Frauenkappelen das Haus Junkerngasse 35.

Frauenrestaurant ↗Daheim

Frauenschule der Stadt Bern ↗Frauenarbeitsschule

Frauenspital Schanzeneckstrasse 1. 1873–76 errichtete der Kantonsbaumeister S. SALVISBERG einen Neubau der Kant. ↗*Entbindungsanstalt* auf der Grossen Schanze. Die heutigen Bauten stammen von den Erweiterungen 1911/12, 1926/27, 1937 und 1949 (Poliklinik). Das Isoliergebäude stand 1886–1912.

Frauentor Um 1256 erbauter Torturm der ↗3.Stadtbefestigung, abgebrochen 1621. Die gedeckte Holzbrücke zum heutigen Eingang der Aarbergergasse hinüber hatte einen zehneckigen Pfeiler, der 1530 bei der Auffüllung des Grabens überdeckt wurde und 1958 beim Bau der Metro-Garage zum Vorschein kam. Das F. hiess auch *Frauen-* oder *Predigerturm* und *Wyberchefi*.
Standort: Westausgang der Zeughausgasse
Lit.: HOFER, Wehrbauten

Frauenturm ↗Frauentor

Frehner, Café Café ↗Friedli

Freieck Gesellschaftsstrasse 38. Das in den Siebzigerjahren des 19.Jh. eröffnete Restaurant hiess bis gegen die Jahrhundertwende «zum *Rebstock*».

Freie Gasse ↗Junkerngasse

Freiestrasse 1) 1880 angelegt. Der Name erinnert an die FREI-Besitzung, die der Stadt für den Strassenbau geschenkt wurde. **2)** Café, eröffnet zu Beginn des 20. Jh. Heute Pfarrhaus.
Standort: Freiestrasse 20

Freiheitsgasse Die ↗Junkerngasse hiess in der Helvetik *Freie Gasse*. Dieser Name wurde in F. verfälscht.

Freitagsschanze Erbaut 1622; vor dem 18. Jh. *Schanze Hüter* genannt. Ausgeebnet 1823/24.
Standort: Vom westlichsten Teil des ↗Amtshauses nach Westen bis zur Zufahrtstrasse zur Parkterrasse
Lit.: HOFER, Wehrbauten

Freudegg 1872 erbautes Vorstadthaus auf den Parzellen Seftigenstrasse 17 und 19.

Frey, Villa F. Villa an der Schwarztorstrasse 71, in dem seit dem Ersten Weltkrieg eine Pension bestand. Das Haus wurde in den Sechzigerjahren abgebrochen.

Freya Kurz vor dem Ersten Weltkrieg eröffnete, heute verschwundene Pension im Haus Genfergasse 11.

Frick, Café ↗Della Casa

Frickbad Dieses am Westende der ↗Badgasse gelegene Bad hiess im 19. Jh. *Français-Bad (Francey-Bad)*. Der Name F. ist eher von fricator (= Bader, eigentlich «Abreiber») herzuleiten als vom Geschlechtsnamen Frick. Man denke dabei an die Nähe der ↗Lateinschule und an die bis ins 20. Jh. übliche Schreibweise *Frikbad*.
Standort: Badgasse 41–49 und vis-à-vis, nördlich der Badgasse
Lit.: WALTHARD, Description

Fricktreppe Ursprünglich führte dieser Verbindungsweg zwischen ↗Münsterplatz und ↗Badgasse durch das ↗Michelistörli. Der heutige Torbogen im Haus Herrengasse 1 wurde 1746 gebaut (↗Stift).
Lit.: KDM 1

Friedau 1) Aarstrasse 76. Bevor das Haus zuunterst im ↗Gerberngraben 1919 an die Stadt überging, hatte es einen sehr zweifelhaften Ruf. **2)** Haldenstrasse 1. Ca. 1875 erbautes Haus.

Friedbühl Mit der Errichtung des ↗Bremgarten-Friedhofs 1865 entstandener Name für das ↗Galgenhübeli.

Friedbühl-Schulhaus Friedbühlstrasse 11. Das 1878/80 erbaute F. beherbergt seit der Eröffnung des ↗Brunnmatt-Schulhauses 1903 die Hilfsschule.

Friedeck oder **Berseth-Gut** Landgut im Monbijou nördlich des Sulgenbachs. Das Herrenhaus liess BEAT LUDWIG BERSETH (1626–91) 1684 bauen. Abgebrochen 1926.
Standort: Mühlemattstrasse 53/55
Lit.: KDM 6

Friedenskirche Kirchbühlweg 25. Die auf dem ↗Vejelihubel in den Jahren 1918/20 von KARL INDERMÜHLE erbaute Kirche bekam ihren Namen nach dem Friedensschluss nach dem Ersten Weltkrieg. Die am 21. November 1920 eingeweihte F. hat ein Geläute mit 4 grossen Glocken und eine 1943 umgebaute Orgel mit 43 Registern.

Friedheim Landhaus, dessen Name im *Friedheimweg* erhalten geblieben ist. Zu Beginn des 19. Jh. hiess es *Näherer Claretsack.*
Standort: Friedheimweg 18

Friedhöfe
↗Barfüsser-F., Bremgarten-F., Hausleute-F., Insel-F., Juden-F., Kirchhof, Klösterli-F., Monbijou-F., Pestilenzacker, Plattform, Prediger-Kirchhof, Rosengarten, St. Vinzenzen-Kirchhof, Schosshalden-F.

Friedhof beim Holzwerkhof ↗Insel-Friedhof

Friedhof, Israelitischer ↗Judenfriedhof

Friedli, Café Im Haus Spitalgasse 45 gab es in den Sechzigerjahren des 19. Jh. ein C. F., das zehn Jahre später *Café Frehner* hiess und dann verschwand.

Frienisberger-Haus 1529 an Stelle des Sässhauses des Klosters Frienisberg neu errichtetes Kornhaus. Abgebrochen kurz vor 1844.
Standort: Nördlich des Hauses Nydeggasse 15
Lit.: KDM 2
Abbildungen 21 und 22, S. 188

Frikbad ↗Frickbad

Frisching-Haus Junkerngasse 59. Nach den Besitzern im 18. Jh. Name des ↗*Béatrice v. Wattenwyl-Hauses.*

Frohberg Landgut im östlichen Teil des Länggassquartiers. Das um 1760 erbaute Landhaus diente 1901–1913 als Deutsche Ge-

sandtschaft. Abgebrochen 1931. Der F. hiess nach einem Besitzer im 19.Jh. auch *Steigergut*.
Standort: Hallerstrasse 60/62
Lit.: MORGENTHALER, Länggasse

Frohegg Belpstrasse 51. Das in den Achtzigerjahren des 19.Jh. eröffnete Restaurant hiess ursprünglich *Frohsinn*.

Frohhain ↗Rabbental

Frohheim 1) ↗Holligen 2)
2) Wirtschaft an der Morillonstrasse 8, eröffnet in den ersten Jahren des 20.Jh.

Fröhlich-Schule ↗Einwohnermädchenschule

Frohsinn 1) In den Siebzigerjahren des 19.Jh. eröffnete, heute verschwundene Wirtschaft im Haus Lorrainestrasse 26.
2) ↗Frohegg
3) Münstergasse 54. Kurz vor Ende des 19.Jh. eröffnetes Restaurant.

Fröschenweiher Ursprünglich Weiher auf dem ↗Inseli 1), dem heutigen Areal des Marzilibades. Seit der zweiten Hälfte des 19.Jh. auch Populärname der ↗Schwimmschule.
Lit.: GOHL, Heilquellen

Frutinggarten, auch **Frutiggarten** 1734 für JAK. FRUTING erbautes und 1878 für den Bau des ↗Naturhistorischen Museums 2) abgebrochenes Haus mit grossem Garten, das um die Wende vom 18. zum 19.Jh. eine Wirtschaft enthielt und 1832–1850 das Heim ↗Morijah beherbergte.
Standort: Hodlerstrasse 5

Fürsteinturm ↗Luntenturm

Fürstenbergstübli ↗Winkelried 1)

Galgenberg, Alter 1422 genannter Name der Anhöhe mit dem ↗Hochgericht obenaus 1).
Standort: Niesenweg

Galgenfeld 1) Obenaus: Areal des heutigen Güterbahnhofs und des ↗Bremgarten-Friedhofs, bei dessen Errichtung der Name G. verschwunden ist.
2) Untenaus: Areal zwischen Schosshaldenholz, Schosshaldenstrasse, Laubeggstrasse und Ostermundigenstrasse.

Galgenfeldweg 1) Früher Name der heutigen Weyermanns-strasse.

2) Früher Name des heutigen Haspelweges.

3) Seit 1950 Weg im ↗Galgenfeld 2).

Galgenhübeli 1) heute **Friedbühl** Bis in die zweite Hälfte des 19.Jh. Name des Hügels östlich der Friedbühlstrasse, auf dem sich das ↗Hochgericht obenaus 2) befand.

2) In der ersten Hälfte des 19.Jh. hiess das Haus Murtenstrasse 35 G.

Galgenrain, auch **Hochgerichtsrain** Weg von der Murten-strasse aufs ↗Galgenhübeli.

Gambrinus 1) ↗Börse

2) Gerechtigkeitsgasse 5. Kurz vor dem Ende des 19.Jh. eröffne-tes Restaurant.

Gandegg (-schanze) ↗Schänzli

Gare, Hotel de la ↗Scharfrichterhaus

Garnier Bärenplatz 3. Nach der Aufhebung der Gefängnisse im südlich an den ↗Käfigturm anschliessenden Haus (1897) wurde dort die *Spanische ↗Weinhalle* neu eröffnet. Das Restaurant hiess seit dem Anfang des Ersten Weltkriegs nach dem Besitzer G. In den Fünfzigerjahren des 20.Jh. entstand das Trottoircafé *Grotto*. Seit 1969 lautet der Name *High Noon*.

Garni Moderne Kurz vor dem Ersten Weltkrieg eröffnetes und während des Krieges wieder geschlossenes Hotel im Haus Spital-gasse 9.

Gassner 1) 1884 übernimmt Rupert Gassner die seit 1785 bestehende *Altenbergbrauerei* und verlegt sie vom Haus Ufer-weg 4 in die frühere Keramikfabrik am Uferweg 42. 1968 hat die Brauerei G. ihren Betrieb eingestellt.

2) Zu Beginn des 20.Jh. eröffnetes, nach dem Ersten Weltkrieg wieder geschlossenes Restaurant zur Brauerei G. ↗1).
Standort: Uferweg 10

Gasthöfe ↗Gastgewerbe

Gastgewerbe Die folgende Aufzählung nennt alle Einrichtun-gen des G. ohne die ↗Kellerwirtschaften. Eine Aufteilung in Hotels, Gasthöfe, Pensionen, Restaurants, Wirtschaften, Cafés, Tavernen, Pinten, Schenken und Bars war nicht möglich, da der

Wechsel von der einen zur andern Kategorie bei vielen Häusern häufig war.

⌐Aebi, Adler, Alpenblick, des Alpes, Altenbergbad, Althof, Amthaus, Anker, Apollo, Arbeitshütte, Ausserbad, Barcelona, Bäreck, Bären, Bärengraben, Bärenhöfli, Bärenstübli, Beaulieu, Beaumont, Beau Séjour, Beau-Site, Bellevue, Benz, Berna, Bernerhof, Beundenfeld, Beundenhof, Bierhalle, Bierhaus, Deutsches, Bierhübeli, Bieri, Bigler, Blume, Bois-Fleury, Bollwerk, Börse, Bosshard, Boulevard, Bräterhaus, Breitenrainplatz, Breitenrainstübli, Bristol, Brückfeld, Brünig, Bubenberg, Bühlstrasse, Bürgerhaus, Burgernziel, Cardinal, Casino, Central, Christen, Claretsack, Commerce, Continental, Coq d'or, Corso, Daheim, Dählhölzli, Dalmazi, Dänzer, Dätwyler, Della Casa, Drei Eidgenossen, Dufour, Eden, Effingergarten, Eiger, Eilgut, Eintracht, Elite, Emmenthalerhof, Enge, Äussere und Innere, Erkercafé, d'Espagne, Falken, Fankhauser, Favorite, Fédéral, Felsenau, Fischermätteli, Fischerstübli, France, Freieck, Freiestrasse, Frey, Freya, Frickbad, Friedli, Frohegg, Frohheim, Frohsinn, Gambrinus, de la Gare (⌐Scharfrichterhaus), Garnier, Garni Moderne, Gassner, Glocke, Götz, Gotthard, Grünegg 2), Grünenhof, Grütli, Gugger, Gutenberg, Häberli, Hahnen, Goldener, Halbmond, Hallergarten, Handwerkerstübli, Harmonie, Hecht, Helvetia, Herberge zur Heimat, Herter, Hirschen, Hofweber, Holligen 2), Hopfenkranz, Hübscher, Innerbad, Inselibad, Israelitenwirtschaften, Italien, Joliette, Jolimont 2), Juker, Oberer und Unterer, Jura, Kiesgrube, Kirchenfeld 2), Kaufmännisches Vereinshaus, Klösterli, Kohler, Kornhaushalle, Kreuz, Eidgenössisches, Krone, Landhaus, Laufeneggbad, Ledermann, Linde, Lindenhof, Lokomotive, Lorraine, 2) und 3), Lötschberg, Lötschberg & International, Löwen, Luntenhüsi, Mädchenheim (⌐Kirchbergerhaus 2)), Mäder, Madrid, Malaga, Marzili 3), Marzilibrücke, Mattenbühlbad, Mattenheim, Mattenhof, Maulbeerbaum, Meierisli, Merkur, Messerli, Metropole, Metzgerhalle, Metzgern, Metzgerstübli, Meyerei, Obere und Untere, Milano, Militärgarten, Minerva, Mittler, Monbijou, Mon Désir, Montana, Morlotläubli, Mühlerad, Münz, Mushafen, Mutz, Brauner, National, Neubrücke, Neuhaus, du Nord, Obstberg, Ochsen, Paglia, Pelikan, Pfistern, Pflug, du Pont, Post, Alte, Poste, Postgasse, Postkaffeehaus, Prinzhalle, Probst, Pyrenées, Quisisana, Rathaus, Rathauskeller, Alter, Ratskeller (⌐Sinnerhaus), Rebleuten, Rebstock, Reichenbach, Roderer, Roma, Römer, Rössli, Rote Glocke, Rudolf, Ruof, Rütli, Santschi, Schäfer, Schär, Schenkel, Schiffleuten, Schlüssel, Schmieden, Schmiedstube, Schmutz, Schönau, Schosshalde, Schwanen, Schwarz, Schweizerbund, Schweizergarten, Schweizerhalle, Schweizerhof, Schwellenmätteli, Schwert, Seidenhof, Seiler, Sonne, Sonnenberg, Sommer, Speiseanstalten der obern Stadt, der untern Stadt und des Nordquartiers, Spitalacker, Stadtbachgarten, Staiber, Stalden (⌐Staldenpfarrhaus), Steiger, Steinbock, Steinhölzli, Sternen, Sternenberg, Sternwarte, Storchen, Stuber, Südbahnhof 2), Suisse, Thomasianum, Tivoli, Tramway, Traube, Tübeli, Turm, Tusculum, Victoriahall, Volkshaus, Volksküche Weissenbühl, Vollmond, Wächter 2), Waldheim (⌐Spitalakker-Gut), Waldhorn, Warteck, Weinstube, Weissenstein 5), Weyermannshaus, Wiener Café, Wienerpension, Wilder Mann, Witschi, Winkelried, Wyleregg, Zähringer, Zähringerhof, Zähringia, Zebra, Zehendermätteli, Zimmermannia, Zytglogge.

Gaswerk Die Gasbeleuchtungsgesellschaft erstellte in den Jahren 1841/43 das erste Gaswerk der Schweiz im Marzili (Weiher-

gasse 1 und 3). Der seit 1860 von der Stadt geführte Betrieb wurde 1876 in den Neubau in der ↗Lindenau (Sandrainstr. 17) verlegt, der 1905 und 1917/18 Erweiterungen erfuhr. Die Einführung des Gasverbunds bedingte 1967 die Einstellung der Produktion und 1968–71 den Abbruch der alten Hochbauten. Zwei Gasometerfundamente wurden dabei in ein Jugendzentrum umgebaut.
Lit.: Wullschleger B., 100 Jahre G. Bern, Bern 1943

Gatschethöhe Im 16. Jh. Name des nach dem Besitzer genannten Landgutes.
Standort: Oben an der Schanzenstrasse

Gatterkeller ↗Morlotläubli

GBS ↗Dekretsbahnen

Gedenktafeln ↗Denkmäler und Gedenktafeln

Gefangenschaft, Obere ↗Käfigturm

Geisseggen, am Im ausgehenden 18. Jh. hiess das nördlichste Haus zwischen ↗Waisenhausplatz und ↗Waaghausgasse am G.
Standort: Waaghausgasse 18

Gemeinde, Obere und Untere ↗Stadteinteilung

Gemeindehaus ↗Rathaus 3)

Gemeindelazarett ↗Weyermannshausgut

Gemeindespital Kurz nach seiner Eröffnung hiess das ↗Tiefenauspital G.

Gemeiner Sood Bis zum Bau der privaten Wasserversorgung in der Schosshalde bestand ein Sodbrunnen beim heutigen ↗Laubeggschulhaus.
Standort: An der Strasse nordwestlich des Hauses Schosshaldenstrasse 46

Generalkommissariat Rathausplatz 1. Nachdem 1718 der Staat dieses Haus erworben hatte, richtete er ausser dem G. (Archive und Verwaltungen des welschen Kantonsteils) auch die ↗Amtsschreiberei 1) darin ein. 1793–1832 findet auch die ↗Deutschseckel-Schreiberei darin Platz.
Lit.: KDM 3

Genfergasse Seit dem Bau der 4. ↗Stadtbefestigung heisst die G. *An der Ringmauer.* Nach der Schleifung der Türme (1830) heisst der Teil nördlich der ↗Aarbergergasse *Anatomiegässchen* (↗Ana-

tomie 1)), nach 1881 *Anatomiegasse*. Der südliche Teil der G. heisst *Inneres Bollwerk*. Seit 1903 ist der Name G. offiziell.
Lit.: KDM 2

Georgskapelle Niederer ↗Spital

Gerberngasse 1) Name des Münzgrabens vor dem Bau der neuen ↗Münze.
2) Name der ersten Gasse südwestlich der Mattenenge. 1488 wurde das ↗Gerbhaus hierher verlegt. Von 1881 bis 1941 hiess sie offiziell *Gerbergasse*.

Gerberngassbrunnen Einfacher Obeliskbrunnen beim ↗Waschhaus. Im frühen 19. Jh. errichtet.
Standort: Östlich des Hauses Gerberngasse 29
Lit.: KDM 1

Gerberngraben Südteil des Grabens vor der ↗2. Stadtbefestigung. Name nach dem 1326 dort angesiedelten Gewerbe. 1504 und im frühen 17. Jh. wird der Nordteil des Grabens aufgeschüttet (↗Theaterplatz). 1679 folgt der mittlere Teil des Grabens (Areal der ↗Hauptwache). 1936 entsteht die Bellevue-Garage im südlichen Teil des G.
Lit.: KDM 2

Gerberngrabenbrunnen Der Brunnen westlich des nördlichen Brückenkopfs der ↗Kirchenfeldbrücke zeigt auf einem Bronzerelief ETIENNE PERINCIOLIS die 1935/36 abgebrochenen Häuser des ↗Gerberngrabens.

Gerbern-Kapelle, ↗Münsterkapelle

Gerbernviertel Südöstliches ↗Vennerviertel

Gerbhaus Das G., dessen Versetzung an die Matte 1468 beschlossen, aber erst um 1488 ausgeführt wurde, befand sich unterhalb der Niederen ↗Brotschaal rittlings auf dem Stadtbach in der Gerechtigkeitsgasse.
Lit.: KDM 6

Gerechtigkeitsbrunnen 1543 von HANS GIENG geschaffener Brunnen. Waage und Schwert der Justitia verschwinden 1798. Sie werden ers im Oktober 1845 ersetzt, als wegen der Gefälleverminderung der ↗Gerechtigkeitsgasse der Brunnen für ein halbes Jahr entfernt wird. Gleichzeitig entsteht ein neuer Achtecktrog.
Standort: Vor dem Haus Gerechtigkeitsgasse 39 (im 17. Jh. für knapp 20 Jahre vor Nr. 73)
Lit.: KDM 1

Gerechtigkeitsgässchen Zwei im 19. Jh. auch *Junkerngassgässchen* genannte Verbindungsgässchen zwischen ⁊Junkern- und ⁊Gerechtigkeitsgasse.

1) Das *Obere G.* wird nördlich durch das ⁊Antoniergässchen fortgesetzt.

2) Das *Untere G.* besass nach der Stadtansicht in der STUMPF-Chronik (1548) vielleicht einmal eine Verlängerung nordwärts über die Parzelle Gerechtigkeitsgasse 40.
Lit.: KDM 2

Gerechtigkeitsgasse Der Name wird erst im 18. Jh. allgemein gebräuchlich. Seit 1798 ist er offiziell. Frühere Namen ⁊Kramgasse. Das Gefälle wird 1760–64 von 10% auf 7% verringert. 1844–54 werden die Verhältnisse beim Bau von ⁊Nydeggbrücke und -gasse nochmals verändert. 1897 ergibt der Abbruch des Hauses Nr. 12 einen Durchgang zur ⁊Postgasse. Diese Verbindung wird 1964 in die Verlängerung der ⁊Postgasshalde verlegt mit dem Abbruch des Hauses Nr. 10 und dem Neubau von Nr. 12. Der Stadtbach wurde 1897/98 zugedeckt (⁊Stalden, Oberer).
Lit.: KDM 2

Gericht ⁊Richthaus

Gernhardskapelle In der Gegend des Löchliguts 1490 erwähnte Kapelle.
Lit.: Archiv d. Hist. Vereins des Kts. Bern 1875

Gesandtschaften ⁊Botschaften

Gesellschaftshaus Museum ⁊Kantonalbank

Gespensterhaus Junkerngasse 54. Seit dem 19. Jh. heisst das im 17. Jh. neu an Stelle des Stallgebäudes des ⁊Interlakenhauses 1) erbaute Haus G. Die übersinnlichen Erscheinungen im G. sind auf Mängel der Holzkonstruktion zurückzuführen.
Lit.: KDM 2

Gewerbehalle In der zweiten Hälfte des 19. Jh. gab es in Bern eine G., eine permanente Ausstellung des städtischen Gewerbes.
Standorte: Im ⁊Inselkornhaus, Käfiggässchen 34 (südlich des heutigen Hauses Nr. 32), zeitweise auch in der ⁊Kavalleriekaserne (Bollwerk 10) verbunden mit der Schulausstellung, später im ⁊Predigerkloster (Predigergasse 3)

Gewerbekasse Bahnhofplatz 7. Die 1905 eröffnete Bank befand sich bis 1911 im Haus Ryffligässli 4.

Gewerbemuseum ↗Kornhaus

Gewerbeschule Lorrainestrasse 1. Die 1826 gegründete private *Handwerkerschule* musste im 19.Jh. zeitweise alljährlich ein neues Schulhaus suchen. Nur in den Sechziger- und Siebzigerjahren befand sie sich längere Zeit im ↗Morellhaus (Postgasse 14). 1896 konnte sie die umgebauten Räume im Grossen ↗Kornhaus beziehen (Zeughausgasse 2). 1899 wurde die Handwerkerschule mit der dreissig Jahre zuvor eröffneten *Kunstschule* zur *Handwerker- und Kunstgewerbeschule* verschmolzen. 1910 ging diese als G. an die Stadt über. Den heutigen Bau bezog sie zu Beginn des Zweiten Weltkrieges.

Gewölbe, Oberes und Unteres Bis ins 18.Jh. Name der Archivräume in der ↗Staatskanzlei (Postgasse 70).

Giesshaus, bis ins 16.Jh. auch **Giessschür.** Seit 1517 ist das G. im Zwingelhof der 4.↗Stadtbefestigung das Zentrum der bernischen Giessertätigkeit. Die erste bern. Geschützgiesserei von 1445 hat sich vermutlich am selben Ort befunden. Der Neubau von 1633/34 weicht 1749 einem Bau für die Werkstatt des berühmten Geschützgiessers SAMUEL MARITZ. 1835 wird das G. abgebrochen.
Standort: Genfergasse 8/12
Lit.: KDM 3

Gilgenkapelle ↗Aegidiuskapelle

Giobbe, Café ↗Sonne 3)

Gipsfabrik Am Ende des 19.Jh. bestand diese Fabrik am obern Ende des ↗Inselis 1).
Standort: Marzilistrasse 49

Giudice, Café Café du ↗Commerce

Glasbach-Gasse Name der Länggass-Strasse vor dem 17.Jh.

Glasbrunnen Seit dem ausgehenden Mittelalter erwähnter Brunnen am Glasbach im ↗Bremgartenwald. Sein Name könnte auf das Vorhandensein einer Glashütte deuten.

Glasbrunnen-Strasse Seit 1960 heisst die ostwestliche Strasse durch den Grossen Bremgartenwald G. Vorher hiess sie im östlichen Teil *Neufeld-* und im westlichen *Bethlehemsträsschen.* Zu Beginn des 20.Jh. hiess der östliche Teil *Bannwartenweg,* der westliche Teil *Bethlehemweg.* Trennpunkt der Teile war die Wohlenstrasse.

Glocke Zibelegässli 20. Im 1581 erbauten und anfangs 18.Jh. auf-
gestockten Haus zur G. wurde gegen Ende des 19.Jh. ein Restaurant eröffnet, das bei der Gesamtrenovation von 1955 stark
vergrössert wurde. Den früheren Bau erwarb 1556 H. F. NÄGELI
zusammen mit dem ↗Nägelihaus 2).
Lit.: KDM 2

Glocke, Rote ↗Rote Glocke

Glöcknerstor Im 19.Jh. verfälscht aus Gloggnerstor (↗Käfig-
turm).

Gloggnerstor ↗Käfigturm

Golaten Parzellen zwischen der Altenbergstrasse und der
↗Sandfluh. Weil in der zweiten Hälfte des 19.Jh. alle Häuser und
Hütten in der G. RUD. STEINEGGER gehörten, hiess sie auch
Steinegger-Dörfli.
Standort: Altenbergstrasse 12, 14, 20, 22, 24

Golatenmattgasse ↗Aarbergergasse

Golatenmattgassbrunnen ↗Ryfflibrunnen

Golatenmattor, auch **Inneres Aarbergertor** Das 1345 erbaute
Tor wurde 1379/81 und 1445/57 ausgebaut. Im letzten Drittel des
15.Jh. erhielt der Turm seine spätere Höhe von gut 20 m. Die
innere Nische (im 14.Jh. eine Niklausfigur enthaltend) wurde
1549 zugemauert. Die ursprünglich hölzerne Grabenbrücke
hatte von 1613 bis zu ihrem Abbruch 1829 3 steinerne Joche. Im
März 1830 wurde auch der Turm abgebrochen.
Standort: Nördlich an die Häuser Aarbergergasse 59 und 61 anschliessend
Lit.: HOFER, Wehrbauten

Golatentreppe, Fasshaustreppe Die G. führte dem Nordrand
der ↗Sandfluh entlang von der ↗Altenbergstrasse (zwischen den
Häusern Nrn. 28 und 30) auf die Höhe des ↗Rosengartens, wo sie
östlich des Hauses Schänzlistrasse 7 endete. Die G. war nie ge-
deckt, wie WALTHARD behauptet. Sie verschwand in der Mitte
des 18.Jh. beim Bau des Grossen ↗Aargauerstaldens.
Lit.: WALTHARD, Description

Goldenmattgasse Im 19.Jh. verfälscht aus Golatenmattgasse
(↗Aarbergergasse).

Goleten-Gässli ↗Bratpfanne

Goliathturm ↗Christoffelturm

Gösler-Haus Münstergasse 57. Das spätmittelalterliche Haus weist noch Einzelheiten auf, wie sie bestanden, als der damals berühmteste Berner Glasmaler JOSEPH GÖSLER das Haus 1540–1585 bewohnte und besass.

Gottfrieds Laube Obere ↗Brotschaal

Gotthard Bubenbergplatz 11. Kurz vor dem Ersten Weltkrieg eröffnetes Hotel, *St. G.*, von dem nach dem Neubau des Hauses in den frühen Sechzigerjahren des 20. Jh. nur Restaurant und Kino (eröffnet kurz vor dem Ende des Ersten Weltkriegs) übriggeblieben sind.

Gotthelf-Denkmal ↗Rosengarten 1)

Götz, Café Bis in die Siebzigerjahre des 19. Jh. gab es im Haus Kramgasse 40 eine Wirtschaft, die nach ihrem Besitzer genannt war.

Goumoëns-Gut 1) ↗Sonnenberg 1)
2) ↗Goumoënsmatte

Goumoënsmatte Nach den Besitzern im 18. Jh. genanntes Areal zwischen Steinhölzli und Morillon. Der Name lebt in *Goumoënsstrasse* weiter.

Graben, Oberer Eine Promenade an Stelle der westlichen Arkaden des ↗Parlamentsgebäudes (↗Bundesplatz).

Graben, Unterer ↗Grabenpromenade

Grabenpromenade Der Nordteil des nördlichen Grabens vor der ↗2. Stadtbefestigung, der *Bader- oder Badstubengraben* wird 1556 zugeschüttet und heisst von da an *Unterer Graben*. 1740 wird er mit Linden bepflanzt. Der offizielle Name *Lindenhof* setzt sich nicht durch. Der Name G. wird erst 1881 offiziell. Mit dem Bau der ↗Kornhausbrücke wird der Westteil der G. zum ↗Kornhausplatz geschlagen. 1969 wird die G. umgestaltet und das ↗Erlachdenkmal aufgestellt.
Abbildungen 13 und 14, S. 119

Gräf, Café ↗Metzgerhalle

Graffenried-Gut Nach den Besitzern im 18.Jh. genanntes Landgut. Es umfasste den östlichsten Teil des Gebietes nördlich der Stadtbachstrasse und das Falkenplätzli.

Lit.: Morgenthaler, Länggasse

Graffenriedhau Name im Könizbergwald (Koord.: 597 600/198 300).

Graffenried-Häuser ↗Hôtel de Musique

Graffenried'sches Sommerhaus ↗Brückfeld-Wirtschaft

Greisenasyl Seftigenstrasse 111. 1877 wurde die 1862 von Maria Roschi-Plüss errichtete *Roschi-Stiftung* mit dem 1872 gegründeten G. im Kirchbühl (Gde. Köniz) vereinigt. Auf dem 1878 erworbenen westlichen Teil des Tilliergutes (↗Sandraingut) entstand 1888 das neue G., das heute, vielfach erweitert, *Altersheim Schönegg* heisst.

Grenus-Haus Kramgasse 72. Der ganze Innenbau des anfangs der Vierzigerjahre des 18.Jh. von Albrecht Stürler für die Familie Tscharner erbauten Hauses fiel der Einrichtung des Kinos *Capitol* 1928/29 zum Opfer. Im G. befand sich 1810 die 1750 gegründete *Bank Haller & Co.*, die nachmalige *Privatbank Ludwig Zeerleder & Co.*, die im dritten Viertel des 19.Jh. *Bank Tschann-Zeerleder* hiess und seit den Achtzigerjahren bis sie 1916 an die ↗Berner Handelsbank überging als *Bank Grenus & Cie.* fortbestand.

Lit.: KDM 2; Schaufelberger, Bankwesen

Greyerz-Denkmal 1) An den Stadtforstmeister G.L. Emil v. Greyerz (1811–1869) erinnerte das kurz nach seinem Tode errichtete G. Nach dem Ersten Weltkrieg entfernte ein Mitglied der Familie den seit Jahrzehnten nicht mehr gepflegten Gedenkstein.

Standort: Am Weg oberhalb des Aarehanges im ↗Dählhölzli (Koord.: 601 230/198 190)

2) ↗Schneckenhübeli

Grotto ↗Garnier

Grundmannhaus 1894 abgebrochenes Haus des Drechslermeisters Sam. Grundmann. Ob sich im G. früher eine Falknerei befunden hat, ist unsicher.

Standort: Länggass-Strasse 1
Lit.: Morgenthaler, Länggasse

Grundweg Seit 1940 heisst der G. *Pappelweg.*

Grünegg 1) Gryphenhübeliweg 14. Vor der Mitte des 19. Jh. auf dem Südteil des ⁊Gryf-Gutes erbaute Villa. Das Peristyl des heute verschwundenen Hauses sollen die drei Säulen des ⁊Hochgerichts untenaus gebildet haben. **2)** Neuengasse 2. Restaurant, das schon in der ersten Hälfte des 19. Jh. als Pintenwirtschaft bestand. Vor dem Neubau von 1952 hiess die G. ihrer Gäste wegen gelegentlich auch *Wartsaal von Witzwil.*

Grünenhof Seftigenstrasse 51. Das im letzten Jahrzehnt des 19. Jh. eröffnete Restaurant hiess ursprünglich *Zum goldenen Hirschen,* dann nur noch *Hirschen.*

Gruner & Haller ⁊Fastnacht & Buser

Grütli In den Achtzigerjahren des 19. Jh. eröffnete, heute verschwundene Wirtschaft am Brunnhofweg (frühere Nr. 19).

Gryf-Egg auch **Egg-Gut.** Landgut vom Gryphenhübeliweg über den Ostteil des Kollerwegs bis zur Aare hinunter. Besitzer am Ende des 18. Jh.: Franz Sam. Gryf.

Gryphenhübeli Im 19. Jh. nach der ⁊Gryf-Egg benannt.

Gschuntne Hubel Hügel im Gr. ⁊Bremgartenwald (Koord.: 598 500/201 450) Die Landeskarte nennt ihn *Schuntne Hubel.*

Gugger Im dritten Viertel des 19. Jh. gab es im Haus Marktgasse 29 eine Speisewirtschaft G.

Guignard-Keller ⁊Fontanellaz-Keller

Guisan-Platz Von 1946–1960 hiess der G. *Militärplatz* und wurde kurz nach dem Tode General Henri Guisans (1874–1960) neu benannt.

Gurastor ⁊Oberes Marzilitor

Gürbetalbahn ⁊Dekretsbahnen

Gurten, Restaurant ⁊Juker, Oberer und Unterer

Gurtengasse ⁊Christoffelgasse

Gutenberg Während des Ersten Weltkriegs eröffnetes, heute verschwundenes Restaurant im Haus Monbijoustrasse 26.

Güterbahnhof Murtenstrasse 85. Der heutige, von F. NAGER 1931/34 erbaute G. ersetzt jenen an der Laupenstrasse (Nrn. 22 und 24) von 1860.

Güterstrasse Nachdem sie 1917 öffentliche Strasse geworden ist, heisst die G. seit 1926 nicht mehr *Burgerstrasse.*

Gyger, Speisewirtschaft Café ↗Bigler

Gymnasium 1) Vor 1834 gab es in Bern kein G. im heutigen Sinne. Nach der ↗Lateinschule trat der etwa 14jährige in die untere Stufe der Hohen Schule (↗Akademie 1)) über, wo er sich während zwei bis drei Jahren auf das eigentliche Fachstudium vorbereitete.

2) Mit der Gründung der ↗Universität 1834 entstand die *Literarschule,* die 1856 bis 1880 *Kantonsschule Bern* hiess und auch ein Realgymnasium umfasste. Nachher wurde sie mit der Städt. ↗Realschule zum *Städtischen Gymnasium* vereinigt.

Standorte: 1528 bis 1885 in der ↗Hochschule (Herrengasse 25), dann im ↗Gymnasium Waisenhausplatz (Waisenhausplatz 30)
Lit.: DURHEIM, Beschreibung

Gymnasium, Freies ↗Lerberschule

Gymnasium Kirchenfeld Kirchenfeldstrasse 25. In den Jahren 1924/26 von H. DAXELHOFER erbautes Schulhaus in neoklassizistischem Stil.

Gymnasium Waisenhausplatz Waisenhausplatz 30. 1883 bis 1885 an Stelle des ↗Burgerspital-Kornhauses errichtet. Das Gebäude beherbergt neben Gymnasium und Progymnasium noch die 1975 aufgehobene Primarschule der obern Stadt. (*Speichergass-Schulhaus,* Speichergasse 4). Später kommt die Töchter-Handelsschule dazu, während das Gymnasium 1926 ins ↗Gymnasium Kirchenfeld verlegt wird. Seit 1965 heisst das Progymnasium Untergymnasium, das 1973 den Neubau beim ↗Gymnasium Neufeld bezieht und teilweise auch in die ↗Knabensekundarschule Viktoria und ins Kleefeld (Bümpliz) verlegt wird.

Gypsreibe Die Marmorsäge *(Schaltsäge)* der Kunsthandwerkerfamilie FUNK aus dem 18. Jh. wurde später als Schiffsbauhaus verwendet und brannte 1818 ab. Später befand sich an dieser Stelle die Strumpffabrik RYF. Nach deren Umzug in einen Neubau auf dem ↗Inseli 1) wurde die G. eingerichtet, die bis 1881 einem Teil der Wasserwerkgasse den Namen gab.
Standort: Wasserwerkgasse 17

Habeggermatt Bis ins 19.Jh. Name des Feldes zwischen Laubeggstrasse, Haspelweg, Bitziusstrasse und Schosshaldenstrasse.

Häberli In den Sechzigerjahren des 19.Jh. gab es im Haus Rathausgasse 35 eine Speisewirtschaft H.

Hackerbräu ↗Wächter 2)

Hafermühle Unter der ↗Schutzmühle und der ↗Stampfe befand sich im 19.Jh. noch eine H. südlich des Hauses zum ↗Pelikan.
Standort: Langmauerweg 19

Hafnerhäuschen Sulgenrain 11. Im zur ↗Sulgeneck gehörenden H. gründete BEAT RUD. V. LERBER 1826 die erste bernische Sonntagschule. Sein Sohn THEODOR V. LERBER quartierte 1855 das nachmalige ↗Seminar Muristalden im H. ein.
Lit.: Ev. Seminar Muristalden, Jubiläumsschrift 1854–1954, Bern 1954

Hafnerweg Der seit 1897 so genannte Weg heisst heute *Mezenerweg.*

Hahnen, Goldener Zu Beginn der Sechzigerjahre des 19.Jh. eröffnetes Hotel am Bärenplatz (Nr. 25/27, Käfiggässchen 26). Seit den Siebzigerjahren des 19.Jh. nur noch Restaurant ↗Börse.

Hakentürmchen 1345 erbautes Türmchen der äussern Mauer der ↗4. Stadtbefestigung, unmittelbar vor dem ↗Ziegelturm. Mit diesem 1856 abgebrochen.
Standort: Vor dem Hause Christoffelgasse 3
Lit.: HOFER, Wehrbauten

Halbmond Aarbergergasse 59. Um die Mitte des 19.Jh. eröffnetes Restaurant.

Halenbrücke Vom Staat Bern in den Jahren 1912/13 erbaut. Hauptbogen und 9 Seitenöffnungen total 237 m lang, ca. 40 m hoch über dem Wasser.

Haller 1) Café H. ↗Bubenberg
2) Privatbank H. ↗Grenus-Haus

Hallerdenkmal 1) Die Bronzebüste des Berner Universalgelehrten ALBRECHT V. HALLER (1708–1777) im ↗Botanischen Garten ersetzte 1827 im ↗Barfüsserfriedhof die 1819 von CALDELARI geschaffene Marmorbüste (heute in der Burgerbibliothek) und wurde 1859 mit der Verlegung des Botanischen Gartens an den heutigen Standort gebracht.

2) Anlässlich der Feier des 200. Geburtstages A. v. Hallers wurde
1908 das Denkmal auf der Grossen ⁊Schanze enthüllt. Wegen
des Baus der Parkterrasse wurde das H. entfernt, wobei die
Ruhebänke und die Abschrankungen zerstört wurden. Wieder-
aufstellung des von Hugo Siegwart, Luzern, geschaffenen
Denkmals 1967.

Hallergarten Gesellschaftsstrasse 24. In den Siebzigerjahren des
19. Jh. eröffnetes Restaurant.

Hallerhaus 1) vulgär meist *Wänteleburg*. 1837 von Alb. Carl
Haller (1803–55) erbautes grosses Rieghaus mit je 12 Zimmern
und 12 Küchen auf den 5 Geschossen. Seit 1840 musste die Stadt
einen Armeninspektor eigens für das H. einsetzen. Abgebrochen
1931.
Standort: Süd-Ecke Sennweg/Gesellschaftsstrasse, Sennweg 17/19, Gesellschaftsstrasse 35

2) ⁊Holzwerkmeisterhaus

3) Zu Beginn des 18. Jh. für Jak. Sinner erbautes Haus, in dem
später Albrecht v. Haller wohnte. Abgebrochen 1911.
Standort: Kochergasse 5, Westteil

Hallerianum ⁊Physiologisches Institut

Handtuch, Schmales Café ⁊Bieri 2)

Handwerkerschule ⁊Gewerbeschule

Handwerkerstübli Lorrainestrasse 9. Gegen Ende des 19. Jh.
eröffnetes Restaurant.

Hangard Der 1776/79 nach Plänen von Sprüngli und L. E. Zehender errichtete eingeschossige Bau nördlich des ⁊Artillerie-
schopfs hiess H. Bis zum Abbruch 1856 für den Bau des ⁊Haupt-
bahnhofs scheint er meist schweres Artilleriematerial enthalten
zu haben.
Standort: Bahnanlagen nördlich des ⁊Burgerspitals
Lit.: KDM 3

Hangende Fluh Name eines Rebbergs am ⁊Altenberg.
Lit.: Howald, Localregister, ungedruckt, Burgerbibliothek Bern

Harder–Besitzung ⁊Joliette

Harmonie Hotelgasse 3. Um die Mitte des 19. Jh. eröffnetes
Restaurant.

Abb. 9. Bundesplatz mit Hinterem Bärenhöfli und Hallerhaus 2), rechts der Bärenplatzbrunnen, um 1865. Photo.

Abb. 10. Bundesplatz mit Gesellschaftshaus Museum (Kantonalbank) und Bärenplatzbrunnen, um 1900. Photo.

Abb. 11. Inselgasse (Kochergasse), um 1830. Links im Hintergrund das Operatorhaus, rechts das Marcuard-Haus 2). Aquarell von Franz Schmid (1796–1851).

Abb. 12. Beginn der Abbrucharbeiten am Westflügel des Inselspitals 1), 1888.
Ölbild von Hans Dietzi (1864–1929).

Harnischturm Langmauerweg 110. Erbaut vor 1269, seit 1557 auch *Pulverturm*; der Ostanbau zwischen 1667 und 1687 macht ihn zum grössten Pulvermagazin der Stadt bis 1699. Der H. soll auch *Pfaffenturm* geheissen haben. Am 7. Juni 1848 an Private verkauft. In der Folge erweitert zu Kerzen- und Seifenfabrik, auch ↗Botan. Garten. Heute Taubstummenheim *Aarhof*. Dieser Name ist um 1885 aufgekommen.
Lit.: HOFER, Wehrbauten

Hartmannhaus ↗Kaiserhäuser

Harzturm ↗Blutturm

Harzwürsttürmchen Ein nur bei DURHEIM erwähntes Türmchen, das sich in der Nähe des ↗Blutturms befunden haben soll. Das H. ist entweder mit dem Blutturm identisch oder hat nie existiert.
Lit.: DURHEIM, Beschreibung

Hasenstand Name im Könizbergwald (Koord.: 597 200/ 197 850).

Haslerstrasse Oberer ↗Villettenmattweg

Hasli Wohlenstrasse 51. Landgut an der Aare im Nordteil des Bremgartenwaldes, das die Stadt 1823 von FRANZ ALBR. V. JEN-NER erwarb. ALBRECHT V. HALLER verbrachte dort einen Teil seiner Jugendzeit. Bis ins 18. Jh. soll das H. *Fahrhalde* geheissen haben. Heute befindet sich hier die *Ethologische Station* der Universität Bern.
Lit.: WALTHARD, Description

Hasli-Fähre Die Fähre vom ↗Hasli nach Unterdettigen verschwand nach dem Bau der ↗Neubrücke. Die Johanniter-Kommende von Münchenbuchsee wurde als Eigentümerin der H. F. von Bern entschädigt.
Lit.: MORGENTHALER, Felsenau

Haspelgasse, früher **Hohlgasse** Der älteste Zugang zur Stadt von Osten her hat eine derart starke Steigung, dass er (nach dem Bau des Alten ↗Aargauerstaldens) 1688 mit Fahrverbot belegt wurde. Später wurde oben ein Drehkreuz (Haspel) angebracht. Im 19. Jh. erfolgte der Einbau von Treppenstücken.
Lit.: DURHEIM, Beschreibung

Haspelgut, Haspelmatte ↗Simongut

Haspelscheuer Landwirtschaftliches Gebäude an der Südecke der Kreuzung Haspelgasse/Laubeggstrasse.
Standort: Laubeggstrasse 45

Hauptbahnhof Bahnhofplatz 4. Durch Gemeindebeschluss vom 10. April 1856 wurde der Schweizerischen Central-Bahn-Gesellschaft (↗SCB) der Bau eines Kopfbahnhofs auf der ↗Hundmatte zwischen ↗Burgerspital und ↗Heiliggeistkirche bewilligt. Am 1. Mai 1860 erfolgte die Betriebsübergabe, in den Jahren 1889/91 der Umbau zum Durchgangsbahnhof und 1930 die Verkleinerung des alten Kopfbahnhofes um 30 m. Die seit 1914 immer wieder aufflammenden Umbau- und Standortdiskussionen führten in der Gemeindeabstimmung vom 28. Oktober 1956 zum Beschluss, den H. nicht an der Laupenstrasse, sondern am alten Standort neu zu bauen. Der Umbau der ganzen Anlage dauerte von 1957 bis 1974.
Lit.: Nachrichtenblatt SBB 7/74; KDM 3

Hauptgrube Richtplatz für Enthauptungen im spätern 17. Jh.
Standort: Ungefähr 50 m südlich des ↗Friedbühl-Schulhauses, Friedbühlstrasse 11
Lit.: KDM 6

Hauptpost 1) ↗Kaufhaus
2) ↗Bollwerkpost

Hauptwache Theaterplatz 13. In den Jahren 1766/68 von NIKLAUS SPRÜNGLI errichtete Hauptwache des 1688 aufgestellten Wachtkorps. Bis zum Bezug des ↗Amthauses 2) diente die H. dem kantonalen Landjägerkorps, dann bis 1907 der Städtischen Polizeidirektion. 1909/10 zum Geschäftslokal umgebaut.
Lit.: KDM 3

Hauptwache, Café Café ↗Zytglogge

Hauptwachplatz ↗Theaterplatz

Häuser-Numerierung ↗Stadteinteilung

Haushaltungsschule Fischerweg 3. Die 1891 im mittleren Teil des heutigen Hauses Inselgasse 1 gegründete H. des Gemeinnützigen Frauenvereins bezog 1895 eine Wohnung im ↗SINNER-Haus (Gerechtigkeitsgasse 81) und 1896 das Haus Zähringerstrasse 14. 1897 gliederte BERTHA TRÜSSEL (1853–1937) der H. ein *Haushaltungslehrerinnen-Seminar,* das erste der Schweiz, an. Das Gebäude am Fischerweg (heute *Bertha Trüssel-Haus*) konnten H. und Seminar 1904 beziehen. Das Haushaltungslehrerinnen-

Seminar wurde 1948 kantonal, bezog 1951 provisorisch das Haus Länggass-Strasse 48 und konnte 1954 in den Neubau von W. Schwaar an der Weltistrasse 40 einziehen.
Die H., die heute auch die *Hauspflegerinnen-Schule* umfasst, hiess in den ersten Jahren ihres Bestehens gelegentlich auch *Dienstbotenschule*.
Lit.: H. Wahlen, Frauenwirken – Frauensegen, Bern 1971

Hausleute-Friedhof 1730 wurde der erste Friedhof für Hintersassen zwischen der Stadtbachstrasse und dem Westteil der Laupenstrasse eingerichtet. 1770 wurde der H.-F. auf das Feld zwischen ↗Burgerspital und ↗Gr. Schanze verlegt *(Hohliebe-Friedhof)*. Mit der Eröffnung des ↗Monbijou-Friedhofs wurde 1815 der H.-F. aufgehoben, doch besteht erst seit 1859 keine Trennung mehr von Burger- und Einwohnergräbern.
Lit.: Brechbühl, Länggasse

Hauspflegerinnenschule ↗Haushaltungsschule

Hebammentörli Kleines Tor neben einem Stadttor, insbesondere im äussern Tor des ↗Murtentors (1. Tor).

Hebammentür Östliches Nordportal des ↗Münsters. Der Name H. hat sich bis ins 18. Jh. erhalten und hängt wahrscheinlich mit der ursprünglichen Aufstellung des Taufsteins zusammen. Die H. wurde 1421 begonnen. 1775/76 erhielt sie den Palmenkranz von J. C. Wiser ins Tympanon (Entwurf von N. Hebler). Damals wurde auch die Fiale des Trumeaus gekappt.
Standort: Gegenüber dem Haus Münstergasse 12
Lit.: KDM 4

Hecht 1) Seidenweg 5. Im letzten Jahrzehnt des 19. Jh. eröffnetes Restaurant.
2) ↗Wilder Mann

Heiliggeist-Kirche Spitalgasse 44. 1. Bau: Kleine Kirche im kurz vor 1228 gegründeten ↗Heiliggeist-Spital und -Kloster. 2. Bau: In den Jahren 1482/96 errichtet, 1528–1604 profaniert, dann bis zum Abbruch 1726 als *Spital-Kirche* benützt. 3. Bau: 1726/29 von N. Schiltknecht nach 11jähriger Planungsphase erbaut. Erste Orgel von 1804, zweite Orgel von 1933. Von den sechs Glocken des Geläutes stammt eine von 1596 und eine von 1728, die vier übrigen entstanden 1860. Die H. gilt als die schönste reformierte Barockkirche der Schweiz. Sie weist wie St. Pierre in Genf 2000 Sitzplätze auf und wird darin von keiner andern reformierten Kirche in der Schweiz übertroffen. Da einerseits 1726 römische Votivbeile unter der alten H. gefunden wurden und da andererseits die H. 8 Quintarii vom Osttor in Avenches entfernt ist und in der Verlängerung der 7 Quintarii messenden Limitationsachse Avenches-Hof Bümpliz liegt, kann vermutet werden, die H. stehe an der Stelle eines römischen Heiligtums.

Lit.: KDM 5; STRAHM, Studien zur Gründungsgeschichte der Stadt Bern, Bern 1935

Abbildungen 5 und 8, S. 51 und 52

Heiliggeist-Kloster Oberer ↗Spital

Heiliggeist-Pfarrhaus Spitalgasse 24. Einziger belegter Privatbau von N. SCHILDKNECHT, der das Haus 1718 erwarb und der Gassenfront die heutige Gestalt gab. 1721–1888 dient das Haus als Pfarrhaus der Heiliggeistkirche. 1954/56 um ein Stockwerk erhöht.

Lit.: KDM 2

Heiliggeist-Spital Oberer ↗Spital

Heiligkreuzkirche Kastellweg 7. Beim Bau der H. durch FÖRDERER, Basel 1969 fand man Töpferwerkstätten aus der Spät-La-Tène-Zeit.

Heimat ↗Herberge zur H.

Helferhaus, Welsches Von der Gründung der franz. Kirchgemeinde an (1624) bis 1806 befand sich die Wohnung des welschen Helfers im Haus Kornhausplatz 9, nachher in der heutigen ↗Stadttheater-Direktion (Nägeligasse 1).

Lit.: KDM 2

Helle (Hölle) ↗Rathaus 1)

Helvetia 1) Restaurant ↗Spitalacker
2) Zähringerstrasse 16. Im letzten Jahrzehnt des 19. Jh. eröffnetes Restaurant.
3) In den Achtziger- und Neunzigerjahren des 19. Jh. gab es für kurze Zeit im Haus Speichergasse 3 ein Café H.
4) Vorgänger von H. 3) war die Speisewirtschaft H. im Haus Speichergasse 5, eröffnet in den Fünfzigerjahren des 19. Jh.
5) *Lichtspielhaus H.* Das 1911 eröffnete Kino verschwand nach dem Aufkommen modernerer Häuser.

Standort: Speichergasse 39

Hemmannbrunnen ↗Schegkenbrunnen

Henkerbrünnli Das heutige, hochklassizistische H. wurde 1830 an Stelle eines ältern, gleichnamigen Brunnens errichtet. Wegen des Baus der ↗Tiefenaustrasse musste es 1848 in die Gabelung zwischen dieser und der Neubrückstrasse versetzt werden. Am heutigen Ort an der Westseite der Kreuzung steht das H. seit 1960.
Lit.: KDM 1

Henkergässli ↗Ryffligässli

Henkersbrunnenstrasse In den Fünfzigerjahren des 19.Jh. hiess der Strassenzug Hodlerstrasse–Schützenmattstrasse gelegentlich H.

Hephata In den Achtzigerjahren des 19.Jh. kleine Anstalt für schwerhörige, stotternde und taubstumme Kinder (gegründet 1881).
Standort: Nebengebäude des ↗Jolimonts 2), Reichenbachstrasse 51

Herberge zur Heimat Gerechtigkeitsgasse 52. 1910 wurde im 1760 von NIKLAUS SPRÜNGLI für EM. V. WATTENWYL entworfenen Haus die H. eingerichtet, nachdem sie vorher einige Jahre provisorisch im ↗Schlüssel untergebracht war. Sie konnte 1942 durch Hinzukauf des Hauses Nr. 50 erweitert werden.
Lit.: KDM 2

Herkulessaal Ein Saal der ↗Vannaz-Besitzung, wo 1798 bis 1809 die Freimaurerloge «zur Hoffnung» ihr Lokal hatte.
Lit.: DURHEIM, Beschreibung

Herren, Café 1) Café ↗Hübscher
2) Café ↗Roderer

Herrenbrunnen Bis zum Anfang des 16.Jh. Name des Brunnens am südlichen Brückenkopf der ↗Neubrücke. Nach JUSTINGER sollen dort um 1335 die Herren von Hanau und Nassau turnierartige Belustigungen gegeben haben.

Herrengassbrunnen Schon im 15.Jh. ist ein Sodbrunnen an der Herrengasse bezeugt. 1636 wird der H. an die Trinkwasserleitung angeschlossen und erhält Pfeiler und Becken von J.PLEPP. Die heutigen Tröge wurden 1740 und 1749 erstellt, der Stock mit Säule und Vase wird ERASMUS RITTER zugeschrieben.
Standort: Vor dem Haus Herrengasse 23
Lit.: KDM 1

Herrengasse 1316 ist der Name *Herrengass von Egerdon* belegt. 1271 hatten die einst begüterten Herren v. EGERDON (Aegerten am Gurten) ihr Stadthaus an der Herrengasse verkauft. 1491–1506 wurden die östlichsten, sonnseitigen Häuser zur Vergrösserung des ↗Münsterplatzes abgebrochen. Die Gasse reichte bis 1906 (Abbruch der ↗Lateinschule) nur bis zur Nr. 36. Sie hiess auch *Schulgasse* (offiziell bis 1881).
Lit.: KDM 2

Herrengass-Pfarrhäuser Herrengasse 3, 5, 9 und 13. Nach der Reformation wurden die vier H. aus je zwei älteren schmalen Häusern zusammengebaut. Davon dienen heute noch die folgenden zwei als Pfarrhäuser: Das Haus *Nr. 9* hiess wegen des noch heute im Keller vorhandenen Brunnens «zur Quelle». Am Haus *Nr. 13* liess 1560 der Theologieprofessor WOLFGANG MÜSLIN/MUSCULUS (1497–1563) in hebräischer Schrift den Anfang des 127. Psalmes am Sturz der Haustüre anbringen. Am Bogen über der Kellertüre, der knapp über dem Trottoir sichtbar ist, befindet sich die heute entstellte griechische Inschrift ΟΙΝΩ ΟΛΙΓΩ ΧΡΩ («Gebrauche ein wenig Wein», 1. Tim. 5.23).

Herter Um die Wende vom 19. zum 20. Jh. befand sich im Haus Kramgasse 5 (↗Affen) die Pension H.

Herzkeller Name der Kellerwirtschaft im Haus Hotelgasse 14.
Lit.: HOWALD, Brunnen 3

Herzogbrünnlein Im 18. Jh. erwähnter Brunnen in der Gegend des Nord-Süd verlaufenden Teils der Wasserwerkgasse.
Lit.: MORGENTHALER, Trinkwasser

Hess, Café ↗Sternenberg

High Noon ↗Garnier

Hiltystrasse Vor 1934 hiess die H. *Tannackerstrasse,* dann hiess sie bis 1948 *Karl Hiltystrasse.* Der Name erinnert an den Berner Rechtsgelehrten (1833–1909).

Hintere Gasse ↗Speichergasse

Hintergerbernkeller ↗Wurstembergerkeller

Hintersässen-Schulhaus ↗Staldenschule

Hirsbödeli Flaches Landstück östlich der ↗Felsenaubrücke.

Hirsbrunnerhübeli In der zweiten Hälfte des 19.Jh. Name für den Finkenhubel.

Hirschen 1) In der ersten Hälfte des 19.Jh. gab es im Haus Neuengasse 40 eine Pintenwirtschaft *zum Telegraph*. Nach der Eröffnung des Hauptbahnhofs entstand dort das Hotel H. Mit dem Umbau des Hauses verschwand das Hotel. Es blieb die *Taverne Valaisanne*.
2) H. oder Goldener H. ↗Grünenhof

Hirschenacker Name im Kleinen Bremgartenwald (Koord.: 599 700/201 500).

Hirschengraben 1) Südteil des Grabens der 4. ↗Stadtbefestigung. Seit dem 16.Jh. als H. verwendet. Nach 1634, als die Hirsche vor die ↗Schanzen gebracht wurden, hiess der H. *Kleiner H*. Aufgefüllt 1826/31 diente er bis zum Bau der ↗Christoffelgasse und des ↗Bernerhofs am Ende der Fünfzigerjahre des 19.Jh. als ↗Viehmarkt.
Standort: Nördlich des Hauses Bubenbergplatz 3 bis zum Bernerhof (Bundesgasse 3)
2) Im heutigen H., dem jetzt aufgefüllten Stück Graben vor der WNW-Flanke der Bastion ↗Christoffel, wurden von 1634 bis 1876 Hirsche und zeitweise auch andere Tiere gehalten. Als Ersatz diente nachher der ↗Hirschenpark.
Lit.: HOFER, Wehrbauten

Hirschenpark, Wildpark 1876 wird die Engehalde zwischen Neubrück- und Tiefenaustrasse zur Aufnahme der Hirsche, welche in den übriggebliebenen Stücken des Stadtgrabens gehalten wurden, bestimmt. 1937 wird der H. mit der Eröffnung des ↗Tierparks Dählhölzli aufgehoben.

Hirschenhalde, früher **Hirzenhalde** Aarehang nördlich des ↗Knabenwaisenhauses und des ↗Kunstmuseums.

Hirschenmösli, früher **Hirzenmösli** Kleines Moos am tiefsten Punkt des ↗Jorden im Gr. ↗Bremgartenwald (Koord.: 596 720/200 650).

Hirzen ↗Sternen

Hirzenhalde, -mösli ↗Hirschen-. Bis zu Beginn des 20.Jh. waren in Bern Aussprache und Schreibweise mit -z- geläufig.

Historisches Museum Helvetiaplatz 5. In den Jahren 1892/94 durch Staat, Einwohner- und Burgergemeinde erbaut. 1920/22

südlich erweitert. 1938 erfolgte der Anbau des Schützenmuseums, das die Sammlung der seit 1885 dem H. M. angegliederten Schützenstube aufnimmt. Vorher hatte die «Antiquarische Gesellschaft» eine permanente Ausstellung in der ↗Antonierkirche (Postgasse 62) in den Jahren 1837–43 zeigen können. Ein Teil der heutigen Sammlung war 1850/51 im Erdgeschoss der ↗Kavalleriekaserne, dann im Gr. ↗Zeughaus zugänglich. Nach Bezug der Zeughausbauten auf dem Beundenfeld wurde die Zeughaussammlung dorthin und 1881 in die ↗Bibliotheksgalerie verlegt.
Lit.: KDM 3

Hochfeld ↗Neufeld

Hochgericht obenaus 1) Vor 1384 befand sich der Galgen in der Gegend des ↗Lindenhofspitals 1) auf dem nachher *Alter Galgenberg* genannten Hügel.
2) 1384 wird der Galgen auf den höchsten Punkt des 1971 abgetragenen Hügels südöstlich des ↗Friedbühl-Schulhauses verlegt, wo er bis 1826 im Gebrauch steht.
Standort: Nordostende des ↗Friedbühls (Koord.: 598 860/199 740).
Lit.: KDM 6

Hochgericht untenaus Bis 1817 stand der Galgen im Gebrauch, der sich auf dem höchsten Punkt des Hügels im ↗Schönberg-Gut befand. Seine 3 Säulen bildeten nachher das Peristyl des Landhauses ↗Grünegg.
Standort: Gartenhaus des ↗Schönbergs, Laubeggstrasse 40 (Koord.: 602 075/199 960).
Lit.: KDM 6

Hochgerichtsrain ↗Galgenrain

Hochschule Die 1528 gegründete Theologenschule (↗Akademie 1)) bezog 1535 das umgebaute ↗Barfüsserkloster. Sie hiess im Gegensatz zur ↗Lateinschule auch *Obere Schule.* 1682 bezog die H. am alten Ort den Neubau von SAMUEL JENNER. 1799 wurde das Gebäude der 1798 aufgehobenen H. zum *Hospital für krätzige Soldaten,* dann zur helvetischen *Nationaldruckerei.* 1805 erfolgte auf A. F. v. MUTACHS Betreiben die Gründung der ↗Akademie 2), die ihrerseits 1834 in die neugegründete ↗Universität 1) überging. Der Umzug in deren Neubau auf der Grossen ↗Schanze folgte 1903. Das alte Gebäude der H. wurde Ende 1905 abgebrochen.
Standort: ↗Casino 2), Herrengasse 25
Lit.: KDM 3

Hochschulbibliothek ↗Lateinschule

Hodler-Gedenktafel Eine Tafel am ↗Matteschulhaus 1) erinnert an den Maler FERDINAND HODLER (1853–1918), der hier zur Schule ging.
Standort: Mühleplatz 16

Hodlerhübeli ↗Martinshubel

Hodlerstrasse 1389 als *Schegkenbrunngass* erwähnt; im 18.Jh. heisst sie *Hintere Speichergasse.* 1798–1932 heisst die H. *Waisenhausstrasse,* dann *Ferdinand Hodlerstrasse* in Erinnerung an den Berner Maler (1853–1918). Weglassung des Vornamens 1948.
Lit.: KDM 2

Hoffnung, Zur 1) ↗Jolimont 2)
2) Im Haus zwischen dem ↗Interlakenhaus und dem ↗Frienisbergerhaus an der ↗Wendschatzgasse gab es am Anfang des 19.Jh. eine Pintenwirtschaft zur H.
Standort: Nördlich des Hauses Nydeggasse 13
Lit.: HOWALD, Brunnen 2
Abbildungen 21 und 22, S.188

Hofmann, Café ↗Luntenhüsi

Hofstatt Bis ins 17.Jh. kurz für Bubenberghofstatt (↗Erlacherhof), dann gelegentlich noch Name des Platzes nördlich des ↗Bubenbergtörleins.

Hofweber, Café Die im letzten Jahrzehnt des 19.Jh. eröffnete, heute verschwundene Wirtschaft befand sich im Haus Muesmattstrasse 40.

Hohe Schule ↗Akademie 1)

Hohlgasse ↗Haspelgasse

Hohliebe 1) Landhaus, das schon am Ende des 15.Jh. belegt ist, 1623 für den Grafen DE LA SUZE neu erbaut, 1669 als Pestlazarett eingerichtet und vor 1768 abgebrochen wurde. Es verlor, als die Schanze (↗H. 2)) höher geschüttet wurde, die Aussicht auf die Stadt.
Standort: Ungefähr Sidlerstrasse 5
Lit.: GRUNER, Deliciae
2) Nördlichste der 6 Bastionen der ↗5.Stadtbefestigung. 1622 erbaut. Die Cavalieren ihrer Krone lagen etwa 20 m höher als das heutige Strassenniveau. 1821 wurde auf dieser Bastion das tellurische ↗Observatorium erbaut. Nachdem 1835 und 1876 ein

Drittel der Krone abgetragen worden war, erfolgte die letzte Ausebnung 1959 beim Bau des Instituts für exakte Wissenschaften.

Standort: ↗Universität (Hochschulstrasse 4) und Sidlerstrasse 5
Lit.: HOFER, Wehrbauten

Hohliebe-Friedhof ↗Hausleute-Friedhof

Holland, Hollanden ↗Holligen

Holländerturm Waisenhausplatz 15. Der 1623 erstmals erwähnte H. diente mit seinem Obergeschoss lange als Rauchsalon für aus holländischen Diensten zurückgekehrte Offiziere. Bei der Renovation von 1885 verschwanden die Vordächlein unter den Fenstern des Riegaufbaues. Die Restauration von 1975 brachte den Nachweis, dass der H. ein Wehrturm an der äussern Mauer der 3. ↗Stadtbefestigung war.

Lit.: HOFER, Wehrbauten

Hollard & Schnell Privatbank ↗Schnell

Hölle Mittelhochdeutsch: helle ↗Rathaus 1)

Holligen 1) Das früher *Holland* oder *Hollanden* genannte Gut mit Weiher (zugeschüttet 1690) und Mühle gehörte 1257 dem Deutschordenshaus Köniz. Das *Schloss H.* (Holligenstrasse 44) ist ein Wohnturm vom Anfang des 15. Jh., der später mehrfach erweitert und umgebaut worden ist. Es heisst im 19. Jh. auch *Weiherschloss.*

Lit.: KDM 6

2) Restaurant H., Freiburgstrasse 68. Das schon im 19. Jh. bestehende Restaurant hiess bis kurz vor dem Ersten Weltkrieg *Frohheim,* in der Mitte des 19. Jh. *Roulier-* oder *Käserwirtschaft.*

Holligendrittel ↗Stadteinteilung

Holligenfabrik Eine im 18. Jh. gegründete und bis ins 19. Jh. existierende Fabrik für Indienne im äussern ↗Sulgenbach. Das Areal wurde 1941 bei der Verlängerung der ↗Schwarztorstrasse überbaut.

Standort: Effingerstrasse 107 und südlich anschliessend

Holligen-Schiessstand Der 1865/66 eingerichtete H. lag wenig westlich des Restaurants ↗Holligen (Freiburgstrasse 68). Geschossen wurde parallel zum Stadtbach in nordwestlicher Richtung. Der Scheibenstand befand sich beim Gebäude Bahnstrasse 21.

Holligenstrasse Bis zum Bau der ↗Schlossstrasse und zur Verlängerung der ↗Schwarztorstrasse reichte die H. dem ↗Stadtbach entlang bis hinauf zur ↗Freiburgstrasse (Haus Nr. 21).

vom Holz-Haus ↗Cyro-Haus

Holzer, Café Café ↗Schmutz

Hölzern-Werkmeister-Mätteli ↗Zehendermätteli

Hölziger Ofen Landgut östlich der Seftigenstrasse am heutigen Holzikofenweg. Der Name kommt von einem im Herrenhaus eingebauten hölzernen Schrank in Form eines Kachelofens, der das Pendant zum richtigen Ofen bildete.
Standort: Ungefähr Holzikofenweg 11

Hongkong ↗Amthaus 3)

Holzikofenweg Benannt nach dem frühern Landgut ↗Hölziger Ofen.

Holzmarkt 1) ↗Waisenhausplatz
2) ↗Bärenplatz

Holzplatz Der fälschlicherweise auch *Holzwerkhof* genannte Platz im ↗Marzili diente der Lagerung von Bau- und im 19.Jh. vor allem von Brennholz. Mit dem Bau des ↗Gaswerks verschwand der H. teilweise und mit der Verlegung des Gaswerks 1876 vollständig.
Ursprüngliches Areal: Weihergasse–Marzilistrasse–Brückenstrasse–Aarstrasse
Lit.: WALTHARD, Description

Holzrütiturm ↗Ziegelturm

Holzwerkhof 1) 1614 zwischen dem ↗Ob. Marzilitor und dem ↗Oberen Graben errichtet. Im spätern 17.Jh. aufgestockt. Die Obergeschosse des Nordflügels dienten zu dieser Zeit als Kornlager. Auch *Grosser Werkhof* genannt. 1850 für den Bau des ↗Bundeshauses West abgebrochen (↗Werkhof am Hirschengraben).
Standort: Bundeshaus West, Bundesgasse 1
Lit.: KDM 3
2) ↗Holzplatz

Holzwerkmeisterhaus Seit dem 17.Jh. ist das H. Amtswohnung des Holzwerkmeisters. Es wurde 1808 vom damaligen Amtsinhaber K.G. HALLER erworben und aufgestockt. Das Haus mit der markanten Silhouette und den Blitzableitern hiess fortan *Hallerhaus*. Es wurde 1866 beim Bau der ↗Kantonalbank abgebrochen.

Standort: Bundesplatz 8
Sommersitz des Holzwerkmeisters ↗Zehendermätteli.
Lit.: KDM 3
Abbildung 9, S. 101

Hopfenkranz 1) Neuengasse 1. Solange 2) bestand, hiess dieses um die Mitte des 19. Jh. eröffnete Restaurant *Oberer H.* Um 1745 mit Nr. 3 zusammen erbaut, innen 1942 total umgestaltet.
2) *Unterer H.* Das im Ersten Weltkrieg verschwundene Restaurant wurde um die Mitte des 19. Jh. eröffnet.

Standort: Gerberngasse 11

Hopfgut Brunnmattstrasse 50. Nach dem Besitzer am Anfang des 20. Jh. genanntes Landgut, das während des Ersten Weltkriegs und in den folgenden Jahren grösstenteils parzelliert und überbaut wurde. Das H. hiess gelegentlich auch Äusseres ↗Sulgenbach-Gut.

Hormansgasse, auch **Hormatsgasse** Seit 1300 ist der Name belegt für die heutige ↗Rathaus- 2) und ↗Postgasse. Das namengebende Geschlecht ist in Bern 1224–1326 bezeugt. Seit 1619 heisst der obere Teil Metzgergasse, der untere Teil heisst seit 1798 Postgasse.

Lit.: KDM 2

Hormatgassbrunnen ↗Maybrunnen

Hormatgassgässli Heute *Antoniergässchen*

Horn Eine im 15. Jh. erwähnte Erhebung oben am ↗Altenberg.

Standort: Ungefähr Schänzlistrasse 45/47

Hosenlupf Seit dem 19. Jh. Name der Uferpartie links der Aare, östlich der ↗Felsenau und südlich der Kirche von Bremgarten.

Hospital für krätzige Soldaten ↗Hochschule

Hospiz zur Heimat ↗Herberge z. H.

Hotels ↗Gastgewerbe

Hôtel de Musique Theaterplatz 7/Hotelgasse 10. Eine 1766 eigens zu diesem Zweck gegründete Aktiengesellschaft (die älteste in Bern) lässt in den Jahren 1767/69 von N. SPRÜNGLI und WAEBER (Holzwerk) das H. d. M. erbauen. Trotz eingebauter

Bühne darf es bis 1798 nur zu Bällen und Festen, nicht aber für Theater verwendet werden. 1836/38 wird der Theatersaal ausgebaut. Von 1862 bis 1903 dient es als Stadttheater. Das *Café du Théâtre* im Erdgeschoss bestand schon vor der Mitte des 19.Jh. Die Renovation des Hauses 1904/05 unter RENÉ V. WURSTEMBERGER zerstörte die Freitreppen und die Proportionen des Erdgeschosses. Der Theatersaal verschwand dabei.
Lit.: KDM 2

Hotelgasse Nachdem 1331 erstmals ein Haus an die Mauer der ↗2. Stadtbefestigung gebaut worden war, hiess die Gasse bis ins 16.Jh. *an der alten Ringmauer.* Dann heisst sie *an der Ankenwaag,* im 18.Jh. am *Käsmärit,* nach dem Bau des ↗Hôtel de Musique *Hotellaube.* Im 19.Jh. ist der offizielle Name *Theatergasse,* seit 1881 H. Den Südabschluss der Gasse bildete bis zu ihrem Abbruch 1909 die ↗Bibliotheksgalerie.
Lit.: KDM 2

Hotelkeller Die Kellerwirtschaft des ↗Hôtel du Théâtre hiess seit dem letzten Jahrzehnt des 19.Jh. *Bankenkeller* und wurde vor dem Ersten Weltkrieg geschlossen.
Standort: Hotelgasse 10

Hotellaube ↗Hotelgasse

Hotelplatz ↗Polizeigasse

Hubelgut 1) ↗Weyermannshaus-Gut
2) ↗Engländerhubel

Hübeli 1) Haus auf dem Donnerbühl.
Standort: Ungefähr Wildhainweg 20
2) ↗Alpenegg
3) ↗Wild'sches Sommerhaus
4) ↗Fischer-Gut 2)
5) ↗Mon Repos

Hubelmatte Flurname am Westhang des ↗Vejelihubels.

Hübscher, Café, heute *Restaurant Matte* Gerberngasse 34. Das im letzten Jahrzehnt des 19.Jh. eröffnete Restaurant hiess zuerst *Café Herren,* dann *Café Wälti* und seit dem Ersten Weltkrieg C.H. Dieser Name ist populär geblieben.

Hugenotten-Gedenktafel ↗Refugianten-Gedenktafel

Hügli, Café Café ↗Postgasse

Hugspital Am Ende des 19.Jh. bestehendes Privatspital.
Standort: Belpstrasse 48

Hühnersädel Landhaus, abgebrochen 1883. Es hiess zu Beginn des 19.Jh. auch *Näherer Claretsack.*
Standort: Seftigenstrasse 9

Hummelhaus ↗Kirchbergerhof

Humbertbrücke ↗Predigerbrücke

Humboltianum ↗Siloah

Hundmatte ↗Bahnhofplatz

Hungerbrunnen Brunnen unten im ↗Gerberngraben, der beim Neubau der ↗Silberstrecke neu gestaltet wird und fortan *Silberstreckebrunnen* heisst.
Lit.: HOWALD, Brunnen 3

Hunzikerhübeli Sulgeneckstrasse 25/27. In der Mitte des 19.Jh. erbaute und nach einem frühern Besitzer genannte Landhäuser, die im letzten Viertel des 19.Jh. auch *Armins- oder Eichrain* (Nr. 25) und *Blumenrain* (Nr. 27) heissen.

Hütte Bezeichnung eines Werkhofs, insbesondere des ↗Münsterwerkhofs.

Hypothekarkasse Schwanengasse 2. Vor dem Bau des heutigen Gebäudes zu Beginn der Achtzigerjahre des 19.Jh. befand sich die H. von 1846 bis 1869 im ↗Stift (Münsterplatz 3), dann im Gebäude der ↗Kantonalbank (Bundesplatz 8).

Ilmenhof ↗Kocher-Spital

Ilmenstrasse Verbindungsweg zwischen Schlösslistrasse und Effingerstrasse, längs der heutigen March Schlösslistrasse 5/11.

Innerbad, auch **Marzilibad** Seit 1542 bis zum Brand von 1886 bestehendes Bad mit Wirtschaft im Marzili. Es hiess auch *Küpfers Bad.*
Standort: Marzilistrasse 6/8
Lit.: GOHL, Heilquellen

Insel Kurzform des Namens ↗Inselspital

Insel-Friedhof 1729 wurde der alte Friedhof im ↗Inselkloster abgelöst durch den *Friedhof beim* ↗*Holzwerkhof*. Diesen Begräbnisplatz ersetzte von 1815 an der ↗Monbijou-Friedhof.
Standorte: Im Inselkloster: ↗Bundeshaus-Ost, Kochergasse 9; beim Holzwerkhof: Bundesplatz 8 – Bundesgasse 6–12 – Hof und nördlicher Teil des Ostflügels des ↗Bundeshauses-West – Bundesgasse 1

Inselgassbrunnen ↗Elfenaubrunnen

Inselgässchen Verbindungsgässchen zwischen ↗Marktgasse und ↗Kochergasse. Das nördliche Stück hiess im 19.Jh. *Juden(-gass)gässchen* und heisst seit 1878 *Amthausgässchen*. Das südliche Stück trägt seit 1963 den Namen *Inselgasse*.

Inselgasse 1) ↗Kochergasse
2) ↗Inselgässchen

Inselheim ↗Engländerhubel

Inseli 1) Gebiet der Badeanstalt Marzili.
2) Gebiet des Verwaltungsgebäudes und des Restaurants im ↗Tierpark Dählhölzli, hiess im 19.Jh. auch *Knechteninseli*.
3) Westlichster Teil der Wasserwerkgasse.

Inselibad Bis gegen 1880 Bad auf dem Areal der Gebäude Wasserwerkgasse 35.
Lit.: GOHL, Heilquellen

Inselisteg Die schon im 19.Jh. erwähnte, ursprünglich hölzerne Brücke über den ↗Tych bildete früher den Zugang zum ↗Inselibad.

Inselistegbrunnen ↗Schiffländtebrunnen

Inselkloster 1285/86 gestiftetes Tochterhaus des Zisterzienserinnen-Klosters Dettligen, das kurz nach Beginn des Klosterbaus in der Gegend von ↗Brunnadern auf eine Insel beim Altenberg verdrängt wird. Die 1294 zum Dominikanerorden übergetretenen Klosterfrauen werden aus dem sog. *Mariental* 1295 verjagt und finden Schutz im ↗Predigerkloster. Erst 1323/27 ziehen sie, nach dem Kauf eines Teils des ↗Judenfriedhofs 1) an den endgültigen Platz, wo das Kloster 1528 aufgehoben wird. Die Klosterkirche, neu erbaut 1470 und 1507, dient fortan als Kornhaus

(↗Inselspital). Wegen des Patroziniums hiess das I. auch *St. Michaels-Inselkloster*.

Standorte: Im Altenberg: vermutlich Altenbergstrasse 29–39; zuletzt: ↗Bundeshaus-Ost (Kochergasse 9), Kirche in der Nordostecke der Parzelle
Lit.: KDM I

Insel-Kornhaus 1528 wird im Chor der Inselkloster-Kirche ein Kornhaus eingerichtet. 1747 entsteht das I. am Käfiggässchen (↗Ballenhausgässchen). Das schiefergedeckte Mansardendach erhält erst 1765 Ziegel. 1864 an die Kantonalbank verkauft, dient das I. in der Folge als ↗Gewerbehalle. 1896 erwirbt es die Eidgenossenschaft und bricht es im Juni 1900 für den Bau des ↗Parlamentsgebäudes ab.

Standort: Vor dem Mittelteil des Parlamentsgebäudes, Bundesplatz 15; früher: Käfiggässchen 34
Lit.: KDM I

Inselmatte 1) ↗Kreuzmatte (heutiges Inselareal)
2) Flurname im Raume der heutigen Oberzolldirektion westlich der Mühlemattstrasse.

Inselscheuer Grosses, dem ↗Inselspital gehörendes landwirtschaftliches Gebäude, abgebrochen 1899.

Standort: Monbijoustrasse 2

Inselspital, kurz Insel genannt 1) Nach der Reformation wird das ↗Seilerinspital ins ↗Inselkloster verlegt, dessen Namen es nach der Vereinigung mit dem ↗Bröwenhaus (1526) annimmt. 1658 umfasst das I. 39 Betten, von 1643 an nimmt es keine Pfründer, sondern nur noch Kranke auf *(Wund-Spital)*. Nach einem Brand im I. von 1713 wird der Neubau nach Plänen F. BEERS 1718–24 unter A. DÜNZ ausgeführt. Die einspringenden Winkel der Südseite werden 1836–41 überbaut. 1878 umfasst das I. 206 Betten. Nach dem Umzug auf die ↗Kreuzmatte (↗2)) wird das I. 1888 abgebrochen.

Standort: Bundeshaus-Ost (Kochergasse 9) ohne östlichsten Teil
Lit.: KDM I; RENNEFAHRT und HINTZSCHE, Sechshundert Jahre Inselspital, Bern 1954
Abbildung 12, S. 102

2) In 7 Gebäuden entsteht 1881/84 nach F. SCHNEIDERS Plänen auf der ↗Kreuzmatte das neue I., das immer wieder erweitert, in den Sechzigerjahren des 20.Jh. vollständig durch Neubauten ersetzt wird. Ursprünglich gehörten dazu die heute abgebrochenen Häuser Freiburgstrasse 12, 14, 18, 20, 24, 26 und 32.

Abb. 13. Grabenpromenade von Norden, 1740. Rechts die Reitschule 3) und das Grosse Kornhaus. Ölbild von Johann Grimm (1675–1747).

Abb. 14. Kornhausplatz von Süden, um 1742. Links im Hintergrund das Grosse Kornhaus mit der Grabenpromenade, rechts das Zunfthaus zu Pfistern und der Zytglogge. Ölbild von Johann Grimm (1675–1747).

Abb. 15. Lombachturm von Nordosten, zwischen 1773 und 1785. Im Vordergrund die heutige Laupenstrasse. Aquarell, Balthasar Dunker (1746–1807) zugeschrieben.

Inselstallung Stallung für den fünfspännigen Inselzug, der u. a. dem Rat für Staatsfuhren zur Verfügung stand. Die I. wurde 1578 erbaut und 1912 beim Bau des ↗Bundeshauses-Nord abgebrochen.

Standort: Ecke Amthausgasse/Inselgasse des Bundeshauses-Nord (Amthausgasse 15)

Lit.: KDM 1

Abbildung 4, S. 34

Interlaken-Haus, auch Interlappen-Haus 1) Das älteste Sässhaus des Klosters Interlaken befand sich an der Stelle des Westteils des ↗Béatrice v. Wattenwyl-Hauses, Junkerngasse 59 b. **2)** 1427 erbautes und 1529 umgebautes Sässhaus des Klosters Interlaken. Zweitunterstes Haus der ↗Wendschatzgasse. Abgebrochen kurz vor 1844.

Standort: Südwestteil des ↗Nydegghöflis und Nordseite der Nydeggasse zwischen den beiden Treppen

Lit.: KDM 2

Abbildungen 21 und 22, S. 188

Interlaken-Mätteli Im 18. Jh. Name der Parzelle zwischen Kasernen- und Reiterstrasse.

Irrenstation Städt. I. Holligen ↗Weyermannshausgut

Irwingianerkirche 1867 erbaute Kapelle, abgebrochen um die Jahrhundertwende. Nach ihr hat die Kapellenstrasse ihren Namen.

Standort: Monbijoustrasse 22

Isenhuthaus 1340 stiftet ITA ISENHUT für 13 Frauen ein Pfründerinnenhaus bei der ↗Schaal an der ↗Kramgasse. 1389 wird das I. in den obern Teil des Hauses Junkerngasse 37 verlegt. Gegen Ende des 15. Jh. gehört das Haus HEINRICH MATTER.

Lit.: KDM 2

Israelitenwirtschaften Noch in der ersten Hälfte des 19. Jh. durften die Juden nur in zwei besonders bezeichneten Wirtschaften verkehren. 1836 befanden sich diese an der Aarbergergasse in den Häusern Nrn. 22 und 47.

Israelitischer Friedhof ↗Judenfriedhof 2)

Italia, Casa d' Café ↗Aebi

Italie, Hôtel d' ↗Continental 1)

Italien, Café Kurz nach der Eröffnung der Galerie ↗Rebold im selben Hause entstandenes Restaurant, das in den Sechzigerjah-

ren des 19.Jh. wieder verschwand. Im gleichen Hause befand sich bis in die ersten Jahre des 20.Jh. der *Mohrenkeller*.
Standort: Kramgasse 10

Ittgraben Östlicher der beiden, das Wylerholz in nördlicher Richtung durchquerenden Gräben.

Jammerthal Nach GRUNER das Feld zwischen Donnerbühl und Länggasse.

Japan-Haus Spezialgeschäft für japanische Waren, das vor seiner Verlegung ins Haus Spitalgasse 40 dem Haus an der Stelle des ↗Bundeshauses Inselgasse (Inselgasse 1) in der ersten Hälfte des 20.Jh. den Namen gegeben hat.

Jaussigut In der zweiten Hälfte des 19.Jh. Name des Bauerngutes nördlich der Breitenrainstrasse. Das Areal wird heute von der Allmendstrasse durchzogen. Das J. hiess auch *Breitenraingut auf dem Wylerfeld.*
Standort des Herrenstocks: Breitenrainstrasse 12

Jenner, Villa v.J. Muristrasse 53. Der Neorenaissance-Backsteinbau von 1895, errichtet von R. v. WURSTEMBERGER, dient heute als tschechoslowakische Botschaft.

Jenner-Haus 1) ↗Böhlen-Haus
2) Im letzten Viertel des 16.Jh. erbaute Häuser Hotelgasse 12 und 14. Abgebrochen 1939.
3) 1894 abgebrochenes Haus auf dem Nordostteil des Bundesplatzes.
4) Gerechtigkeitsgasse 42. 1732 erwirbt NIKLAUS JENNER das 1645/48 aus zwei schmalen Häusern vereinigte Gebäude und lässt es in den zwei folgenden Jahren von ALBRECHT STÜRLER neu erbauen.
Lit.: KDM 2

Jennerspital, Kinderspital Freiburgstrasse 23. JULIE V.JENNER (1787–1860) stiftete bei ihrem Tod ein Kinderspital, das 1862–1902 an der Gerechtigkeitsgasse 60 (↗Nägelihaus 1)) eingerichtet war und nachher einen Neubau südlich des ↗Inselspitals 2) beziehen konnte. Erst der Erweiterungsbau aus der Mitte der Siebzigerjahre des 20.Jh. brachte eine namhafte Vergrösserung des J.

Jenny, Café Café ↗Seiler

Jenzergässchen Im späten 19.Jh. Name des kleinen Gässchens, das ursprünglich die ↗Schauplatz- mit der ↗Swaflanzgasse verband. Später führte es von der Schauplatzgasse durch Innenhöfe in die Gurtengasse. Aufgehoben 1917.
Standort: Zwischen den Häusern Schauplatzgasse 23 und 27

Jodokus-Kapelle Auf dem ↗Chutzen-Gut soll sich eine J. befunden haben.
Lit.: WALTHARD, Description

Johanneskirche Breitenrainstrasse 26. Nach der schon 1872 erfolgten Gründung eines Kirchenbauvereins und eines Fonds zum Bau einer Lorrainekirche, baut R. ISCHER nach Plänen von KARL MOSER und CURJEL in den Jahren 1892/93 die J. Der Konfirmandensaal von 1908 wird bei der Gesamtrenovation von 1953/54 in den Kirchenraum einbezogen. Das Geläute zählt 3 Glocken, die Orgel 39 Register.

Johannes-Kirchgemeindehaus Wylerstrasse 5. 1935 als Nebengebäude der ↗Johanneskirche erbaut.

Johanniterhaus, auch **Buchseehaus** Das 1529 säkularisierte Sässhaus der Johanniter-Komturei von Münchenbuchsee wurde 1688 zusammen mit 4 westlich anstossenden Häusern abgebrochen und als Kornmagazin neu aufgebaut. Dieses Kornhaus hiess fälschlicherweise *St. Johannsenhaus.* Abgebrochen 1857/58 für den Bau der katholischen Kirche St. Peter und Paul.
Standort: Ostteil der Christkatholischen Kirche, Rathausgasse 2
Lit.: DURHEIM, Beschreibung

Joliette Der frühere Name der J. war *Meierei* oder *Viererhaus untenaus.* Die J. war im 19.Jh. eine Kaffeewirtschaft. Nach dem ersten privaten Eigentümer hiess sie im frühen 19.Jh. auch *Harder-Besitzung.*
Standort: Laubeggstrasse 1

Jolimont 1) Landgut zwischen Kasthofer- und Jolimontstrasse. Der Herrenstock (Kasthoferstrasse 38) wurde zu Beginn des 18.Jh. erbaut.
2) Landsitz in der Enge (Reichenbachstrasse 51). An ihn erinnert der Name der Pension J. (Reichenbachstrasse 39). Der Name J. tritt nicht vor 1823 auf. Die ganze Besitzung diente 1839–81 als private Anstalt für Geisteskranke und hiess «Zur Hoffnung».
Lit.: MORGENTHALER, Felsenau

Jordans Haus ↗Beginenhäuser 3)

Jorden Südwestlicher Teil des Gr. ↗Bremgartenwaldes. Das ↗Hirschenmösli trennt den östlichen *Vorderen J.* vom westlichen *Hinteren J.* Der Name soll vom Jordan in Israel herrühren und im Zusammenhang mit dem schon im 18.Jh. genannten Bethlehem stehen.

Jubiläumsplatz und -strasse Der Name erinnert an die Festspiele zur Siebenhundert-Jahr-Feier der Stadt Bern von 1891. Die Zuschauertribüne befand sich auf dem J.platz, das Bühnengebäude schloss westlich an. Der Eingang zum Festgelände befand sich an der Thunstrasse (heute Haus Nr. 36).

Jucker Im letzten Jahrhundert üblich für ↗Juker

Judenfriedhof 1) Heutige Parzelle des ↗Bundeshauses-Ost (Kochergasse 9). Dieser Friedhof wird von 1323 an stückweise vom ↗Inselkloster erworben.
2) Am 5. September 1871 wird der *Israelitische Friedhof* im Wankdorf (Papiermühlestrasse 112) eröffnet. Vorher benützte die 1848 gegründete israelitische Kultusgemeinde den Friedhof von Hegenheim (Elsass).
Lit.: MESSINGER, Geschichte der Juden

Judengässchen, auch **Judengassgässchen** ↗Inselgässchen

Judengasse 1) ↗Kochergasse (vor 1740)
2) ↗Amthausgasse (nach 1740)

Judentor Ursprünglich mit Graben und Brücke versehener Torturm am Westausgang der Judengasse (↗Kochergasse) erbaut zwischen 1458 und 1473. Wahrscheinlich 1678 beim Bau des ↗Ballenhauses abgebrochen.
Standort: Ca. 20 m vor dem Haupteingang des ↗Parlamentsgebäudes (Bundesplatz 15)
Lit.: HOFER, Wehrbauten

Juge, Café Café du ↗Commerce

Jugendheim, Städtisches ↗Notasyl

Juker, Oberer ↗Wiener Café

Juker, Unterer Kramgasse 49/Münstergasse 44. Das in den Siebzigerjahren des 19.Jh. von der Brauerei Juker eröffnete Restaurant wechselte mit ihr in den letzten Jahren des 19.Jh. den Namen auf *zum Gurten,* hiess aber im 20.Jh. bald wieder z.U.J.

Jungiturm Turm der äussern Mauer der ↗4. Stadtbefestigung, erbaut 1345, abgebrochen 1826 beim Bau des ↗Gr. Zuchthauses.
Standort: Ostseite des Hofes der ↗Bollwerkpost (Bollwerk 25)
Lit.: HOFER, Wehrbauten

Junkerngassbrunnen, auch **Löwenbrunnen** Der älteste Brunnen der Junkerngasse stand unterhalb des Unteren Gerechtigkeitsgässchens (vor 1526 errichtet). Der J. von 1596 erhält 1635 einen neuen Stock von JOS. PLEPP. Wahrscheinlich trug er ein Werkmeister-Standbild. 1696/98 werden Trog und Figur ersetzt, diese durch einen Löwen. 1756/57 entsteht ein neuer Stock und ein neuer Löwe, der den Bubenbergschild hält. Die ganze Anlage wird 1869 durch den heutigen Brunnen mit Granittrog und Löwen aus bronziertem Zinkguss ersetzt.
Standort: Zwischen dem Eingang zum ↗Bubenbergrain und Junkerngasse 34
Lit.: KDM 1

Junkerngasse Bis zum Ende des 16. Jh. trug die J. zusammen mit der ↗Münstergasse den Namen ↗Kirchgasse. 1596 heisst sie *Edle Gasse,* seit 1632 J. Von 1798 bis 1803 hiess sie *Freie Gasse.* Der 1842/52 abgebrochene unterste Teil hiess auch ↗Wendschatzgasse.
Lit.: KDM 2

Junkerngassgässchen, Ob. u. Unt. ↗Gerechtigkeitsgässchen, Ob. und Unt.

Junkernschanze Kleine ↗Schanze

Jurahaus Bubenbergplatz 5. Das alte JONQUIÈRE-Haus wurde 1873 von A. J. TRIBOLET auf der Südseite erweitert und zum *Hotel Jura* ausgebaut, welches 1951 geschlossen wurde. 1952 entstand der heutige Bau.
Lit.: O. FRICK, Die Jura-Besitzung und ihre Geschichte, Bern 1952

Kabismarkt ↗Bahnhofplatz

Kädereckenweg Bis 1929 offizieller Name des Weges über das ↗Galgenhübeli vom Friedbühlschulhaus bis an die Freiburgstrasse (nördlich des Einganges zum Anna-Seiler-Haus).

Käderegge Landgut nördlich der Freiburgstrasse, östlich der heutigen Insel-Personalhäuser (Freiburgstrasse 44A und B). Der Herrenstock war um 1790 erbaut worden.

Kaffeemühle ↗Aargauerstalden-Denkmal

Käfiggässchen 1790 auf C.A.SINNERS Stadtplan erstmals erwähnter Name für das K. und die ↗Waaghausgasse. Früher hiess das Gässchen *An der alten Ringmauer*. Die Häuser Waaghausgasse 2–18 und K. 2–32 sind in der Mitte des 16.Jh. im Zwingelhof der ↗3. Stadtbefestigung erbaut worden.
Lit.: KDM 2

Käfigturm Marktgasse 67. *1. Turm.* Der 1256 mit der 3. ↗Stadtbefestigung erbaute Torturm, wird seit dem 14.Jh. als *Neue Kebie* erwähnt. Beim Chronisten KONRAD JUSTINGER († 1438) heisst der K. *Gloggnerstor* nach einer burgerlichen Familie, später heisst er *Mannenkefi*. Abgebrochen 1640.

2. Turm. Erbaut 1641–44 nach Plänen von JOSEPH PLEPP, der den Bau bis zu seinem Tod im April 1642 geleitet hat. Das südlich anstossende Haus wurde 1641 als Bestandteil der *Oberen Gefangenschaft* neu erbaut. Seit 1897 dient der K. nicht mehr als Gefängnis. Höhe des Turms bis zum Knauf der Wetterfahne: 49 m. Die Grabenbrücke von 1286 verschwand 1578, das Uhrwerk datiert von 1690/91. Die Durchfahrt nördlich des K. wurde 1823 geschaffen, der zweite, südliche Torbogen 1902/03.
Lit.: HOFER, Wehrbauten

Kähr, Café Die kurz vor 1900 eröffnete Wirtschaft im Hause Zeughausgasse 15 hiess bis um 1910 *Café Widmer,* nachher bis zum Abbruch des Hauses 1913 C.K.

Kaiser-Häuser Marktgasse 35–43. Die im ersten Jahrzehnt des 20.Jh. für die Vereinigten Spezialgeschäfte Kaiser & Cie AG (aufgelöst 1972) erbauten Häuser in ausladendstem Neobarock verdrängten von Westen (1902) nach Osten (1909) Bauten aus spätgotischer Zeit. Von diesen sind besonders zu erwähnen das *Hartmannhaus* (Marktgasse 37), das 1859 der Einwohnergemeinde gehörte, und das *Luternauhaus* (Marktgasse 35), das wegen eines Leibrenten-Contracts nach dem Ableben des Besitzers um die Mitte des 19.Jh. an die Stadt fiel.
Lit.: KDM 2

Kalchegg, Kalcheggüter Name der Moräne zwischen Burgernziel und Brunnadernstrasse, der auf frühere Kalköfen schliessen lässt. Erst im 12.Jh. urkundlich erwähnt. Von den drei Kalcheggütern besteht nur noch das ↗Mont. Das *westliche Kalcheggut* zwischen Brunnadernstrasse, Kalchegg- und Elfenauweg

wurde 1900–1917 parzelliert, das *kleine Kalcheggut* zwischen Kalcheggweg und westlicher Wernerstrasse wich 1947 dem Bau der ⁊Petruskirche.
Lit.: KDM 6

Kaltbadanstalt ⁊Schwimmschule

Kam Yu ⁊Laufeneggbad

Kanalgasse Der nordwestlich-südöstlich verlaufende Teil der Wasserwerkgasse hiess bis 1941 K.

Kanonenweg Der K. verdankt seinen Namen dem Umstand, dass dort eine Zeitlang, jedermann sichtbar und zugänglich, ein Stapel alter Kanonenrohre lag.

Kantonalbank Bundesplatz 8. Die 1847 gegründete Museumsgesellschaft baute in Verbindung mit der 1. Berner Baugesellschaft in den Jahren 1867/69 das *Gesellschaftshaus Museum*. Bis 1903 wurde der Saal im 1. Stock als Konzertsaal benützt. Dann erfolgte bis 1906 der Umbau zur K. Die 1871 aufgestellten, von R. DORER geschaffenen Standbilder wurden 1924 durch Kopien ersetzt und zeigen A. v. BUBENBERG, H. v. HALLWYL, H. F. NÄGELI, S. FRISCHING, N. F. v. STEIGER, TH. FRICKER, N. MANUEL und A. v. HALLER. Die am 1. Oktober 1834 eröffnete K. befand sich bis 1836 im Hause Brunngasse 48, dann bis 1861 im ⁊Stift, Münsterplatz 3, hernach bis 1869 im Haus Amthausgasse 1 und zuletzt noch im Haus Bundesgasse 8.
Lit.: KDM 2
Abbildung 10, S. 101

Kantonsschule Bern ⁊Gymnasium

Kantonsstrasse Am Ende des 19. Jh. hiess die *Muristrasse* als eine der wenigen Staatsstrassen der Stadt Bern gelegentlich auch K.

Kanzlei ⁊Staatskanzlei

Kapellen ⁊Kirchen

Kapellenstrasse ⁊Irwingianerkirche

Karlsruhe Bereits von SIGMUND WAGNER (1759–1835) genannter Aussichtspunkt am Nordostrand des Kleinen Bremgartenwaldes (Koord.: 599900/201700). 1873 wurde bei der K. eine Osirisstatuette aus gallo-römischer Zeit gefunden.

Kaserne 1) *Innere K.* oder *Nr. 1* ↗Predigerkloster
2) *Nr. 2* ↗Burgerspital-Kornhaus
3) *Äussere K.* oder *Nr. 3* ↗Kavalleriekaserne
4) Papiermühlestrasse 15. In den Jahren 1873–78 von TIÈCHE, EGGIMANN und V. RODT zusammen mit dem Kant. Zeughaus und weiteren Gebäuden der Kant. Militärdirektion erbaut; renoviert in den Sechzigerjahren des 20. Jh.

Kasernenplatz ↗Bahnhofplatz

Käser-Wirtschaft 1) Restaurant ↗Holligen 2)
2) *Kaffeehaus Käser* ↗Commerce

Käslaube, Käsmärit ↗Hotelgasse

Kaufhaus Kramgasse 20. Das erste Kaufhaus, d. h. Zollager, befand sich vielleicht am Stalden. Vom Ende des 13. Jh. an diente die ↗Sust im ↗Predigerkloster als K. Bereits am heutigen Standort entsteht 1370 ein Neubau, der 1599 dem spätgotischen Bau von DANIEL HEINTZ II weicht. Erst 1608 vollendet HANS THÜRING auch das Hinterhaus. 1809 wird das K. vom Staat erworben und 1832/34 nach Plänen von K. FR. IMMER spätklassizistisch zur *Hauptpost* umgebaut. Seit 1861 befinden sich im K. kantonale Büros, für welche die Innenrenovation von 1935/38 mehr Platz geschaffen hat. Die ↗Hauptpost befindet sich seit 1861 im Hotel ↗Boulevard. Die im K. verbleibende ↗Kramgass-Post wurde 1889 an den heutigen Standort verlegt.
Lit.: KDM 3

Kaufleuten Kramgasse 29. Die burgerliche Gesellschaft zu Kaufleuten hat ihr Haus 1460 an der Kramgasse 26. 1596 erwirbt sie das heutige Haus, welches in den Jahren 1720–24 von N. SCHILTKNECHT neu erbaut wird. Die Renovation von 1960 stellt die damalige Fassade wieder her und entfernt die Veränderungen von 1861 und 1925. Das Hinterhaus (Münstergasse 30) gehörte 1804–1820 der Gesellschaft.
Lit.: KDM 6

Kaufleutengässchen Name des ↗Münstergässchens im 18. u. 19. Jh. nach dem Haus der Gesellschaft zu Kaufleuten, Kramgasse 29.
Lit.: WALTHARD, Description

Kaufmännisches Vereinshaus Das 1895 im alten ↗Rektoratsgebäude eröffnete Restaurant hiess bis gegen 1908 *Klosterhof.*
Standort: Herrengasse 36

Kauzen ↗Weissenheim

Kavalleriekaserne In den Jahren 1749/50 als *Artilleriezeughaus* nach einem Projekt von E. ZEHENDER I von A. WILD und L. E. ZEHENDER II erbaut. Auch *äusseres Zeughaus* genannt. Seit 1798 Kavalleriekaserne (Kaserne Nr. 3). 1832 wird im Ostteil des Parterres das ↗Kaufhaus eingerichtet.
Die K. wird im Juni 1856 abgebrochen wegen der Einführung der ↗SCB. Bis im Mai 1857 wird sie am neuen Ort wieder aufgebaut; dabei wird sie aufgestockt, und ihre Fassaden werden geändert. 1857–1932: neben der militärischen Verwendung Einrichtung von naturwissenschaftlichen Instituten der Universität. 1932 bis zum Abbruch 1965 von den PTT benützt.
Standorte: Bis 1856: Aufnahmegebäude des ↗Hauptbahnhofs, Bahnhofplatz 4; nach 1857: Bollwerk 10, dem Haus Nr. 25 gegenüber
Lit.: KDM 3
Abbildung 6, S. 51

Kavalleriestallungen Nach 1798 neben der ↗Kavalleriekaserne erbaute Stallungen. 1857 für den Bau des ↗Hauptbahnhofs abgebrochen.
Standort: Gegenüber den Häusern Bollwerk 15–19
Lit.: KDM 3

Ka-We-De Jubiläumsstrasse 101. Im August 1933 kam beim Bau der K. (Kunsteisbahn und Wellenbad Dählhölzli) ein neolithischer Feuersteindolch zum Vorschein.
Lit.: TSCHUMI, Urgeschichte

Kebie 1) ↗Zytglogge
2) *Neue K.* ↗Käfigturm

Kefibrunnen ↗Anna Seiler-Brunnen

Kehrhüsi Zwei Vorstadthäuser in der Villette. **1)** *Oberes K.*
Standort: Laupenstrasse 33, östlicher Teil des Gartens

2) *Unteres K.*
Standort: Schlösslistrasse 9, abgebrannt 1901

Kellerwirtschaften
↗Arnetkeller (↗Anker), Belletruche-Keller, Burkhard-Keller, Chardonne-Keller, Davoigne-Keller, Dula, Fischbankkeller, Fischerkeller, Fontanellazkeller, Gatterkeller (↗Morlotläubli), Herzkeller, Hotelkeller, Klötzlikeller, Königkeller, Kornhauskeller, Malessertkeller, Mohrenkeller (↗Italien), Nichanskeller, Paulis Keller, Platelkeller, Ryfkeller, Steiner, Widmerkeller (↗Brunnerhaus), Wurstembergerkeller, Zytglogge

Kessel ↗Muesmatt

Kessisod ↗Eichenbühlsod

Kesslergasse Seit 1576 Bezeichnung des westlichen Teils der ursprünglichen ↗*Kirchgasse*. Das Gassenstück zwischen Finstergässchen und Hotelgasse heisst um 1600 *Vor den Barfüssern*, dann bis ins 19.Jh. *Bei der Ankenwaag* oder *Ankenlaube*, auch *Salzlaube*. Seit 1967 ist die K. Teil der ↗*Münstergasse* (Nrn.34–78 und 31–63). Die K. diente im 15.Jh. als *Kürschnermarkt*, seit 1514 als *Ankenmarkt* und spätestens seit 1778 den auswärtigen Metzgern als *Fleischmarkt*.
Lit.: KDM 2

Kesslergassgässchen ↗Finstergässchen

Kette, Haus an der ↗Diesbachhaus

Kiener, Café Café ↗Aebi

Kiesgrube Um die Wende zum 20.Jh. Name einer Wirtschaft im Hause Waisenhausplatz 1.

Kindbetterinnentür Westliches Südportal des Münsters, erbaut vor 1448 von M. Ensinger.
Lit.: KDM 4

Kinderspital ↗Jennerspital

Kindlifresserbrunnen 1545/46 errichtet Hans Gieng den K. an Stelle des hölzernen Brunnens aus dem 15.Jh. 1666 taucht der Name K. an Stelle des vorher üblichen *(Platzbrunnen)* auf. Wahrscheinlich ist der wilde Mann/Kindlifresser eine Fasnachtsfigur, sicher aber kein kindermordender Jude. Das Bärenfries wurde von H. R. Manuel entworfen.
Standort: Vor dem Haus Kornhausplatz 7
Lit.: KDM 1

Kinos
↗Berna 3), Capitol (↗Grenus-Haus), Central, Gotthard, Helvetia 5), Kolosseum, Metropol, Monbijou-Theater, Tivoli, Volkstheater (↗Volkshaus)

Kirchbergerhaus 1) Kramgasse 61. Am Ende des 2.Jahrzehnts des 18.Jh. von Hans Jakob Dünz oder Samuel Baumgartner für Friedrich Kirchberger erbaut. Einzige private Wandpfeilerfront Berns. In diesem Hause befand sich im ersten Viertel des 19.Jh. die Privatbank Ludwig Friedrich Schmid, die später ins Haus Kramgasse 74 verlegt wurde (↗Fastnacht & Buser).
Lit.: KDM 2

2) Junkerngasse 1. In diesem spätgotischen Haus aus dem 16. Jh. wurde 1855 der ↗Dienstenspital eingerichtet. Später befand sich in diesem Haus das *Mädchenheim*, eine Kantine.

Kirchbergerhof Spitalgasse 17. 1772 wahrscheinlich von N. HEBLER und L. E. ZEHENDER erbautes Doppelhaus, das K. R. KIRCHBERGER 1822 zu einem Besitz vereinigt. Seit 1890 zum Geschäftshaus umgebaut und mit Nr. 19 (ehem. Hummelhaus mit Fassade von 1912) und Nr. 21 vereinigt.
Lit.: KDM 2

Kirchbergerstrasse Strasse genannt nach den langjährigen Besitzern des ↗Mon Repos, der Familie KIRCHBERGER.

Kirche, Grosse ↗Münster

Kirche, Welsche ↗Französische Kirche

Kirchen, Kapellen, Klöster und andere religiöse Bauten
↗Aegidius-Kap., Antonierki., Armbruster-Kap., Barfüsserkl., Beginenhäuser, Bröwenhaus, Bruder-Klausen-Ki., Brüggler-Kap., Bubenberg-Kap., Bulzinger-Kap., Dreifaltigkeitski., Elendenherberge, Elendenkreuzkap., Englische Ki., Erlach-Ligerz-Kap., Französische Ki., Gernhardskap., Heiliggeistki., Heiliggeistpfarrhaus, Heiligkreuzki., Helferhaus, Welsches, Inselkl., Interlakenhaus, Irwingianerkirche, Isenhuthaus, Jodokuskap., Johanneski., Johannes-Kirchgemeindehaus, Johanniterhaus, Krauchthalkap., Kreuz Inneres und Mittleres, Leutki., Liebfrauenkap., Lombachkap., Marienkap., Marienki., Markuski., Mattenkap., Matterkap., Matthäuski., Methodistenkap., Michaelkap., Mikwe (↗Pelikan), Münster, Münsterkap., N. D. du Rosaire, Nydeggki., Pauluski., Petruski., Predigerkl., Ringoltingenkap., Rüwental, St. Georgskap., Schopferkap., Schützkap., Siebenschläfer-Kap., Siechenhauskap., Spitalkap., Staldenpfarrhaus, Synagoge, Waldaukap., Weibelkap., Zionskap.

Kirchenfeld 1) Das weite Gebiet südlich der Stadt gehörte seit alters dem ↗Stift. Durch Säkularisierung kam das K. an den Staat und mit dem Ausscheidungsvertrag an die Burgergemeinde, die es 1881 der *Berne Land Company* verkauft. Die Käuferin musste binnen 21 Monaten eine Hochbrücke erstellen (↗Kirchenfeldbrücke). Bei der Auflösung der Berne Land Company fielen 1915 die Strassen des K. an die Einwohnergemeinde. Bis ins 16. Jh. hiess das K. *Breitfeld*.
2) Thunstrasse 5. Kurz nach der Eröffnung der ↗Kirchenfeldbrücke entstand 1883 das *Restaurant K.*

Kirchenfeldbrücke Vertragsgemäss musste die Berne Land Company (↗Kirchenfeld 1)) die K. errichten. Nach den im Vertrag vorgeschriebenen 21 Monaten Bauzeit wurde die K. am

24. September 1883 eingeweiht. Der Bau des zweiten Tramgeleises erforderte 1913 Verstärkungen (u. a. Steinpfeiler). Gleichzeitig wurden die Trottoirs angefügt. Erhöhten Anforderungen an die Sicherheit genügt die K. seit dem Einbau der Leitplanken (1968) und des neuen Geländers (1972). Die Länge beträgt 229 m, die beiden Bogen messen je 87 m. Höhe der Bogen: 37 m über der Aare.

Kirchenfeldhübeli Bis ins 19. Jh. Name der Geländerippe nördlich des ⁊Bundesarchivs.
Standort: Archivstrasse 10

Kirchenfeld-Schulhaus Aegertenstrasse 46. Das 1890/92 für den Schulkreis Mittlere Stadt erbaute Schulhaus hiess ursprünglich *Dalmazi-Schulhaus.* Die Turnhalle entstand 1925/26.

Kirchgässchen Bis ins 1881 Name des ⁊Münstergässchens.

Kirchgasse Ursprünglich Name für ⁊Junkern- und ⁊Münstergasse. Seit 1576 nur noch Name des Gassenstücks längs des ⁊Münsters (Nrn. 2–24). Der Name ist seit 1967 nicht mehr offiziell.
Lit.: KDM 2

Kirchgässlein, Welsches Im 19. Jh. Name des Schützengässchens.

Kirchhof 1) Seit dem 13. Jh. diente der östliche Teil des Münsterplatzes als Friedhof. Gegen die Mitte des 15. Jh. diente nur noch 2) als Begräbnisplatz.
2) ⁊Plattform

Kirchhöfli ⁊Nydegghöfli

Kirchplatz, Grosser ⁊Münsterplatz

Kirschbaum-Allee In der ersten Hälfte des 18. Jh. führte eine K. vom südlichen Anfang des nachmaligen Einschnittes für den Gr. ⁊Aargauerstalden bis an die Funkerstrasse westlich des Hauses Papiermühlestrasse 9.

Klapperläubli Nydeggstalden 32–38. Gegenstück zum ⁊Morlotläubli. Der Name ist eher aus Inderlapperläubli (⁊Interlaken-Haus) verfälscht als dass er an die klappernden Weiber erinnern würde.

Klaretsack ↗Claretsack

Kleines Fort ↗Wasserturm

Klöster ↗Kirchen

Klosterhalde 1) Bis ins 19.Jh. Name der Halde unterhalb des ↗Casino 2). Der Name weist auf das ↗Barfüsserkloster. **2)** 1883–1905 Name der Verbindungsstrasse Herrengasse–Kirchenfeldbrücke
Standort: Casinoterrasse (Herrengasse 25)

Klosterhof 1) Östlicher Hof des ↗Barfüsserklosters.
Standort: Ostteil des ↗Casinos 2) (Herrengasse 25)
2) ↗Kaufmännisches Vereinshaus

Klösterli 1) Gasthof in den 1746 erbauten Häusern Klösterlistutz 16/18. Name nach dem alten Beginenkloster und dem spätern ↗Niedern Spital. Pintenrecht 1688, Tavernenrecht 1759. Mansardendach des Hauptgebäudes nach einem Brand 1935 durch ein Satteldach ersetzt. Die Wirtschaft wird 1942 geschlossen.
Lit.: HAAS, Nydegg
2) Ein Haus gegenüber der ↗Insel, wohin die dortigen Klosterfrauen nach der Reformation verbracht wurden. Später ging das Haus in Privatbesitz über.
Standort: Südwestflügel des ↗Bundeshauses Nord (Amthausgasse 15)
Lit.: GRUNER, Deliciae

Klösterli-Friedhof Der 1533 eingerichtete Friedhof des Niedern ↗Spitals wurde 1708 erweitert. Er reichte damals vom Halsgraben des Untertors bis an den ↗Kleinen Muristalden. Beim Bau des ↗Gr. Aargauerstaldens fiel der obere Teil des K.F. weg. Die Stadt erwarb als Ersatz den ↗Rosengarten. Der K.F. wurde 1826 aufgehoben.
Lit.: HAAS, Nydegg

Klötzlikeller Gerechtigkeitsgasse 62. Die nach dem Besitzer im letzten Drittel des 19. und ersten Drittel des 20.Jh. NIKLAUS KLÖTZLI benannte Kellerwirtschaft war neben dem ↗Kornhauskeller die einzige in der Stadt, welche die strengen Polizeivorschriften der ersten Hälfte des 20.Jh. überdauerte.

Knabenlehre, Deutsche ↗Stadtschule

Knabenschule im Gerberngraben oder **Neue K.** ↗Lerberschule

Knabensekundarschule Munzinger Munzingerstrasse 11. Wie die Munzingerstrasse benannte man die zweite Knabensekundarschule nach Karl Munzinger (1842–1911), dem vielseitigen Förderer des bernischen Musiklebens. Die K.M. wurde 1916/18 gebaut und enthielt bis in den Herbst 1921 Notwohnungen für obdachlose Familien. Als Schulhaus wurde sie im Frühling 1922 bezogen und im Herbst eingeweiht. Die Schule selber hatte vorher das ↗Brunngassschulhaus (Brunngasse 66/Grabenpromenade 3) benützt.

Knabensekundarschule Viktoria Viktoriastrasse 71. Das 1905/07 erbaute Schulhaus wurde im September 1907 eingeweiht. Die Knabensekundarschule befand sich vorher (seit 1880) im Haus der ehemaligen burgerlichen ↗Mädchenschule, Amthausgasse 22.

Knabenwaisenhaus Waisenhausplatz 32. Das 1657 eröffnete *Zucht- und Waisenhaus* im Grossen ↗Spital wurde 1684 aufgelöst. Die 1757 provisorisch eröffnete Waisenanstalt von A. v. Haller, J. A. Herport und S. Engel wurde 1779 durch Ratsbeschluss zur bleibenden Einrichtung. Der Neubau auf der Tschiffelibesitzung am Waisenhausplatz nach Plänen von L. E. Zehender und S. J. Imhoof entstand 1782/83 und diente von 1786 bis 1938 als K. Seit 1942 befindet sich hier das Hauptquartier der Stadtpolizei, während das K., mit dem ↗Mädchenwaisenhaus vereinigt, das Burgerliche ↗Waisenhaus bildet und den Neubau am Melchenbühlweg bezieht. Der 1972 renovierte Gitterzaun stammt von 1859.

Standorte vor 1786: 1657–84: Westflügel des ↗Predigerklosters, Predigergasse 3 u. 5; 1757–59: Ernst-Besitzung: Südostecke des Hauses Speichergasse 6; 1759–86: Engel-Besitzung: Westflügel des obgenannten Hauses
Lit.: KDM 1; Morgenthaler, Die Burgerlichen Waisenhäuser der Stadt Bern, Bern 1948

Knechteninseli ↗Inseli 2)

Kneubrechen ↗Kniebrechen

Kniebrechen Ursprünglich Bezeichnung des ganzen Hanges zwischen Stadtbachstrasse und Alpeneggstrasse. Nach dem Bau der ↗Gr. Schanze wird der Name immer mehr nur noch für den steilen Weg vom Äussern ↗Aarbergertor dem Graben entlang hinauf zur Linde im heutigen Areal des Studentenheims, Gesellschaftsstrasse 2, verwendet.

Lit.: Walthard, Description

Knüslihubel Im 16. Jh. wurde der östliche Teil des ↗Steinhölzlis gerodet. Von 1656 bis 1759 besass die Handwerkerfamilie Knäusli (Knüsli) dort ein Gütchen.

Kocher-Denkmal Die Bronzebüste des Berner Chirurgen und Nobelpreisträger Theodor Kocher (1841–1917) beim ↗Inselspital schuf Karl Hänny 1927.

Kocher-Gasse Die K. hiess bis 1740 *Judengasse* nach dem ↗Judentor, dann bis 1917 *Inselgasse* nach dem an ihr gelegenen ↗Inselspital 1). Den heutigen Namen erhielt sie bald nach Theodor Kochers Tod.
Abbildung 11, S. 102

Kocher-Gut Weissensteinstrasse 53. Das im 18. Jh. errichtete Landhaus hiess ursprünglich *Weissenstein*, im 19. Jh. zum Unterschied von ↗Weissenstein 2) *Pilgerruh*. Der heute übliche Name weist auf den Besitzer im 20. Jh.

Kocher-Spital Schlösslistrasse 11. Der am Ende der Dreissigerjahre des 19. Jh. erbaute Landsitz *Ilmenhof*, seit 1888 im Besitz der Familie des Medizinprofessors Th. Kocher, wurde 1940 vom ↗Burgerspital erworben und als Dependenz des Hauptgebäudes eingerichtet. Der Ilmenhof war in den Jahren 1839–44 Sitz der franz. Botschaft.
Lit.: NBTb 1930

Kohler, Café Murtenstrasse 41. Das im letzten Jahrzehnt des 19. Jh. eröffnete Restaurant hiess anfänglich *Café Meyer*. Seit dem Neubau von 1973: Restaurant *Forsthaus,* vorher *zur Schmiede.*

Kohlerenschlucht ↗Fischerstübli

Kohlershaus ↗Böhlenstock

Kohlerturm An Stelle eines kleinen Türmchens in der äussern Mauer der ↗4. Stadtbefestigung 1468/73 erbaut. 1833/36 in die ↗Anatomie eingebaut (Hörsaal), 1898 abgebrochen. Name aus dem späten 17. Jh.
Standort: Südflügel des ↗Amtshauses 2) (Hodlerstrasse 7)
Lit.: Hofer, Wehrbauten

Kohlhaus ↗Kupferhammerschmiede

Köhlikneip ↗Metzgerhalle

Kollerweg Name nach GOTTLIEB KOLLER, Besitzer des Gryph-
oder ↗Egg-Guts in den Achtzigerjahren des 19.Jh.

Kolosseum Zu Beginn des Ersten Weltkrieges gab es an der
Länggass-Strasse ein Kino K.

Kommerzienhaus 1689 im Westflügel des ↗Predigerklosters
eingerichtetes Handelshaus für die Passementerie der französischen Refugianten.
Standort: Predigergasse 3/5
Lit.: KDM 1 und 5

Komödieplatz ↗Theaterplatz

König-Keller 1) Kellerwirtschaft RUD. KÖNIGS im ↗Inselkorn-
haus (heute Bundesplatz, vor dem Parlamentsgebäude, Bundesplatz 15).
2) Kellerwirtschaft NIKLAUS KÖNIGS im Haus Rathausgasse 27.
Lit.: NBTb 1910

Königsbrunnen ↗Küngsbrunnen

Könizstrasse 1) Bis zum Bau der *Monbijoustrasse* 1912 Name des
Strassenzuges Monbijoustrasse–Mühlemattstrasse–Sulgenbachstrasse–Eigerstrasse bis zum Eigerplatz. Bis 1926 war es der Name
der gleichen Strassen von der Schwarztorstrasse an. 1926 übernahm die Gemeinde die K. 2) und teilte die K. auf die *Mühlemattstrasse* und die *Sulgenbachstrasse* auf. Mit der Schaffung der
Eigerstrasse 1964 verlor die Sulgenbachstrasse das westliche Teil-
stück.
2) Von 1891 bis zur Übernahme der heutigen K. durch die
Gemeinde im Jahre 1926 hiess diese *Neue K.*

Konservatorium (vor 1927 **Musikschule**) Kramgasse 36. Die
1859 gegründete Musikschule befand sich im Haus der ↗Ein-
wohnermädchenschule (Kornhausplatz 11), zog mit dieser 1873
an die Bundesgasse 24, war 1880–85 an der Laupenstrasse 7, dann
bis 1895 im ↗Rektoratsgebäude (Herrengasse 36) und schliesslich vor dem Bezug des heutigen Baues im Chorhaus 2) (Münstergasse 24). Das im August 1940 bezogene K. steht an der Stelle
der ↗Fleischschaal. Den Bau von H. STUDER schmückt südseits
die Reliefplastik «Musica» von A. PROBST.
Lit.: W.JUKER, Musikschule und Konservatorium für Musik in Bern, Bern 1958

Konservatoriumbrunnen 1842 errichtet JOS. MENTH an der
Nordfassade der ↗Fleischschaal einen Wandbrunnen. 1938 wird

dieses Brunnenbecken beim Abbruch der Schaal vor die Laube des alten ↗Schlachthauses 1) verlegt. Am alten Standort entsteht 1938 der K. mit dem «Flötenspieler» von MAX FUETER.

Standorte: Rathausgasse 35 und 22

Lit.: KDM 1

Abbildung 18, S.170

Konzerthalle 1) Brauner ↗Mutz

2) ↗Chrueg

Kornhaus, Grosses K. Kornhausplatz 18/Zeughausgasse 2. 1711–1715 nach Plänen der Brüder ABRAHAM und HANS JAKOB DÜNZ erbaut. 1870 wird im 1. Stock die *Kantonale Muster- und Modellsammlung* eingerichtet, die 1889 auch den 2. Stock erhält und heute *Gewerbemuseum* heisst. 1873 gehen Gebäude und Keller vom Staat an die Stadt über. Der Umbau nach Plänen von AD. TIÈCHE reduziert 1894/95 die Erdgeschosshalle auf eine Durchfahrt und entstellt mit den grossen Fenstern die Fassade. Die Kellerrenovation folgt 1898 nach einem Projekt von FR. SCHNEIDER. Die Wandmalereien stammen von RUD. MÜNGER. Mit der Restauration von 1975/76 wird die alte Fassade wieder hergestellt.

Lit.: KDM 1

Abbildungen 13 und 14, S.119

Kornhausbrücke 1) Die Gemeindeversammlung vom 23. Oktober 1892 zieht die schon 1739 geplante Brücke der *Waisenhausbrücke* (Schütte–Schänzli) vor. Nach knapp drei Jahren Bauzeit wird die von BELL und SIMONS projektierte K. am 18. Juni 1898 eröffnet. Ihre Länge beträgt 382 m, die Hauptöffnung misst 115 m, die fünf kleinen Bogen je 34 m.

2) Café ↗Pyrenées

Kornhäuser

↗Ankenwaag-K., Burgerspital-K, Frienisberger-Haus, Holzwerkhof Insel-K., Johanniterhaus, Kornhaus, Predigerkornhaus, Siechenhaus-Kornhaus

Kornhaushalle Um die Wende zum 20. Jh. Name einer Wirtschaft im Hause Brunngasse 68/Grabenpromenade 1.

Kornhauskeller Kornhausplatz 18. Der Keller des Grossen ↗Kornhauses, ursprünglich als Staatsweinkeller gebaut, war neben dem ↗Klötzlikeller die einzige Kellerwirtschaft der Stadt, welche die strengen Polizeivorschriften der ersten Hälfte des 20. Jh. überdauerte. Im Volksmund heisst der K. auch *Chübel.*

Kornhauskeller, Kleiner ↗Anker

Kornhausplatz Nach dem Brand von 1405 wird der Südteil des nördlichen Grabens vor der ↗2. Stadtbefestigung, der *Steininbrügg-Graben* zugeschüttet. Bis zum Bau des ↗Kornhauses hat der K. den Namen *Platz*, seit 1718 auch *Kornmarkt*.
Lit.: KDM 2

Kornhüterwohnung ↗Stadttheater-Direktion

Kornmarkt ↗Kornhausplatz

Kornmarkt, Unterer Noch im späten 15. Jh. fand vor den untersten sonnseitigen Häusern der Gerechtigkeitsgasse der U. K. statt.
Lit.: KDM 2

Krähenbühl Landhaus auf dem ↗Bierhübeli. Es war Lokal des 1795 gegründeten Krähenbühlleists, einer Privatgesellschaft, die sich 1863 wegen Mitgliedermangels auflöste.
Standort: Neubrückstrasse 43
Lit.: DURHEIM, Beschreibung

Kramgass-Apotheke Kramgasse 21. Seit 1685 befindet sich am heutigen Standort die K., für die im 18. Jh. der heutige Bau vielleicht von ABR. WILD geschaffen worden ist.
Lit.: KDM 2

Kramgasse Vom 12. bis zum Ende des 15. Jh. heisst die ganze Hauptgasse vom ↗Schwendplatz bis zum ↗Zytglogge *Märitgasse*. Der Name *Vordere Gasse* für die ganze Achse kommt im 16. Jh. auf und ist bis ins 19. Jh. gebräuchlich. 1667 wird erstmals K. erwähnt.
Lit.: KDM 2
Abbildung 17, S. 170

Kramgass-Post Kramgasse 1. Das frühere Gesellschaftshaus zu ↗Affen enthält seit 1889 eine Postfiliale, die als Ersatz für die Hauptpost im ↗Kaufhaus eröffnet wurde.
Lit.: KDM 6

Krankenmobilien-Magazin Das erste K. in Bern wurde 1879 in der damaligen Notfallstube für Frauen eingerichtet (↗Notasyl).
Standort: Neuengasse 28

Krattingerhaus 1356 übergab PETER V. KRATTINGER den Regelschwestern des Barfüsserordens das Haus Herrengasse 3. Das K. wurde 1489 aufgehoben.
Lit.: KDM 4

Krauchthal-Kapelle, später **Erlach-Kapelle** Das Gewölbe dieser Kapelle im Nordteil des Querhauses des ↗Münsters wurde 1423/25 von M. ENSINGER gebaut. 1423 stiftete PETERMANN v.KRAUCHTHAL den Anton-Altar. Die Wappenscheibe des Schultheissen RUD. v. ERLACH schuf in den Jahren 1480/90 eventuell HANS NOLL.
Lit.: KDM 4

Krebs, Hotel ↗Minerva

Kreditanstalt, Schweizerische ↗Marcuard

Krematorium Murtenstrasse 57. Auf dem ↗Bremgarten-Friedhof von der Bernischen Genossenschaft für Feuerbestattung gebaut. Architekten: LUTSTORF UND MATHYS. 1908 eröffnet. 1935 umgebaut und seitlich erweitert.

Kreuz, Äusseres ↗Elendenkreuzkapelle

Kreuz, Eidgenössisches Zeughausgasse 41. In den frühen Dreissigerjahren des 19.Jh. eröffnetes Hotel.

Kreuz, Inneres oder Näheres Wegkreuz beim nachmaligen ↗Sommerleist.
Standort: Laupenstrasse 5
Lit.: JbBHM 7/1927

Kreuz, Mittleres Wegkreuz beim nachmaligen ↗Lombachturm.
Standort: Beim Haus Laupenstrasse 45
Lit.: JbBHM 7/1927

Kreuz, Weisses 1) ↗Adler
2) ↗Storchen 2)

Kreuzgassbrunnen *1.Brunnen.* Vor 1433 wird oben an der Gerechtigkeitsgasse zwischen ↗Richterstuhl und ↗Pranger ein hölzerner Brunnen errichtet.
2.Brunnen. Der steinerne Brunnen von 1520 hat ein Sechseckbekken, einen prismatischen Stock und trägt einen bewaffneten Bär mit Stadtbanner. Nach der Renovation in den Jahren 1663/67 wird der 2.K. zum ↗Schützenmattbrunnen.
3.Brunnen von DOMINICUS GALL: Achteckbecken, vier Röhren, korinthische Säule und bekrönende Kugel. Abgebrochen 1778.
4.Brunnen. 1778/79 wahrscheinlich nach Plänen von NIKLAUS SPRÜNGLI von REIST D.J. und WIESER erbaut.
Standort: Vor 1657 vor dem Haus Gerechtigkeitsgasse 78, nach 1666 vor dem Haus Kramgasse 4
Lit.: KDM 1

Kreuzgasse Schon in der Mitte des 14.Jh. tritt der Name als Bezeichnung der Gassenstücke um das Zentrum der öffentlichen Rechtssprechung auf. Mangels Belegen kann nicht festgestellt werden, ob ein Marktkreuz der K. den Namen gegeben hat. Die Verschiebung des Südteils der K. datiert frühestens von 1440. Der Nordteil hiess von 1880–1975 *Rathausgasse*.
Lit.: KDM 2

Kreuzmatte Bis zur Überbauung durch die ↗Insel Name des Areals zwischen Freiburg- und Murtenstrasse östlich des Friedbühls. Der Name stammt vom ↗Elendenkreuz. Die K. hiess auch *Inselmatte*, da sie seit 1456 im Besitz des Seilerin- bzw. ↗Inselspitals war.

Kreuzstalden Oberer ↗Stalden

Kreuzweg Dieser Name im Kleinen ↗Bremgartenwald bezieht sich auf die Kreuzung der beiden Nord–Süd und West–Ost verlaufenden Wege (Koord.: 199450/201750).

Kriesjan Name im Gr. Bremgartenwald (Koord.: 597900/200300)

Krone 1) Gerechtigkeitsgasse 64/Postgasse 57. Schon vor 1470 an Stelle von drei Häusern errichteter Gasthof, der in der ersten Hälfte des 17.Jh. das erste Haus Berns ist. Die Postgassfront datiert von 1630. 1858 überträgt J.KRAFT das Patent auf den ↗Bernerhof, den er anfangs auf französisch noch «Couronne» nennt.
Lit.: KDM 6
2) In den Sechziger- und Siebzigerjahren des 19.Jh. gab es im Haus Postgasse 59 eine Wirtschaft zur K.
3) Gerechtigkeitsgasse 66. Im 20.Jh. eröffnetes Restaurant, genannt in Anlehnung an 1).

Krone, Hintere ↗Vollenweiderhaus

Kronenbrunnen, auch Oberer Postgassbrunnen Der 1732 erstmals erwähnte K. wird 1743/45 zusammen mit dem ↗Metzgergassbrunnen neu errichtet. Die heutige hochklassizistische Anlage – sie ist die einzige in Bern – wurde 1820/25 aufgestellt.
Standort: Vor dem Haus Postgasse 70
Lit.: KDM 1

Kronenhalle ↗Roma

Kronenställe ↗Staatsdruckerei

Krummenackerkeller ↗Anker

Krummer Weg Im 15.Jh. genannter Weg, der von der heutigen Rabbentalstrasse auf die Höhe des Altenbergs bei den Häusern Schänzlistrasse 45/47 führte.

Küherhaus Innere ↗Enge

Kühhütte Hütte ↗bei den Eichen, wenig nördlich des ↗Studer-Steins, abgebrochen 1809.

Kühschatten Obstbaumgärten. 1) Auf dem ↗Wankdorffeld (heute Areal des Freibades Wyler). 2) An der Nordwest-Ecke des ↗Burgdorfholzes (ungefähr an der Mittelholzerstrasse).

Kummergut Landgut nördlich der Altenbergstrasse, dessen im 17.Jh. erbautes Hauptgebäude bei der Parzellierung in den Zwanzigerjahren des 20.Jh. abgebrochen wurde. Name nach dem letzten Besitzer.
Standort: Altenbergstrasse 76/78
Lit.: HAAS, Altenberg

Küngsbrunnen 1) Ein Brunnen südlich der Freiburgstrasse in der Gegend östlich des Brunnmattschulhauses. In den Jahren 1480–82 wurde versucht, das Wasser des K. in die Stadt zu leiten. 1585 entstand ein vom Warmbächli angetriebenes Pumpwerk, mit dessen Hilfe die Weiterleitung des Wassers gelang.
Lit.: MORGENTHALER, Trinkwasserversorgung
2) *Kleiner K.* Brunnen beim ↗Brunnhaus, Brunnmattstrasse 10.

Küngsbrunnenmatte Die heutige Brunnmatt. Der Name geht auf die im 14. und 15.Jh. nachgewiesenen Besitzer zurück.
Lit.: MORGENTHALER, Trinkwasserversorgung

Kunsthalle Helvetiaplatz 1. In den Jahren 1917/18 vom «Verein der Kunsthalle Bern» erbaute Ausstellungshalle für meist zeitgenössische Kunst, eröffnet am 5. Oktober 1918.

Kunstmuseum Hodlerstrasse 12. Seit SIGMUND WAGNERS Bemühungen um ein K. gab es in Bern folgende Standorte permanenter Ausstellungen bildender Kunst: 1807 für kurze Zeit im Zunfthaus z. ↗Affen (Kramgasse 1), 1809–64 im ↗Antikensaal (Herrengasse 25): Plastiken, 1839–43 in der ↗Antonierkirche (Postgasse 62), 1843–46 im ↗Stift (Münsterplatz 3), 1846–49 im ↗Erlacherhof (Junkerngasse 47), 1849–64 im schwer zugäng-

lichen obern Chor der ↗Französischen Kirche (Zeughausgasse 8), dann im ↗Bundeshaus-West (Bundesgasse 1) bis zum Bezug des heutigen von EUGEN STETTLER 1876–78 erbauten K. 1879. An ihm schuf R. CHRISTEN die Rundmedaillons (Zeus und Minerva). Die Statuen «Baukunst», «Bildhauerei» und «Malerei» von A. LANZ wurden 1895 aufgestellt. Der Ostanbau errichten 1932/36 KARL INDERMÜHLE, SALVISBERG und BRECHBÜHL.
Lit.: Berner Kunstmitteilungen 123/124, Januar/Februar 1971

Kunstschule 1) ↗Lateinschule
2) ↗Gewerbeschule

Küntigrube ↗Brüggboden

Künzli Café ↗Schär

Kupferhammerschmiede Eine K. mit Kohlhaus und Schleife befand sich im 19. Jh. im Haus Wasserwerkgasse 21 (und 23).

Küpfers Bad ↗Innerbad

Kurhaus ↗Blatternhaus 2)

Kursaal früher **Kursaal Schänzli** Schänzlistrasse 71. Aus dem in den Siebzigerjahren des 19. Jh. eröffneten *Restaurant Schänzli* auf dem ↗Schänzli 1) entstand der K., der für die Landesausstellung 1914 vollständig umgebaut wurde. Der Theatersaal wurde 1932 neu erbaut.

Kürschnerbank Vor 1483 befand sich eine Kürschnerbank oben an der Münstergasse.
Lit.: KDM 6

Kürschnermarkt ↗Kesslergasse

Kurzengasse Im ausgehenden Mittelalter Name des kurzen Strassenstücks zwischen dem Bubenbergrain und der Aare.
Lit.: v. RODT, Stadtgeschichte

Kurze Strasse 1) 1931 aufgehobener Name der Strasse zwischen den Gebäuden Bernastrasse 2 und Helvetiaplatz 6.
2) ↗Bühlstrasse

Kuttlerturm Der einzige ausgebaute Turm der ↗Langmauer wurde 1642 erbaut und 1821/24 abgebrochen. Sein Name mag eher darauf hinweisen, dass dieser abgelegene Turm den Kuttlern für ihre nicht eben wohlriechende Berufsausübung überlassen wurde, als dass er an HANS KUTTLER, 1475 Venner zu Metzgern, erinnerte.

Standort: Unterhalb des Hauses Brunngasshalde 17
Lit.: HOFER, Wehrbauten

Kyburgstrasse Vor 1910 gehörte die K. zum Turnweg.

Lacroix-Haus Katholische ↗Schule

Ladenwand Landgut nördlich der Freiburgstrasse an der alten Gemeindegrenze gegen Bümpliz. Gebäude und Hof dienten in den letzten Jahrzehnten bis zum Abbruch im Frühjahr 1974 als städtischer Werkhof.

Standort: Freiburgstrasse 140

Ladenwandstrasse ↗Bahnstrasse

Landeren Vor 1881 Bezeichnung des Stückes der ↗Wasserwerkgasse von Nr. 4 bis Nr. 14.

Landesbibliothek, Schweizerische Hallwylstrasse 15. Das in den Jahren 1929/31 von OESCHGER, KAUFMANN und HOSTETTLER errichtete Gebäude dient der L., die vorher im ↗Bundesarchiv und noch früher an der Bundesgasse 20 untergebracht war.

Landestopographie Das 1902/04 erbaute und 1916 erweiterte Haus Hallwylstrasse 4 diente der L. bis zu ihrer Verlegung nach Wabern im Jahr 1941.

Landhaus Altenbergstrasse 6. Wirtschaft vor dem Untern Tor. Der heutige Bau von 1898 ersetzt den 1897 abgebrannten Barockbau.

Lit.: HAAS, Nydegg

Landhausbrunnen Spätklassizistischer Obeliskbrunnen am Klösterlistutz. Der Obelisk wurde bald entfernt, Brunnenstock und Becken sind erhalten.

Standort: Südöstlich des Restaurants ↗Landhaus, Altenbergstrasse 6
Lit.: KDM 1

Landhof Laupenstrasse 45. 1846/47 erbaute Villa.

Landoltstrasse 1915 schlug die Direktion des ↗Greisenasyls (Altersheim Schönegg) vor, die neue Strasse im Nordosten des Heimes nach der Familie LANDOLT zu benennen, welche das Asyl mit grossen Vergabungen bedacht hatte.

Landstuhl Richterstuhl bei ↗Burgernziel-Steinen, wo über aus der Stadt Verbannte Gericht gehalten wurde. Es existierten mehrere L. bis ins 18.Jh., so u.a. beim heutigen ↗Burgernziel 1).
Lit.: KDM 6

Ländte ↗Schifflaube

Ländtehaus Für die Erstellung der ↗Aarstrasse 1861 abgebrochenes Haus an der Aare.
Standort: In der Verlängerung des südlichsten Teils des Bubenbergrains

Ländtetor Mattenenge 3/5. Das im letzten Jahrzehnt des 13.Jh. erbaute und 1873 zugemauerte Tor wurde 1959 freigelegt und 1961 restauriert. Der Torbau diente im 18.Jh. als Chorgerichtsgefängnis (↗Ramseyerloch).
Lit.: HOFER, Wehrbauten

Landweg 1939 aufgehobener Name des südlichen Weges zwischen Lerchenweg und Fellenbergstrasse.

Länggassbrunnen Dörfli-Brunnen der Landesausstellung 1914 nach einem Entwurf des Architekten K. INDERMÜHLE.
Standort: Am Südende der Halenstrasse
Lit.: SCHENK, Brunnen

Länggassdrittel ↗Stadteinteilung

Länggasse 1) Name des Quartiers beidseits der L. 2).
2) Populärer Name der *Länggass-Strasse.* Die Strasse vom ↗Murtentor zum ↗Bremgartenwald und weiter zum ↗Glasbrunnen hiess im 16.Jh. *Glasbach-Gasse* und auch *Zieglers Gässli,* weil sie vor dem Bau der Gr. ↗Schanze beim oberen ↗Ziegelhof ihren Anfang nahm. 1580 taucht der Name L. erstmals auf.
Lit.: MORGENTHALER, Länggasse

Länggasse, Äussere, Kleine oder Neue Bis zu Beginn des 19.Jh. Name der Freiburgstrasse in ↗Holligen, ursprünglich *Lange Bümplizgasse.*

Länggasse, Obere oder Innere Name eines Bauerngutes an der ↗Länggasse 2).
Standort: Länggass-Strasse 87/89

Länggass-Schulhaus 1) Neufeldstrasse 20. 1859/60 erbaut, 1873 aufgestockt und Uhrtürmchen aufgesetzt. Die Länggassschule war die erste Schule in Bern, wo Knaben und Mädchen zusammen unterrichtet wurden.
2) Neufeldstrasse 40. 1892 erbaut.

Länggass-Strasse (↗Länggasse 2)

Längmättelirain Name einer Waldparzelle im Engewald östlich der Reichenbachstrasse.

Langmauer 1642 gebaute, aber nach dem Ratsbeschluss von 1650 nicht vollendete Mauer an der ↗Aare nördlich der Stadt. Nachdem ein Stück der L. 1820 eingestürzt war, entfernte man sie in den Jahren 1821/24 bis auf einen kleinen Rest östlich des ↗Harnischturms, dessen Garten sie heute stützt.
Standort: Durchgehend vom Läuferplatz 6 bis Langmauerweg 110
Lit.: HOFER, Wehrbauten
Abbildungen 1 und 2, S.33

Langmauerweg Nach dem Einsturz und der Abtragung des übriggebliebenen Teils der ↗Langmauer wurde die Aare eingedämmt, der L. unter dem Namen *Quai* erstellt und 1824 eine erste Pappelreihe gepflanzt.

Langmauerbrunnen Der heutige Brunnen im ↗Aarhof, Langmauerweg 110, fasst vermutlich die Quelle des frühern ↗Steckbrunnens.
Lit.: KDM 1

Lastwaage ↗Waaghaus

Lateinschule, Pädagogium oder **Untere Schule** 1581 wurde die L. vom Haus Herrengasse 1 ins 1577/82 von HANS GANTING an Stelle der 1535 abgebrochenen ↗Barfüsserkirche erbaute Schulhaus verlegt. 1777 wird auf N.E.TSCHARNERS Betreiben eine *Kunstschule* von der L. abgetrennt. Das Gebäude der L., das um 1805 eine markante Achteckhaube als Dach des Treppenturmes erhält, weicht 1906 dem Neubau des ↗Casino 2). Von 1885 an beherbergt es die Hochschulbibliothek bis zu ihrer Vereinigung mit der ↗Stadtbibliothek 1903. Im 19.Jh. hiess die L. nach der Farbe der Schüleruniformen auch *Grüne Schule*.
Standort: Nordostecke des Casinos, Herrengasse 25, und nördlich davon
Lit.: GRUNER, Deliciae; KDM 3

Lättgrubentürli Name einer Waldparzelle im Grossen ↗Bremgartenwald westlich der Neubrückstrasse und nördlich des ↗Bawartenhubels (Koord.: 599000/201800).

Laubegg Kleines Landgut zwischen Laubegg- und Ostermundigenstrasse, das zu Beginn der Vierzigerjahre des 19.Jh. vom benachbarten ↗Schönberg abgetrennt wurde. Der Name L. ist nicht älter als das Landgut.

Standort des Herrenhauses: Zwischen den Häusern Laubeggstrasse 18 und 22 (es hatte die Nr. 20)

Laubeggstrasse Vor 1938 hiess die L. offiziel *Laubeckstrasse.*

Laufeneggbad 1852 eröffnete Badwirtschaft im ↗Rossschwemmeturm. 1966 als Restaurant chinois *Kam Yu* wieder eröffnet.

Standort: Läuferplatz 6

Läuferbrunnen Der ungefähr 1545 von HANS GIENG und seinen Gesellen geschaffene L. stand ursprünglich mit einem Achteckbecken vor dem letzten Haus am Nydeggstalden (heute Anbau an Nr. 2). 1719 verschiebt ihn N. SCHILTKNECHT nach Osten vor die Mauer. Das heutige Becken ersetzte 1824 einen viereckigen Trog aus der Mitte des 18. Jh., der Kalksteinpfeiler die alte Säule. 1827 an die Stelle des abgebrochenen Waschhauses versetzt. J. JECKER ersetzt 1953 die Figur durch eine Kopie. Der L. hiess bis ins 17. Jh. *Brunnen beim Untern Tor* oder *Staldenbrunnen.*

Lit.: KDM 1

Laufersbad ↗Ausserbad

Lauffenburg ↗Falkenburg 1)

Laupenstrasse ↗Murtenstrasse

Laupenstrassbrunnen 1) Äusserer L. Dieser 1846 errichtete Brunnen ist der einzige vor dem ↗Obern Tor erhaltene aus der Zeit von vor 1850.

Standort: Vor den Häusern Laupenstrasse 41 und 45
Lit.: KDM 1

2) Innerer L. ↗Maisonnette

Lazarett 1) ↗Zuchthauslazarett
2) ↗Weyermannshausgut

Ledermann In den Sechzigerjahren des 19. Jh. gab es im Haus Münstergasse 55 eine Speisewirtschaft L.

Lederstutz Der seit 1957 offizielle Name erinnert an FRIEDRICH LEDER, der im ersten Viertel des 20. Jh. weite Gebiete des ↗Rossfelds 1) besass.

Lehrwerkstätten Lorrainestrasse 3. 1888 wurden die städtischen L. für Schreiner und Schuhmacher im Westflügel des

↗Predigerklosters eröffnet. Um andere Abteilungen erweitert zogen die L. 1895 ins Gebäude der ↗Privatblindenanstalt, das vorher fünf Jahre als Schulhaus gedient hatte.

Ursprünglicher Standort: Predigergasse 3
Lit.: Die Lehrwerkstätten der Stadt Bern 1888–1938, Bern 1938

Lenbrunnen Seit dem 14.Jh. wird der Brunnen mit eigener Quelle erwähnt. 1789 wird der L. entfernt. Die Quelle wird in der grossen Nische der ↗Rathausterrasse gefasst. Dort heisst der L. *Rathausbrünnlein,* später *Stockbrunnen.* Die Nische wird im späten 19.Jh. zugemauert und die Quelle kanalisiert.

Standort: Nordseite des Hauses Postgasse 68. Der gewölbte Zugang von der Postgasse her existiert bis kurz nach 1860.
Lit.: KDM 1

Lentulus-Grab RUPERTUS SCIPIO LENTULUS (* 1714, General in preussischen Diensten) verstarb am 26.Dezember 1786 auf seinem Landgut ↗Mon Repos. Zwischen 1787 und 1789 wurde das L.G. am Südrand des Gutes errichtet.

Standort: Auf dem Hügel westlich des Hauses Monreposweg 9
Lit.: KDM 6

Lentulushubel Bis ins 19.Jh. *Chutzenhubel* genannt. Der westlich der Schwarzenburgstrasse liegende Hügel gehört zum ↗Weissenheim (früher Chutzengut) und zum ↗Mon Repos. An seiner höchsten Stelle liegt das ↗LENTULUS-Grab, das ihm seinen neuen Namen gegeben hat.

Lerberhaus Junkerngasse 43. Das alte Sässhaus der v.ERLACH geht 1784 an FRANZ RUD.LERBER über. Der bald darauf folgende Umbau zeigt das Schwanken des Stils zwischen konservativem Spätbarock und frühem Klassizismus.

Lit.: KDM 2

Lerberhübeli ↗Schönberg

Lerberschule, seit 1892 **Freies Gymnasium** Beaulieustrasse 55. Die von THEODOR V.LERBER 1859 gegründete *Knabenschule im Gerberngraben* hiess anfangs nach dem ersten Lehrer auch *Eggerschule,* gelegentlich *Neue Knabenschule.* Sie befand sich im untersten Haus am ↗Gerberngraben. 1866 zog sie ins Haus Amthausgasse 23, 1871 an die Schauplatzgasse 37, wo 1872 die erste Maturprüfung stattfand. Den Neubau von EUGEN STETTLER bezog die L. 1881 (Nägeligasse 2). Das heutige Gebäude wurde 1973 eingeweiht.

Standort im Gerberngraben: Unter dem Hause Kochergasse 1
Lit.: ALB.V.TAVEL, Siebenzig Jahre Freies Gymnasium in Bern, Bern 1934

Lerbers Hahnen Ein im 18.Jh. erwähnter privater Anschluss am städtischen Trinkwassernetz an der Nordseite der ⌐Kochergasse.

Lit.: MORGENTHALER, Trinkwasser

Lerberstrasse Bis ins 19.Jh. gehörte der Hang nördlich der Häuser Altenbergstrasse 18–30 der Familie v. LERBER.

Lerchen Höhe Name einer Waldparzelle im Könizbergwald (Koord.: 596800/197700).

Lerchenhütte, Lerchenweg ⌐Finkenhubel

Leu, Café Café ⌐Christen 2)

Leutkirche *1. Bau:* Eine romanische Kapelle, die bei der zähringischen Stadtgründung (um 1190) vor der Stadtmauer errichtet wurde. Erst die ⌐2. Stadtbefestigung bezog sie in die Stadt ein.

Standort: Westlicher Teil des Chors und östlichstes Joch des Mittelschiffs des ⌐Münsters

2. Bau: Grundsteinlegung kurz nach 1276, dem Jahr der kirchlichen Loslösung ⌐Berns von Köniz. Schrittweise abgebrochen für den 3. Bau in den Jahren 1430, 1449/51 und 1493. Patrozinium: St. Vinzenz

Standort: 2.–5. Joch des Langhauses und zwei Drittel der Länge des Chors des ⌐Münsters.

3. Bau: ⌐Münster

Lit.: KDM 4

Liebefeld, Brasserie ⌐Waadtländerhof

Liebegg Landhaus auf dem gleichnamigen Gut in der grossen Kurve des Muristaldens.

Standort: Zwischen Muristrasse 3 und Liebeggweg 7

Liebfrauenkapelle 1468/69 an Stelle der ⌐Michaelskapelle erbautes 2. Beinhaus von St. Vinzenz. Abgebrochen 1534.

Standort: Nordostecke der Plattform

Lit.: KDM 4

Ligerz-Haus Bis 1640 ist das Haus Kornhausplatz 7 Sässhaus derer v. LIGERZ.

Lit.: KDM 2

Linde 1) Quartier westlich der ⌐Villette. Es trägt den Namen nach der Linde auf der Verzweigung von Murten- und Freiburgstrasse.

Lit.: WALTHARD, Description

2) Landhaus am alten Brunnadernweg. Nach ihm der Name ↗Lindenfeld.
Standort: Bei der Petruskirche, Brunnadernstrasse 40
3) Das in den Sechzigerjahren des 19.Jh. eröffnete, heute verschwundene Restaurant befand sich im Haus Murtenstrasse 21.

Lindenau Seit 1870 Bezeichnung der Häuser Sandrainstrasse 33–37. Der *Lindenauweg* erinnert noch an diesen Namen.

Lindenbrunnen Dem 1596 vor dem Ostausgang der Neuengasse errichteten und 1661 von ABRAHAM DÜNZ I. renovierten Brunnen wird 1760 eine Rocaillevase aufgesetzt. 1835 wird der L. vor den ↗Holländerturm (↗Waisenhausplatz-Brunnen), 1840 an die Zeughausgasse versetzt. Er ersetzt dort den alten *Zeughausbrunnen* und erhält 1899 ein neues Becken, ein Hundebrünnlein und zwei Sudeltröge.
Standort: Vor dem Haus Zeughausgasse 14. Zeughausbrunnen ursprünglich vor dem Haus Nr. 16
Lit.: KDM 1

Lindenegg 1) Villa an der Schänzlistrasse 45/47, heute *Ulmenberg.*
2) In der zweiten Hälfte des 19.Jh. Bezeichnung der Häuser Murtenstrasse 1–15.

Lindenfeld Bis ins 20.Jh. das Gebiet zwischen Muristrasse, Steinerstrasse, Dählhölzli und Kalcheggweg.

Lindengut ↗Aebischlössli

Lindenheim ↗Schattenhof

Lindenhof 1) ↗Grabenpromenade
2) Stadtbachstrasse 66. 1810 erbautes Landhaus auf dem ehemaligen ↗Manuelgut.
3) Hügelweg 2. Auf dem Nordteil des Areals von 2) 1895 als Privatspital erbaut. Seit 1908 Rotkreuz-Spital; 1964 bezog der L. den Neubau Bremgartenstrasse 117.
4) Murtenstrasse 2. Im letzten Jahrzehnt des 19.Jh. eröffnetes Restaurant.
5) In den Achtzigerjahren des 19.Jh. war L. der Name von zwei Häusern an der Muristrasse (Nrn. 47 und 57).

Lindenschlössli ↗Aebischlössli

Lindli Vorstadthaus an der Kasernenstrasse 11. Der namengebende Baum stand nördlich des Hauses Kasernenstrasse 13.

Lindtgut ↗Aarbühl

Literarschule ↗Gymnasium

Loch ↗Lorraineloch

Löchligut Löchliweg 71a. Grosses Landgut nordöstlich des ↗Wylerholzes.
Standort des Herrenstocks: Löchliweg 49/51

Löchliweg Der sehr alte Weg zum ↗Löchligut umfasste bis 1953 auch die Sempachstrasse.

Löffel, Dreckiger ↗Fischerstübli

Logenheim, Alkoholfreies ↗Zähringia

Lohr Vor 1800 eine Häusergruppe auf dem Breitenrain zwischen ↗Optingen und dem ↗Wyler. Im Laufe des 18.Jh. soll sich aus der Wendung «i dr Lohr äne» der Name ↗*Lorraine* gebildet haben, was vermutlich nicht zutrifft.
Lit.: WALTHARD, Description

Lokomotivdepot 1) Bis 1913 östlich der Bühlstrasse.
2) Depotstrasse 43. L. ↗Muesmatt erbaut 1910/13.

Lokomotive, Restaurant zur Das im letzten Jahrzehnt des 19.Jh. eröffnete Restaurant verschwand bald nach dem Ersten Weltkrieg.
Standort: Stadtbachstrasse 8

Lombachkapelle Kapelle südlich des 4.Jochs des südlichen Seitenschiffs des ↗Münsters. Das schöne Südportal von M. ENSINGER von 1435/40 wurde 1473 zugemauert, als N. BIRENVOGT das Gewölbe errichtete. Bis 1500 diente die L. der Bruderschaft Unser Frauen Empfängnis. Die Wappenscheibe LOMBACH stammt aus den Jahren 1540/50, alle übrigen Scheiben von 1915.
Lit.: KDM 4

Lombachscheuermatte Westlich an die Lombachturmmatte anschliessendes Grundstück (Äussere ↗Villette); heute durchzogen vom obersten Teil der Zieglerstrasse.

Lombachturm In der Mitte des 14.Jh. auf dem Landgut Sandegg erbauter Wachtturm. 1465–1538 im Besitz der Familie

LOMBACH. 1724 dient er als Wohnung des äusseren Bachmeisters. 1785 im obern Teil, 1844 vollständig abgebrochen. Laupenstrasse 41 heisst noch heute *Turmau*.
Standort: Laupenstrasse 45/47
Lit.: KDM 1
Abbildung 15, S. 120

Lombachturmmatte Äussere ↗Villette

Lombachweg Name nach einem frühern Besitzer des westlichen ↗Kalcheggutes.

Lorraine 1) Seit dem Kauf des *Kleinen Wylerguts* 1637 nennt es JOH. STEIGER, Infanteriehauptmann in französischen Diensten, L. Im frühen 19.Jh. vermischt sich der Name ↗Lohr mit dem Namen des Landguts und wird zur Bezeichnung des Quartiers. Das Landgut heisst im 20.Jh. auch *Steck-Gut* nach dem Besitzer
Standort des Herrenstocks: Lorrainestrasse 80; *des Lehenhauses:* Nr.84; *der Scheuer:* Talweg 5
Lit.: HEBEISEN, Lorraine

2) Quartiergasse 17. Ein im letzten Jahrzehnt des 19.Jh. eröffnetes Restaurant.

3) Zu Beginn des Ersten Weltkriegs gab es im Haus Lorrainestrasse 8a eine Kaffee- und Speisehalle L.

Lorrainebad Zum Bau der Lorraine-Badeanstalt erwarb die Stadt 1892 den nördlichsten Teil des ↗Rabbental-Guts.

Lorrainebrücke Als Ersatz für die Fahrstrasse der ↗Eisenbahnbrücke in den Jahren 1928/30 erbaut, am 17.Mai 1930 eröffnet. 178 m lang, 18 m breit, 37,5 m über dem Wasser. Der Hauptbogen von 82 m Lichtweite wurde nach dem Verfahren von ROB. MAILLART aus Betonquadern konstruiert. Am südlichen Brückenkopf zwei Plastiken aus Muschelkalk von PAUL KUNZ. 1968 wurden die Trottoirs um je 1 m auf 2,5 m Breite reduziert.
Lit.: KDM 1

Lorrainebrunnen 1869 errichteter Brunnen südlich des Hauses Schulweg 16.

Lorrainekirche ↗Johanneskirche

Lorraineloch, auch nur **Loch** Bezeichnung des tiefen Einschnitts am Nordwestrand der ↗Lorraine und der nördlich anschliessenden Jurastrasse.

Lorraine-Schulhaus Lorrainestrasse 33. Das 1877/80 erbaute Schulhaus wurde 1913/14 erweitert und erhielt 1933/34 eine Turnhalle.

Lorraine-Viertel ↗Stadteinteilung

Lorraine-Wäldchen Das L., die südwestliche Verlängerung des ↗Wylerholzes, wurde kurz vor 1850 gerodet. Es bedeckte ein Gebiet, das westlich von Dändlikerrain und Grimselstrasse lag. Im L. und in der dort für fast ein halbes Jahrhundert benützten Kiesgrube sowie in der Umgebung fand man immer wieder Zeugen vorgeschichtlicher Besiedlung aus allen Epochen. So ein Steinbeil (1897), einen Silex-Abschlag (1953), «Steinbild-Schnitzwerk» (vor 1850), Bronzering (La Tène, 1913 beim ↗Schlachthof), mehrere La Tène-Gräber (1896), eiserne Waffen (1820), ein Gräberfeld aus der Völkerwanderungszeit.
Lit.: TSCHUMI, Urgeschichte

Loryspital Freiburgstrasse 41g. 1) Der 1909 verstorbene CARL LUDWIG LORY (* 1838, Kaufmann) vermacht dem ↗Inselspital 4,734 Mio. Fr. zum Bau eines neuen Spitals. Erst mit dem neuen Insel-Gesetz von 1923 kann das L. in den Jahren 1926/29 gebaut werden.
2) L. II ↗Anna-Seiler-Haus

Lösch-Brunnen HEINRICH PHILIPP LÖSCH, Schuhmachermeister (1826–1896), hat der Stadt sein Vermögen zur Pflege der Brunnen und ihrer Standbilder vermacht. Zu seinem Andenken wird nach einem Entwurf von K. INDERMÜHLE 1927 auf der Plattform der Brunnen mit einem Phönix als Wasserspeier errichtet.
Standort: Westlich des Hauses Münstergasse 3
Lit.: KDM 1

Lötschberg In den Sechzigerjahren des 19. Jh. eröffnetes Speiserestaurant, das heute verschwunden ist. Bis gegen Ende des 19. Jh. hiess es ↗*Reichenbach,* vermutlich nach der Bierbrauerei im Schloss Reichenbach.
Standort: Aarbergergasse 43

Lötschberg & International Während des Ersten Weltkriegs eröffnetes Hotel. Im selben Hause befand sich die gleichzeitig eröffnete *Pension Bellevue.*
Standort: Effingerstrasse 6a

Louwer-Haus 1702 erbautes und kurz nach 1850 abgebroches nes Haus mit südlich anschliessendem Garten am Bärenplatz.
Standort: Bärenplatz 4 (Nordteil)
Lit.: KDM 2

Löw, Café ↗Diana 1)

Löwen 1) *L., Goldener L.* Spitalgasse 40. Der im 14.Jh. nachgewiesene Gasthof L. an der Gerechtigkeitsgasse 70 ist kurz vor 1550 verschwunden. Er umfasste vermutlich im 15.Jh. auch das Haus Nr. 68. Der Name L. haftete dann an den Stuben zu ↗Obergerbern und ↗Mittellöwen. 1863 wird der Goldene L. im von D. OSTERMANN neu erbauten Haus Spitalgasse 43 eröffnet. Im Ostteil dieses Hauses gibt es um die Jahrhundertwende eine *Bayrische Bierhalle.* Seit dem Ersten Weltkrieg nur noch L. genannt, zieht der Gasthof 1948 ins 1929 errichtete Gebäude Spitalgasse 40.
Lit.: BZfGH 1949

2) *Goldener L.* ↗Enge, Äussere

3) *Roter L.* ↗Mittellöwen

4) *Schwarzer L.* ↗Obergerwern

Löwenbrunnen 1) bei GRUNER falsche Lesart für ↗Lenbrunnen.

2) ↗Junkerngassbrunnen

Lüdi, Café ↗Paulis Keller

Lumpenhüsi In der Mitte des 19.Jh. Bezeichnung des Hauses Nordring 57

Luntenhüsi Die in den Sechzigerjahren des 19.Jh. eröffnete, heute verschwundene Wirtschaft hiess bis in die Achtzigerjahre *Café Berchten,* dann *Café Salvisberg* und zuletzt *Café Hofmann.*
Standort: Lorrainestrasse 23

Luntenturm, auch **Fürsteinturm** Turm in der innern Mauer der 4.Stadtbefestigung, erbaut 1345, abgebrochen 1826 beim Bau des ↗Gr. Zuchthauses.
Standort: Südwestecke der Kreuzung Genfergasse/Speichergasse (gegenüber dem Haus Genfergasse 15)
Lit.: HOFER, Wehrbauten

Luternauhaus ↗Kaiserhäuser

Mädchenheim ↗Kirchbergerhaus 2)

Mädchenlehr ↗Meitlilehr

Mädchen-Privatschule Im letzten Drittel des 19.Jh. bestand im vorher von der ↗Lerberschule benützten Haus Amthausgasse 23 eine M.

Mädchenschule, Burgerliche Die 1834 eröffnete B.M. geht 1852 an die Einwohnergemeinde über. Von 1867 an heisst sie *Städtische ↗Mädchenschule der Stadt Bern* und wird unter Beibehaltung des Namens 1880 mit der ↗Einwohnermädchenschule verschmolzen.

Standorte: 1834–1842: Kramgasse 25/Münstergasse 26; 1842–1880: Amthausgasse 22 (erstellt 1838/42).
Lit.: ROTHEN, Mädchenschule
Abbildung 3, S. 34

Mädchenschule, Höhere M. der Stadt Bern ↗Städtische Mädchenschule der Stadt Bern

Mädchenschule, Neue Nägeligasse 6. 1851 von der ↗Einwohnermädchenschule abgetrennte Privatschule mit Primar-, Sekundar- und Seminarabteilung, die, ursprünglich im Hause Marktgasse 37 eingerichtet, 1877 den heutigen Bau (erstellt 1875/77 von RUD. ISCHER) bezieht.

Mädchenschule, Städtische M. der Stadt Bern Die 1867 aus der ehemaligen burgerlichen ↗Mädchenschule hervorgegangene M. wird 1880 mit der ↗Einwohnermädchenschule vereinigt. Der Neubau im Monbijou wird 1898 bezogen. Im Neubau der ↗Frauenarbeitsschule (Kapellenstrasse 4) sind von 1909 bis 1911, bis zum Bezug des Dependenzgebäudes (Monbijoustrasse 25) Teile der erweiterten M. untergebracht. Die *Höhere Mädchenschule der Stadt Bern* wird von 1948 an gestaffelt an die Brückenstrasse verlegt (Häuser Nrn. 69, 70, 71), während die *Mädchensekundarschule Monbijou* im alten Gebäude verbleibt.

Standorte: 1880–1898: Bundesgasse 26, nachher Sulgeneckstrasse 26
Lit.: ROTHEN, Mädchenschule

Mädchensekundarschule Monbijou Städtische ↗Mädchenschule der Stadt Bern

Mädchenwaisenhaus Das 1765 gegründete M. befand sich anfangs in der ERNST- Besitzung (↗Knabenwaisenhaus), deren damaliger Eigentümer Venner ABRAHAM FREUDENREICH (1693–1773) sie dem M. 1773 testamentarisch vermachte. 1786 zog das M. ins vom Knabenwaisenhaus geräumte Gebäude um. 1837 erfolgte der Umzug ins umgebaute Gebäude des STUDER-Gutes.

Dieses 1931 mit dem Chalet BIONCOURT am Alexandraweg vertauschte Haus wurde 1932 abgebrochen. 1938 schliesslich zog das M. vereinigt mit dem Knabenwaisenhaus ins Burgerliche ↗Waisenhaus am Melchenbühlweg 8.

Standorte: 1765–1786: Südostflügel des Hauses Speichergasse 6; 1786–1837: Westflügel des obgenannten Hauses; 1837–1931: Effingerstrasse 41d/Haslerstrasse 18; 1931–1938: Alexandraweg 28

Lit.: KDM 1; MORGENTHALER, Die Burgerlichen Waisenhäuser der Stadt Bern, Bern 1938

Mäder, Café Das im 1898 abgebrochenen Haus Kornhausplatz 15 in den Sechzigerjahren des 19.Jh. bestehende C. M. hiess später einige Jahre *Café Petri* und verschwand in den Siebzigerjahren.

Madrid, de Madrid Zeughausgasse 12. Das in den Achtzigerjahren des 19.Jh. eröffnete Restaurant heisst seit dem Ende der Sechzigerjahre des 20.Jh. *La Ferme.*

Magdalena-Stiftung Die 1855 gegründete «Rettungsanstalt für gefallene Mädchen» wurde 1883 an den Elfenauweg verlegt.

Mägdeherberge ↗Marthahaus

Maisonette Vorstadthaus an der Laupenstrasse 9/11, erbaut kurz nach 1714, abgebrochen 1929 für den Bau des *SUVA-Hauses.* Vor der M. stand der *Innere Laupenstrassbrunnen,* der mit ihr abgebrochen wurde.

Malaga 1) In den Siebziger- und Achtzigerjahren des 19.Jh. gab es im Haus Rathausplatz 3 eine Speisewirtschaft «zur Stadt M.» **2)** Lilienweg 20. Das im letzten Jahrzehnt des 19.Jh. eröffnete Restaurant heisst seit anfangs Zwanzigerjahre des 20.Jh. *Brunnhof.*

Malessertkeller Bis in die ersten Jahre des 20.Jh. bestehende Kellerwirtschaft im Haus Spitalgasse 40.

Mannenkefi ↗Käfigturm

Männerblauhaus ↗Blauhäuser

Manuelgut Das in den Fünfzigerjahren des 19.Jh. parzellierte Landgut der Familie MANUEL reichte ursprünglich von der Bastion ↗Meyenburg bis gegen die ↗Bühlstrasse und von der Höhe des ↗Donnerbühls bis zum ↗Stadtbach (↗Favorite, ↗Wildhain).

Manuelhaus Das 1750 beim Bau des ↗Aargauerstaldens abgebrochene Haus hiess auch *Matte*.
Standort: Unteres Ende des ↗Aargauerstaldens

Manz, Café Café ↗Steiger

Marcuard Die 1745 eröffnete *Privatbank M. & Cie* hiess von 1775 bis 1825 *M., Beuther & Cie*. Sie befand sich bis 1821 im um 1770 von N. SPRÜNGLI erstellten Hause Amthausgasse 14. Dann übernahm die neugegründete *Ersparniskasse für die Einwohner des Amtsbezirkes Bern* die Liegenschaft, während die Privatbank M. ins Haus Marktgasse 1 übersiedelte. In der zweiten Hälfte des 19. Jh. befand sie sich an der Marktgasse 51, von der Jahrhundertwende an bis zu ihrem Übergang in die neugegründete *Schweizerische Kreditanstalt* 1919 im Hause Christoffelgasse 4.
Lit.: SCHAUFELBERGER, Bankwesen

Marcuard-Gut ↗Wild'sches Sommerhaus

Marcuard-Haus 1) Gerechtigkeitsgasse 40. 1740/43 von RUDOLF HEBLER nach Plänen von ALBRECHT STÜRLER für ALEXANDER V. WATTENWYL erbautes Haus. Im Besitz der Familie MARCUARD 1846–1971.
Lit.: KDM 2
2) ↗Burgerkanzlei

Marguerita Sonnenbergstrasse 4. Von 1920 bis 1932 war die Villa M. Sitz des päpstlichen Nuntius. Nach dessen Umzug in die Villa ↗Souvenir kaufte das ↗Viktoriaspital die Villa M.

Marienau ↗Mariental

Marienkapelle 1) Vermutlich im 15. Jh. erbaute und 1753 abgebrochene Kapelle an der Südseite der ↗Französischen Kirche.
Standort: Dem östlichen Teil des ↗Volkshauses, Zeughausgasse 9, gegenüber
Lit.: KDM 5
2) ↗Untertorbrücke

Marienkirche Wylerstrasse 26. Auf der schon 1910 erworbenen Parzelle baut F. DUMAS in den Jahren 1930/32 für die röm.-kath. Kirchgemeinde das Pfarrhaus und die M., deren Turm 46 m hoch ist. Den Neubau des Pfarrhauses führte W. BITTER 1963/64 aus.

Mariental, auch **Marienau** 1293 erbauter Ersatz des Brunnadernklosters auf der Insel beim Altenberg (↗Inselkloster).
Standort: Vermutlich Altenbergstrasse 29 bis 39
Lit.: WALTHARD, Description

Märitgasse ↗Kramgasse

Märkte
↗Anken-M., Automobil-M., Chachelimärit, Fleisch-M., Heu-M., Holz-M., Kabis-M., Käsmärit, Korn-M., Kürschner-M. (↗Kesslergasse), Ross-M., Vieh-M., Zwiebelnmarkt (↗Zibelegässli)

Marktgasse 1286 als *nova civitas bernensis* erstmals genannt. Der Name *Neuenstadt* hält sich bis zum Anfang des 19.Jh. Nach dem Bau der ↗4.Stadtbefestigung taucht vorübergehend *Innere Neuenstadt* auf. Der Name *Wybermärit* tritt im 18.Jh. auf und hält sich bis zu Beginn des 20.Jh. Aus ihm ist der seit 1798 offizielle Name M. verkürzt.
Lit.: KDM 2

Marktgass-Passage ↗Tscharnerhaus 3)

Marktkreuz Es ist mangels Belegen nicht auszumachen, ob die ↗Kreuzgasse (vicus crucis) den Namen vom M., dem Hoheitszeichen des durch Königsbann geschützten Marktfriedens herleitet.
Lit.: KDM 6

Markuskirche Tellstrasse 31. In den Jahren 1948/51 bauten H.DAXELHOFER und MÜLLER-WIPF gleichzeitig mit der M. und dem Kirchgemeindehaus auch zwei Kindergartenpavillons auf das Areal südwestlich der Verzweigung von Winkelried- und Tellstrasse. Der Turm der M. ist 42 m hoch und enthält 5 Glocken, die Orgel zählt 37 Register.

Marmorsäge ↗Gypsreibe

Marthahaus Viktoriastrasse 91. Die ehemalige *Mägdeherberge,* die Pension und das Passantenhaus der Freundinnen junger Mädchen befanden sich im ersten Viertel des 20.Jh. im Haus Spitalgasse 17, nach ihrer Eröffnung im Jahre 1886 aber vorerst im Haus Bollwerk 23.

Martinshubel 1890/91 auf der ↗Gr.Schanze aufgeschütteter Hügel, der seit 1901 einen Aussichtsturm von Baumeister ALFRED HODLER trug. Deshalb gelegentlich auch *Hodlerhübeli* genannt. Abgetragen 1959. Name M. nach dem nahen ↗Martinsrain.
Standort: Ca. 50 m östlich der Ostecke der ↗Universität, Hochschulstrasse 4

Martins Rain Hang östlich der Alpeneggstrasse und südlich des ↗Henkerbrünnlis. Name verfälscht aus *Martis Rain* nach den

Besitzern im 18.Jh. Vorher war der Name *Rennacker* oder *Rönacker* (wörtlich: Rainacker).

Lit.: MORGENTHALER, Länggasse

Marzili 1) Name des Quartiers, 1328 als Marsili, 1383 als Marzihli erwähnt. Vermutlich leitet sich der Name M. von der Stadt Marseille (mittelalterlich: Marsica) her. Im 19.Jh. wurde der Name M. zu *Aarziele* verfälscht.

Lit.: DURHEIM, Ortschaften

2) Geplante Bastion an Stelle des ↗Wasserturms.

Standort: Nördlich des Hauses Aarstrasse 76

3) Restaurant M., Weihergasse 17a. Im letzten Jahrzehnt des 19.Jh. eröffnete Brasserie.

Marzilibad 1) ↗Innerbad

2) *äusseres M.* ↗Ausserbad

3) Seit dem 18.Jh. benütztes Freibad an der Kleinen Aare (↗Bubenseelein), im 19. und 20.Jh. mehrmals ausgebaut. Verwaltungsgebäude: Aarstrasse 111.

4) ↗Schwimmschule

Marzilibahn Die im Juli 1885 eröffnete *Drahtseilbahn Marzili–Stadt Bern (DMB)* ist mit 106 m schiefer Länge die kürzeste öffentliche Standseilbahn Europas. Der Antrieb der zwei Wagen erfolgte bis 1973 mit einer Wasserfüllung des talwärts fahrenden Wagens. Die jeweils notwendigen 3,5 m^3 lieferte ursprünglich der ↗Stadtbach. Seit dem Umbau 1974 erfolgt der Antrieb elektrisch.

Standorte: Bergstation: Bundesterrasse 7; Talstation: Münzrain 20. Höhendifferenz 31 m

Lit.: A.HEIMANN/F.THIERSTEIN, d Marzilibahn, Bern 1974

Marzilibrücke 1) Populärname der ↗Dalmazibrücke.

2) Gasstrasse 8. Kurz nach der Eröffnung von 1) entstand 1872 das Restaurant M.

Marzilibrunnen Der kleine Brunnen aus Kunststein, der in der Landesausstellung 1914 stand, befindet sich heute südlich des Hauses Marzilistrasse 25.

Lit.: SCHENK, Brunnen

Marziligasse Im 18. und zu Beginn des 19.Jh. Name des *Münzgrabens.*

Marzilihof, Aarzielehof Noch heute angeschriebene Bezeichnung der 1878 erbauten Häuser Aarstrasse 102–108 und Ländteweg 1–5.

Marzilirain 1) Im 18. und zu Beginn des 19.Jh. Name des *Münzrains*.

2) Im 19.Jh. Name des *Bundesrains*.

Marzilitor, Oberes auch **Altes** und **Äusseres** *1. Tor* erbaut 1345 mit Ausgang nach Westen. Südliches Westtor der ↗4.Stadtbefestigung 1376/82 verstärkt; abgebrochen 1666. In der Mitte des 15.Jh. ist der Name *Gurastor* belegt. *2. Tor* erbaut 1628 mit Ausgang nach Südosten. Von 1836 bis zum Abbruch 1850 diente das M. mit seinem Nordanbau als Rekrutenkaserne dem neapolitanischen Werbekommando *(Neapolitanerkaserne)*.
Standort: Südwestteil des ↗Bernerhofs, Bundesgasse 3
Lit.: HOFER, Wehrbauten, BTb 1896

Marzilitor, Unteres auch **Inneres M.** Erbaut zwischen 1458 und 1473. 1635: die Überwölbung des Rainwegs dient als Vorwerk. 1789 abgebrochen, ersetzt durch das ↗Münztor. Das M. soll auch *Schultheissentor* geheissen haben.
Standort: Südostecke des Hotels Bellevue, Kochergasse 5
Lit.: HOFER, Wehrbauten

Marziliturm, 1) ↗Wasserturm
2) auch *Streckiturm*. Erbaut zwischen 1458 und 1473, schon 1500 als Gefängnis verwendet; bis 1640 finden in ihm die «peinlichen Befragungen» statt. 1770 wird er mit der westlich anschliessenden Mauer abgebrochen.
Standort: Gegenüber der Lücke zwischen den Häusern Münzrain 1 und 3
Lit.: HOFER, Wehrbauten

Mass und Gewicht, Eidg. Amt für Im 1913/15 erstellten Gebäude des Eidg. Amtes für geistiges Eigentum befand sich bis 1966 das E.A.f.M.u.G., das bis dahin dem Haus den Namen gegeben hatte (Wildstrasse 3).

Matte 1) Schon im 14.Jh. genannter Name des Quartiers an der Aare.
Lit.: KDM 2
2) ↗Prairie
3) Café ↗Hübscher
4) *Grössere M.* ↗Ougspurgergut
5) *Kleinere M.* ↗Vermont
6) ↗Manuelhaus

Mattenbühlbad 1870 erbaute Badwirtschaft, die später *Philosophengarten* hiess und heute verschwunden ist.
Standort: Philosophenweg 24, Brunnhofweg 33

Mattenenge Seit alters ist *Enge* der Name des schmalen Zugangs zur ⁊Matte 1) von Nordosten. Seit 1881 lautet der offizielle Name M.

Mattenengebrunnen Erstmals 1757/59 bezeugt. Beim Bau der ⁊Nydeggbrücke entfernt und 1847 durch den Wandbrunnen am Brückenpfeiler ersetzt.
Standort: Nördlich des Hauses Gerberngasse 1
Lit.: KDM 1

Mattenheim 1) Vorstadthaus, Belpstrasse 40.
2) Seit dem letzten Jahrzehnt des 19.Jh. gab es bis nach dem Ersten Weltkrieg eine Pension M. an der Schifflaube 52.

Mattenhof 1) Seit der Mitte des 19.Jh. Name des Quartiers nördlich des Eigerplatzes
2) Das in den Sechzigerjahren des 19.Jh. eröffnete *Restaurant M.* umfasste früher auch eine Pension mit Bad.
Standort: Belpstrasse 30
3) In der Zeit des Ersten Weltkriegs existierte an der Zieglerstrasse 62 eine *Kaffee- und Speisehalle M.*

Mattenkapelle Unten am Bubenbergrain soll die 1178 vom Bischof von Lausanne zum Bau bewilligte Kapelle am Wasser gestanden haben. Patron vermutlich St. Niklaus.
Standort: Beim Haus Schifflaube 52
Lit.: KDM 1

Mattenlift, Elektrischer Personenaufzug Matte-Plattform Der 1897 eröffnete Aufzug hiess im Volksmund bald einmal *Senkeltram.* Die ursprünglich vorgesehene Erweiterung auf zwei Kabinen unterblieb trotz den dafür vorbereiteten Installationen aus Frequenz- und Personalmangel.

Matten-Marzilistrasse Ursprünglicher Name der ⁊*Aarstrasse.*

Mattenschule 1) Mühleplatz 16. Das *Knabenschulhaus* Gerberngasse 33 wurde 1609 erbaut, diente in der Mediationszeit, während der die M. im ⁊Erlacherhof untergebracht war, andern Zwecken, wurde 1823 aufgestockt und brannte 1833 nieder. Während des Umbaus von 1823 befand sich die Knabenschule im ca. 1725 erbauten *Mädchenschulhaus* Gerberngasse 3. Die

Mädchenschule hatte schon 1819 das Haus Schifflaube 4 bezogen. In den Jahren 1834/37 entstand nach Plänen von BERNHARD WYSS das heutige, 1896 aufgestockte Schulhaus. An seiner Westseite befindet sich die ⁊HODLER-Gedenktafel.
2) Schifflaube 3. Nachdem vorerst das ⁊Färbhaus 1) als Filiale gedient hatte, wurde 1868 das heutige kleine Mattenschulhaus gebaut.
Lit.: KDM 3

Mattenspital 1487 kauft die Gesellschaft zu ⁊Obergerwern zwei Häuser an der Matte, in denen sie 1715 ein Pfründerhaus einrichtet. Sie verkauft das M. 1737 dem Seidenweber AESCHBACHER von Langnau. Später ging es an JOHANN SIMON-AESCHBACHER, weshalb es dann *Simonhof* hiess. Abgebrochen 1875.
Lit.: STÜRLER, Obergerwern; KDM 2

Mattentreppe 1) Treppe an der Ostmauer der ⁊Plattform, wurde mit dieser im 14.Jh. gebaut. Bis 1468 führte der stadtseitige Zugang durch das offene Erdgeschoss des ⁊Rathauses 2).
2) Treppe an der Westmauer der ⁊Plattform: ⁊Stift.
Lit.: KDM 3

Mattenwerk Wasserwerkgasse 15. Das 1891 in Betrieb genommene M. gab ursprünglich neben mechanischer Energie (u. a. für die Kompressorenstation der ⁊Strassenbahn) nur 200 kW ab. Beim Umbau in den Jahren 1921/25 wurde es auf 1000 kW erweitert.

Matter-Haus ⁊Isenhuthaus

Matter-Kapelle auch **Roll-Kapelle** Vor 1430 stiftete PETER MATTER einen Georg-, Sebastian- und Erasmus-Altar in dieser Kapelle am Ostende des südlichen Seitenschiffes des ⁊Münsters. Seit 1601 befindet sich an der Ostwand das ⁊Zähringerdenkmal 1). Die Glasmalereien von 1918 zeigen 20 Szenen aus N. MANUELS Totentanz nach einem Entwurf von ED. V. RODT.
Lit.: KDM 4

Matthäuskirche Reichenbachstrasse 114. In den Jahren 1962/65 an Stelle des ⁊Pulverturms 4) von FREY & EGGER und PETERHANS erbaut. Die am 4. April 1965 eingeweihte M. hat einen Turm von mehr als 30 m Höhe, eine Orgel mit 35 klingenden Registern und 5 Glocken. Beim Bau stiess man auf Wall und Graben der gallorömischen Siedlung sowie auf das ⁊Amphitheater.

Maulbeerbaum 1792 richtete KARL SAMUEL ZIEGLER im Hause der etwa 30 Jahre vorher eingerichteten Seidenfabrik von DANIEL KURZ eine Brauerei mit Bierwirtschaft ein. Mit dem Haus, das 1908 für den Bau des *Hotel National* abgebrochen wurde, verschwand auch das «Beeri-Bier».
Standort: Hirschengraben 24
Lit.: NBTb 1930

Maurerweg ⁊Drosselweg

Maybrunnen, auch **Unterer Postgassbrunnen,** früher *Hormatgassbrunnen* Der 1696 erstmals genannte M. hat ein Becken von 1738 und eine Empire-Vase und -Deckplatte. Der Vierkantstock stammt von der Mitte des 19. Jh.
Standort: Vor dem Haus Postgasse 31
Lit.: KDM 1

May-Haus 1) Münstergasse 6. Das 1559 erbaute Haus erhielt im Auftrag von BARTHLOME MAY 1608/09 von ANDREAS WIDMER eine moderne Südfront. Diese ist die beste Arbeit aus der Zeit des Manierismus in Bern.
Lit.: KDM 2

2) Münstergasse 62. 1514/15 lässt BARTHLOME MAY sein Haus vollständig umbauen. Der ursprünglich zweigeschossige Erker deckt die Grenze zwischen den beiden alten Häusern. Sein Spitzhelm verschwindet um 1840. 1895 wird der Erker um ein drittes Geschoss in Tudor-Gotik erhöht. Er erhält dabei wieder einen Spitzhelm.
Lit.: KDM 2

Mazot, Le ⁊Meyerei, Untere

Meierei ⁊Joliette

Meierisli Speisewirtschaft bis in die Achtzigerjahre des 19. Jh.
Standort: Brunngasse 39

Meitlilehr Die 1598 eröffnete Mädchenschule befand sich ursprünglich in der früheren ⁊Elendenherberge, dann im Haus des Guardeins ⁊Wyss, das die Stadt 1659/60 erwarb. Später zieht die M. ins Haus Brunngasse 66, wo sie 1836 bei dessen Abbruch von der ⁊Einwohnermädchenschule abgelöst wird. Die M. wird dabei ins FISCHER'sche ⁊Posthaus verlegt.
Standorte: Vor 1660 Brunngasse 68, nachher dem Haus Rathausgasse 1 gegenüber
Lit.: KDM 3

Melchenbühl Melchenbühlweg 56. Der Herrenstock des schon im 17.Jh. bestehenden Landgutes wird 1730/35 neu erbaut. Durch die Stiftung von MARIE BERSETH-MÜLLER (1815–1898) wird die Eidgenossenschaft Besitzerin des M. mit der Bestimmung, ein Heim für invalide und bedürftige Lehrerinnen einzurichten.
Lit.: KDM 6

Menzi, Café ↗Merkur

Merkur 1) Restaurant am Bärenplatz, das in der Mitte des 19.Jh. *Café Weibel* und in den Sechziger- und Siebzigerjahren *Café Menzi* hiess. Vor dem ersten Weltkrieg verschwunden.
Standort: Nordwestlicher Teil des Hauses Käfiggässchen 26
2) ↗Pfistern

Merz, Café ↗National 3)

Messerli, Café Bis in die Siebzigerjahre des 19.Jh. gab es im Eckhaus Storchengässli 6 ein C.M., an das westlich der nachmalige ↗Waadtländerhof anschloss.

Methodistenkapelle Erbaut 1885, abgebrochen 1970.
Standort: Laupenstrasse 13

Metropole 1) In den zwei letzten Jahrzehnten des 19.Jh. Restaurant im Haus Amthausgasse 25 (Nordwestecke der ↗Nationalbank).
2) Zeughausgasse 28. Im ersten Jahrzehnt des 20.Jh. eröffnetes Hotel, das ursprünglich *M.-Monopole* hiess.
3) *Lichtspiele M.* Zu Beginn des Ersten Weltkriegs eröffnetes Kino im Hause Waisenhausplatz 25, verschwunden mit dem Abbruch der Liegenschaft 1970.

Metzg, Neue ↗Schlachthaus

Metzgergass-Brunnen 1743/45 errichteter zweiröhriger Brunnen mit rechteckigem, an den Seiten halbrund vorspringendem Trog und zentralem Stock. 1928 auf Verlangen des Metzgergass-Leists entfernt. Der Wandbrunnen am Haus Nr. 72 sollte ein Ersatz dafür sein.
Standort: Vor dem Haus Rathausgasse 68
Lit.: KDM 1

Metzgergasse ↗Rathausgasse 2)

Metzgerhalle Seit der ersten Hälfte des 19.Jh. bestehende, mit dem Bau des ↗Konservatoriums verschwundene Wirtschaft im

Haus Rathausgasse 37 (westlicher Teil des Konservatoriums). In den Siebzigerjahren des 19.Jh. hiess die M. noch *Café Gräf*, später *Köhlikneip*.

Metzgern Kramgasse 45. Vennerzunft, die vermutlich am Ende des 13.Jh. gegründet worden ist. Vom letzten Viertel des 14.Jh. bis 1468 gibt es die *Niedern* und die *Obern M.* Die Niedern M. hatten ihr Gesellschaftshaus an der Gerechtigkeitsgasse (Nr. 51, ↗Rebleuten). Die Obermetzgern hatten ihr Haus vor 1390 an der Münstergasse (Nr. 14 oder 16), dann an der Kramgasse 50, seit 1420 besitzen sie das Doppelhaus Kramgasse 45/Münstergasse 40. Das im 16.Jh. umgebaute Haus weicht 1769 dem Neubau von R. A. ERNST. 1770 kann der Bau nach harten Verhandlungen mit der Stadt wegen des öffentlichen Durchgangs von Kram- zu Münstergasse vollendet werden. 1841 wird der Gasthof im Hause aufgehoben.
Lit.: KDM 6

Metzgernbrunnen ↗Simsonbrunnen

Metzgern-Kapelle ↗Bulzinger-Kapelle

Metzgernviertel Nordöstliches ↗Vennerviertel

Metzgerstübli Münstergasse 60. Schon in der ersten Hälfte des 19.Jh. bestehendes Restaurant.

Meyenburg Westlichste Bastion der 5. ↗Stadtbefestigung. Sie ist im Mai 1622 mit neuenburgischer Hilfe erbaut worden. Der Name soll aus «Nüwenburg» verdorben sein.
Standort: Zwischen ↗Obergericht, ↗Kanonenweg und ↗Schanzenstrasse.
Lit.: HOFER, Wehrbauten

Meyer, Café Café ↗Kohler

Meyerei, Obere In den frühen Achtzigerjahren des 19.Jh. eröffnetes Restaurant, das kurz vor dem Ersten Weltkrieg verschwand.
Standort: Hirschengraben 3

Meyerei, Untere Das in den Sechzigerjahren des 19.Jh. eröffnete *Café Suisse* hiess vom letzten Jahrzehnt des 19.Jh. an U.M., seit der Mitte des 20.Jh. heisst es *Le Mazot*.
Standort: Bärenplatz 5

Mezenerweg ↗Hafnerweg

Michaelskapelle Erstes Beinhaus der St. Vinzenzen- ↗Leutkirche, erbaut 1310, abgebrochen 1468. Patrozinium seit der Mitte des 15.Jh.: U.L. Frau (↗Liebfrauenkapelle).
Standort: In unmittelbarer Nähe der Münstersakristei, für deren Bau die M. verlegt wurde

Michel, Café Café ↗Santschi

Michelistörli In der ersten Hälfte des 13.Jh. errichtetes kleines Tor. 1481 wurde über dem Tor die 1468 durch den Bau des Münsterchors verdrängte ↗Stadtschule eingerichtet. Spätestens im Laufe des 16.Jh. wurde der Tordurchgang ins westlich anschliessende Haus verlegt.
Standort: Westlicher Teil des ↗Stifts, Münsterplatz 3
Lit.: KDM 1

Michel-Kapelle ↗Schopfer-Kapelle

Michel'sches Landgut ↗Wächter 1)

Mikwe ↗Pelikan

Milano Restaurant, das sich von 1837 oder 1838 an knapp zwei Jahrzehnte lang im Haus Junkerngasse 58 befand.

Milchgässli ↗Eilgutgasse

Militärgarten Militärstrasse 38. Dieses Restaurant wurde gegen Ende der Siebzigerjahre des 19.Jh. zusammen mit der ↗Kaserne 4) eröffnet.
Ursprünglicher Standort: Militärstrasse 36. Nr. 38 ↗Rütli

Militärplatz ↗Guisanplatz

Minder, Café Café ↗Römer

Minerva Im Hause des heutigen *Hotel Krebs* (Genfergasse 8) befand sich seit der Mitte des 19.Jh. ein Restaurant, das vom Ersten Weltkrieg an M. hiess.

Mittelfeld 1914 genannter Name des Feldes südlich des ↗Studersteins zwischen Neubrück- und Engestrasse.

Mittellöwen Marktgasse 11. Eine der drei im 15.Jh. entstandenen Gerberzünfte (↗Obergerwern). Nach ihrem Wappentier heisst sie schon um 1450 *zum roten Löwen*. Bis 1722 war das Haus Kramgasse 85, der östliche Teil des ↗BRUNNER-Hauses, Sitz der Zunft. Dann erwarb die Gesellschaft zu M. den ↗Falken 1).
Lit.: KDM 6

Mittler, Café Im zweiten Jahrzehnt des 20.Jh. eröffnetes Restaurant. Heute: *Café Moléson*.

Standort: Speichergasse 21

Mohren, früher **Möhren** Kramgasse 12. Die 1460 von der Gesellschaft zu ↗Kaufleuten abgespaltete Zunft erwirbt 1474 die Hofstätte *zum Mör* und baut 1578 das Hinterhaus (Rathausgasse 9) neu. Das 1691/93 durch S.JENNER erbaute Vorderhaus wird 1785 von S.J.IMHOF umgebaut und erhält 1827/28 die heutige Fassade. Das Hinterhaus wird 1738/49 neu gebaut.

Lit.: KDM 6

Mohrenkeller Café ↗Italien

Moléson Café ↗Mittler

Molkereiweg ↗Engehaldenstrasse

Mon Bijou 1775 erbautes und 1820 umgestaltetes Landhaus im gleichnamigen Landgut, das dem heutigen Monbijouquartier den Namen gegeben hat. Der Südteil des Gutes wurde schon 1810 abgetrennt und diente bis 1865 als ↗Monbijou-Friedhof.

Standort: Monbijoustrasse 5/7
Lit.: KDM 6

Monbijou 1) Vor dem Ersten Weltkrieg gab es während kurzer Zeit ein Hotel M. an der Effingerstrasse 2. **2)** Im ersten Jahrzehnt des 20.Jh. eröffnetes Café.

Standort: Südflügel des Studiogebäudes von Radio Bern, Mühlemattstrasse 2

Monbijoubrücke In den Jahren 1960/62 erbaut von HARTENBACH & WENGER. Länge: 337,5 m; Breite: 23,5 m.

Monbijou-Friedhof Begräbnisplatz für die obere Stadt von 1815 bis Anf. 1865. Der M.-F. reichte ungefähr von den Häusern Monbijoustrasse 11 und Sulgeneckstrasse 18 bis an die Schwarztorstrasse zwischen Mühlemattstrasse und Sulgeneckstrasse. Der südwestliche Teil ist im ↗Florapark als Promenade erhalten geblieben.

Lit.: KDM 1

Monbijou-Theater Kurz vor 1910 eröffnetes, gegen Ende des Ersten Weltkrieges verschwundenes Kino im Hause Monbijoustrasse 14.

Mon Désir Während des Ersten Weltkriegs gegründete, heute verschwundene Pension am Willadingweg 25.

Mon Repos R.S. Lentulus erwarb 1779 das Landgut *Hübeli,* dessen Wohnhaus 1774 für S.A. Steiger erbaut worden war, und nannte es M.R. Das Bauernhaus südlich und das Stöckli nördlich des Wohnhauses datierten vom Anfang des 17.Jh. (Stöckli 1608). Mit dem Abbruch des M.R. verschwand 1954 auch der 1920 an den Westrand des Gutes versetzte Louis XVI-Pavillon (ursprünglich vom ↗Weissenstein-Gut 2)). Ende der Sechzigerjahre fiel auch das Stöckli den Neubauten zum Opfer. Der noch bestehende Brunnen trug bis zu ihrem völligen Zerfall 1948 eine Sandsteinstatue der Venus.

Standort: Monreposweg 24
Lit.: KDM 6

Mont 1) Kalcheggweg 8. Bis ins 18.Jh. hiess das Landgut M. ↗*Kalchegg.* Ein Sommerhaus stand dort schon im 16.Jh. Im späten 17.Jh. entsteht ein kleines Landhaus, das in den Jahren 1759/79 zum heutigen Landhaus vergrössert wird. Der seit 1895 verwendete Name M. erinnert an die alten Güter M. bei Rolle, die früher der Familie v. Steiger gehörten.

Lit.: KDM 6

2) In den Vierzigerjahren des 19.Jh. gab es eine Kaffeewirtschaft «*Café du M.*», deren Pavillon zwischen dem Hauptgebäude und der ↗Oranienburg (Schänzlistrasse 15) stand.

Standort: Schänzlistrasse 19
Lit.: Howald, Brunnen 2

Montana Während des Ersten Weltkriegs gegründete, heute verschwundene Pension.

Standort: Gartenstrasse 1

Mon Terrier Villa im Altenberg, bis 1887 im Besitz der Familie de Reynier.

Standort: Rabbentalstrasse 73

Montierwerkstätte ↗Waffenfabrik

Montillon ↗Sulgeneck

Moosbächli, auch **Warmes Bächli** genannt ↗Warmbächliweg

Moosweg Bis zum Ausbau der Brückenstrasse 1947 Name ihres südlichsten Teiles.

Morell-Haus Postgasse 14. Das 1724 erbaute Haus hat seinen Namen nach der langjährigen Besitzerfamilie, von der es die Burgergemeinde 1836 erwirbt. 1841 entsteht der klassizistische

Ostanbau. Das M.H. wird Sitz des ↗Mushafens (↗Speiseanstalt der untern Stadt) und des Dienstenspitals (bis 1855), später Schulhaus der ↗Gewerbeschule.
Lit.: KDM 2

Morijah Die 1827 im Gärtnerhaus unten an der ↗Vannazhalde eröffnete Anstalt war ursprünglich nur für arme, französisch sprechende Mädchen gedacht. Sie wurde noch im gleichen Jahr ans ↗Falkenplätzli verlegt. 1832 zog sie in den ↗Frutinggarten (Speichergasse 5) um, wo auch deutsch sprechende Mädchen Aufnahme fanden. Mit der Verlegung nach Hofwyl und später nach Wabern verliess M. die Gemeinde Bern.

Moritzweg Seit 1923 offizieller Name des früheren Weges zum Gut EMANUEL MORITZ V. WATTENWYLS (1833–1905), dessen zwei Söhne FRIEDRICH MORITZ und MORITZ MAXIMILIAN hiessen.

Morlot-Haus 1) Junkerngasse 32. Kurz vor 1740 neu erbautes Haus. Pläne wahrscheinlich von ALBRECHT STÜRLER.
Lit.: KDM 2
2) ↗Morlotläubli

Morlotläubli 1767 zum Kornhaus umgebautes und kurz vor 1844 abgebrochenes Haus. 1830 wird darin die Bierstube *zum Herzog von Zähringen* eröffnet, die bald darauf *zum Tambourmajor* heisst. Die seit langem bestehende Kellerwirtschaft hiess *Gatterkeller.*
Standort: Südlich des Hauses Nydeggstalden 9 an Stelle der fünf Bäume
Lit.: KDM 2; HOWALD, Brunnen 2
Abbildung 22, S. 188

Moser-Gut und **-Strasse** ↗Spitalmatte 4)

Mosesbrunnen Im Sommer 1544 ersetzt ein Brunnen mit Mosesfigur eine ältere Anlage, die vielleicht in der Gassenachse gestanden hat. Bis Mitte 16.Jh. heisst der M. «Brunnen by her NOLLEN hus». Die Figur wird 1740 entfernt, der Sechsecktrog 1758. Eine Fontänenanlage von DAXELHOFER besteht von 1780–1791 und wird in diesem Jahr durch den heutigen Brunnen ersetzt, dessen Trog und Säule vermutlich auf einen Entwurf von N. SPRÜNGLI zurückgehen und dessen Figur SPORRER aus Konstanz geschaffen hat.
Standort: Nordwestteil des ↗Münsterplatzes
Lit.: KDM 1

Mösli, Mösligut ↗Blatternspital

168

Abb. 16. Ausbau des Münsterturms, 1891/92. Auf dem Münsterplatz das Erlach-
denkmal im ursprünglichen Zustand. Photo.

Abb. 17. Kramgasse stadtaufwärts, 1889/90. In der Mitte der sonnseitigen Häuserreihe die nur zweigeschossige Fleischschaal. Photo.

Abb. 18. Nordfassade der Fleischschaal mit dem Brunnen von Joseph Menth, kurz
vor 1938. Photo.

Mottastrasse ↗Bubenbergstrasse

Muesanstalt ↗Mushafen

Muesmatt 1) Bauerngut auf dem Areal des 1910/13 errichteten Lokomotivdepots (Depotstrasse 43). Vor dem 16.Jh. hiess die M. *Egelmoos* oder *Kessel*. Seit dem 16.Jh. *Mussmatt* (von ahd. mussea, Sumpfwiese). Erst seit 1880 M. Im 19.Jh. gelegentlich auch *Aebimatte*.
Lit.: MORGENTHALER, Länggasse
2) Restaurant ↗Zebra

Muesmattfeld heute westliche Länggasse (ohne Donnerbühl).

Muesmattschlössli ↗Aebischlössli

Mühle 1) ↗Stadtmühle
2) Unterste Mühle am Sulgenbach.
Standort: Sulgenrain 30/Sulgeneckstrasse 54
3) Mühle am äussern Sulgenbach.
Standort: Brunnmattstrasse 30–34

Mühlegasse Bis 1881 Name der *Weihergasse,* die nach dem Weiher (↗Schwimmschule) benannt ist.

Mühlegässlein ↗Müllerstrasse

Mühlemattstrasse ↗Könizstrasse 1)

Mühleplatzbrunnen 1756 ersetzt ein steinerner Brunnen die beiden frühern hölzernen Brunnen auf dem Mühleplatz. Die heutige Anlage wurde 1903 von BARGETZI in Solothurn geschaffen.
Standort: Gegenüber Mühleplatz 6
Lit.: KDM 1

Mühlerad Gerberngasse 4. Zu Beginn des 20.Jh. eröffnetes Restaurant.

Muhleren–Haus Kramgasse 63 und 65. Im 15.Jh. ist das Doppelhaus beidseits des ↗Finstergässchens Sässhaus des JOHANN v. MUHLEREN, im 16.Jh. gehört es dem Schultheissen JAKOB v. WATTENWYL. Im November 1517 ist es Quartier Herzog KARLS v. SAVOYEN. Heute sind von beiden Häusern nur noch die frühbarocken Vorderfronten erhalten, die auf die Jahre 1700–1720 zurückgehen.
Lit.: KDM 2

Muldenstrasse Seit 1942 heisst die in den Achtzigerjahren des 19.Jh. angelegte M. *Hermann Sahli-Strasse*. Der Vorname wird seit 1948 weggelassen. Der heutige Name erinnert an den Berner Medizinprofessor (1856–1933).

Müller, Privatbank Franz Abraham M. ⁊Tscharnerhaus 3)

Müllerlaube Vor 1881 Bezeichnung der nördlichen Häuser am Mühleplatz.
Standort: Gerbergasse 30 bis Schifflaube 10

Müllerläublein Vor 1881 Bezeichnung der südlichen Häuser der Gerberngasse von Nr. 27 bis Nr. 43.

Müllerstrasse oder **Mühlegässlein** Vor 1881 Bezeichnung des untersten Teils des Sulgenrains und der Sulgeneckstrasse.

Münster Münstergasse 7. Das M. ist Berns bedeutendstes Bauwerk. Seine spätgotischen Chorfenster und der figürliche Schmuck sind die bedeutendsten der Schweiz. Nach der Grundsteinlegung 1421 wurde das M. in den folgenden drei Jahrzehnten unter MATTHÄUS ENSINGERS Leitung im Uhrzeigersinn um die ⁊Leutkirche 2) herum gebaut. Unter den folgenden Werkmeistern ragt ERHARD KÜNG heraus, der zwischen 1460 und 1480 die Figuren der Hauptvorhalle schuf. Der Turm erreichte 1521 die Höhe des untern Achtecks. Erst 1889–93 entstand nach Plänen von AUG. BEYER das obere Turmoktogon und der Helm unter der Leitung von AUG. MÜLLER. Die Höhe des Turmes wuchs damit von knapp 61 m auf gut 100 m. Die im 16.Jh. teilweise durch Unwetter zerstörten Fenster des Chors wurden zwischen 1441 und 1455 geschaffen, das Chorgestühl fertigten in den Jahren 1522/25 JACOB RUESS und HEINI SEEWAGEN an. Von den neun Glocken stammt die älteste, die Silberglocke, von der Wende des 13. zum 14.Jh., die Predigt- und die Betglocke als die jüngsten wurden 1883 gegossen. Die Grosse Glocke, 1611 entstanden, ist die grösste Glocke der Schweiz. 1730 erfolgte die Wahl des ersten nachreformatorischen Organisten. Die heutige, 1930 umgebaute Orgel auf dem Orgellettner von 1847/48 zählt 77 Register und 4 Manuale. Bis weit ins 20.Jh. hinein hatte der Bewohner der Turmwohnung Pflichten als Feuerwächter.
Lit.: KDM 4
Abbildung 16, S. 169

Münstergässchen Seit 1881 offizieller Name des Gässchens von der Mitte der ⁊Kramgasse zum ⁊Münsterplatz. Früher hiess das

M. *Kaufleutengässchen* nach dem Zunfthaus Kramgasse 29. Dieses Haus bewohnte bis zum Ausgang des Mittelalters die Familie SCHOPFER, weshalb das M. noch 1516 *Schopfergässchen* hiess.
Lit.: Bern. Biogr. 2

Münstergasse Seit dem 1. November 1967 offizielle Bezeichnung der ↗Kesslergasse (Nrn. 34–78 und 31–61), des Nordteils des ↗Münsterplatzes (Nrn. 26–32) und der ↗Kirchgasse (Nrn. 2–24).

Münstergemeinde-Schulhaus ↗Posthaus

Münsterkapelle auch **Taufkapelle,** früher **Gerbern-Kapelle** Kapelle nördlich der Turmhalle des ↗Münsters. Das Gewölbe auf dessen Schlusssteinen die Wappen der Gesellschaften zu ↗Mittellöwen, ↗Ober- und Niedergerbern stehen, wurde 1476 von N. BIRENVOGT errichtet. Die drei genannten Gerber-Zünfte stifteten vorher schon den Bartholomäus-Altar. 1858/59 und 1947 wurde die M. umgebaut und vom Kirchenraum abgetrennt. Die Orgel von 1947 hat 7 Register.
Lit.: KDM 4

Münsterplatz An Stelle des 1430 aufgehobenen ↗St. Vinzenzen-Kirchhofs entsteht der *Grosse Kirchplatz,* der durch den Abbruch zweier Häuser an der ↗Herrengasse (vor 1506) und dreier Häuser an der ↗Münstergasse (vor 1528) nach Westen erweitert wird. Die Bezeichnung M. wird im 19. Jh. üblich und 1881 offiziell.
Lit.: KDM 2

Münsterwerkhof, auch **Münsterbauhütte, innerer Werkhof** oder **(innere) Hütte** genannt. Für die Zwanzigerjahre des 16. Jh. ist ein Standort des M. an der ↗Herrengasse bezeugt. Von 1535 bis 1577 befindet er sich am Platz der früheren ↗Barfüsserkirche, dann im Neubau westlich des ↗Barfüsserfriedhofs, der nach dem Übergang (1798) zum ↗Polizeigebäude 1) wird.
Standort 1577–1798: Vor dem Westausgang der Herrengasse vor dem Haus Casinoplatz 2
Lit.: KDM 3

Münz 1) Kurz vor dem Ersten Weltkrieg gibt es im Haus Münzgraben 6 eine Kaffee- und Speisehalle *zur Alten M.*
2) Während und kurz nach dem Ersten Weltkrieg im Haus Marktgasse 34 bestehende Kaffee- und Speisehalle.
3) Kochergasse 5. Restaurant im Hotel ↗Bellevue 4) an Stelle der Neuen ↗Münzstatt.

Münze, Eidgenössische Bernastrasse 28. Nach dreijähriger Bauzeit 1906 als Ersatz für die Neue ↗Münzstatt in Betrieb genommen.

Munzingerstrasse ↗Knabensekundarschule Munzinger

Münzstatt, Alte 1555 werden die zwei westlich ans ↗Rathaus anschliessenden Häuser zur Münze umgebaut. 1787 wird der grösste Teil der Liegenschaft durch Brand zerstört. Nach Baubeginn an der ↗Neuen Münzstatt werden die Brandruinen 1789 abgetragen.
Lit.: KDM 3

Münzstatt, Neue 1789/91 als Ersatz für die Alte M. von N. SPRÜNGLI und VIVINEL nach Plänen von ANTOINE erbaut. Als Appareilleur (Bauführer) tritt dabei J. D. OSTERRIETH erstmals in Bern auf. 1835 wird das letzte Berner Geld geprägt. Nach 1838 dient die M. dem letzten bernischen Münzmeister, CHR. FUETER, als Wohnung. 1854 pachtet der Bund die M. und erstellt vor der Südwestecke das Hochkamin. 1890 geht das Gebäude an die Eidgenossenschaft über, welche 1906 die ↗Münze in Betrieb nimmt. Mit dem alten Hotel ↗Bellevue 4) wird auch die M. 1911/12 abgebrochen.
Standort: Westteil des Hotels Bellevue, Kochergasse 5

Münzstattbrunnen Nach 1789 in der neuen ↗Münzstatt nach Plänen von ANTOINE errichtet. Beim Abbruch der Münzstatt wird auf Betreiben des Berner Malers ADOLF TIÈCHE der M. anfangs 1912 an der Westseite der Transformatorenstation Schwarztorstrasse 62 neu errichtet. Die Ausgussmaske von 1912 ersetzt zwei ursprüngliche Bronzevasen. Die Prellsteine stammen vom alten Hauptportal der Münze.
Lit.: KDM 3

Münzterrasse, auch **Belvedere** Die 1810–1814 erbaute Rundterrasse beim ↗Münztor nach Plänen von J. D. OSTERRIETH.
Standort: Südöstlich des Hotels Bellevue, Kochergasse 5
Lit.: KDM 3

Münztor 1790 bis 1792 nach Plänen von J.-D. ANTOINE erbaut. 1810 bis 1814 wird das dicht oberhalb stehende Zollhaus durch die Münzterrasse ersetzt; Satteldach und Wehrgang der anschliessenden Haldenmauer gegen die Aare werden abgebrochen. 1912 wird auch das M. abgebrochen.
Standort: Südostecke des Hotels Bellevue, Kochergasse 5
Lit.: HOFER, Wehrbauten

Muralt-Häuser Münstergasse 1 und 3. Die beiden spätmittelalterlichen Häuser haben heute frühbarocke (Nr. 1, 1695) und frühklassizistische Fassadengliederung (Nr. 3, 1786 von A. C. SINNER).
Lit.: KDM 2

Muralt-Keller Drei Kellerwirtschaften an der Junkerngasse. ↗Chardonne-Keller
Lit.: NBTb 1910

Muristalden, Grosser Unter der Leitung des Strasseningenieurs VORUZ aus Moudon in den Jahren 1779–1783 erbaute Strasse. Gleichzeitig wurde die Muristrasse bis zum ↗Egghölzli ausgebaut. 1941 werden am M. die Prellsteine entfernt und die Fahrbahnwölbung gemildert.
Lit.: KDM 1

Muristalden, Kleiner Vor 1483 erbaute Strasse als Ersatz für die ↗Haspelgasse.
Lit.: KDM 1

Muristaldenbrunnen Der vielleicht auf einen Entwurf von N. SPRÜNGLI zurückgehende Brunnen wurde 1785 zwischen dem Kleinen und dem Grossen ↗Muristalden nach NW gerichtet aufgestellt und im Sommer 1844 an den heutigen Standort versetzt.
Standort: Zwischen Kleinem Muristalden und Haspelgasse
Lit.: KDM 1

Murtenstrasse Ursprünglicher Name der Strasse vom ↗Murtentor bis an die Gemeindegrenze gegen Bümpliz/Bethlehem. Das Überbauungsprojekt von 1859 nennt sie *Murtengasse.* Der Name *Laupenstrasse* für das Stück vom ↗Bubenbergplatz bis zur Abzweigung der Freiburgstrasse stammt aus den Sechzigerjahren des 19. Jh. Im Hinblick auf den Bau des neuen ↗Güterbahnhofs wurde die M. in den Zwanzigerjahren zwischen dem Platz beim ↗Bremgarten-Friedhof und dem Haus Nr. 141 an den Waldrand verlegt.

Murtentor *1. Tor:* Erbaut 1625/26 von DANIEL I. HEINTZ. Zuerst *neuer Christoffelturm,* dann *Obertor* genannt. Grabenbrücke aus Holz, 1715 aus Stein mit fünf gemauerten Pfeilern. Im späten 18. Jh. wird dem Torturm ein Vordach mit fünf Louis XVI-Konsolen angebaut.
2. Tor: M. genanntes Gittertor mit zwei Zollhäusern, 1807/09 nach einem Projekt des Stadtwerkmeisters L. S. STÜRLER erbaut.

Ein Strassendamm führt über den Graben westlich des Tors. Beim Bau der ↗Hypothekarkasse wird 1881 die südliche Hälfte des Tors abgebrochen, 1898 der nördliche Teil. Zwei Bären auf den Flankenpostamenten waren bereits von STÜRLER vorgesehen, wurden aber erst 1825 dem Obervintschgauer FRANZ ABART in Auftrag gegeben und 1828 aufgestellt (1816 standen schon Gipsmodelle), 1881 ans ↗Aarbergertor versetzt, 1894 an den heutigen Standort am Helvetiaplatz verbracht. Seit 1879 kupferne Schwäne auf den Kandelabern.

Standort des Tors: ↗Bubenbergplatz zwischen Schwanengasse 2 und Bubenbergplatz 8

Lit.: HOFER, Wehrbauten

Museen
↗Alpines M., Antikensaal, Bibliotheksgalerie, Historisches M., Kunsthalle, Kunst-M., Naturhistorisches M., Post-M., Schul-M., Schulwarte

Museum, Gesellschaftshaus ↗Kantonalbank

Mushafen, früher auch **Muesanstalt 1)** Am 16. November 1528 gestiftete Verpflegungsanstalt für ärmere Studenten. Der M. befand sich im Südteil des Ostflügels des ↗Predigerklosters, nördlich des Chors der ↗Französischen Kirche. Dort befand sich auch ein Dörrofen für Obst. Ursprünglich hiess der M. auch *St. Jakobsspital,* bezüglich des Namens Nachfolger der ↗Elendenherberge.

Lit.: DURHEIM, Beschreibung

2) *ausserordentlicher M.* ↗Speiseanstalt der obern bzw. der untern Stadt

Musikschule ↗Konservatorium

Mussmatte ↗Muesmatt

Muster- und Modellsammlung, Kantonale ↗Kornhaus

Mutz, Brauner Genfergasse 3. Das in den Achtzigerjahren des 19. Jh. als *Konzerthalle* eröffnete Restaurant hiess nach 1902 *Bundesbahnen.*

Myrthenweg ↗Bonstettenstrasse

Nachrichtergässli ↗Ryffligässchen

Nachrichterturm 1345 erbauter Turm der innern Mauer der ↗4. Stadtbefestigung. Im 17. Jh. bewahrt der Nachrichter

(Scharfrichter) im N. sein Werkzeug auf. Seit 1749 bildet der N. die Südostecke des ↗Bohrhauses. Abgebrochen 1830.

Standort: Neuengasstreppe der Bahnhofunterführung, nördlich des Hauses Bahnhofplatz 11
Lit.: KDM 3; HOFER, Wehrbauten

Nägeli, Privatbank N. & Co. ↗Amthaus 1)

Nägeligasse Mit dem Abbruch des Gr. ↗Zeughauses und dem Bau der Neuen ↗Mädchenschule entstandene Gasse, die seit 1877 nach dem Schultheissen H.F. NÄGELI († 1579) genannt wird (↗Nägeligässli).

Nägeligässli Oberster Teil der ↗Rathausgasse 2). Das N. hiess im 19.Jh. *Statthaltergässli.* Der Name N. kommt vom ehemaligen ↗Nägelihaus 2), der nachmaligen Präfektur (Statthalteramt) (Kornhausplatz 11). 1898 durch den Abbruch des nordseitigen Doppelhauses (mit Schwibbogen) auf die doppelte Breite erweitert und zur Metzgergasse geschlagen.

Nägelihaus 1) Gerechtigkeitsgasse 60/Postgasse 53. 1527 erwirbt HANS FRANZ NÄGELI den Westteil des Hauses und baut ihn 1531 neu auf. Er wohnte dort bis zu seinem Tode 1579. Gedenktafel vom Ende des 19.Jh. Zu Beginn des 17.Jh. mit dem östlich gelegenen RÖMERSTALL-Haus vereinigt.

2) Kornhausplatz 11. 1556 erwirbt H. F. NÄGELI das Haus zusammen mit dem Haus zur ↗Glocke, welches bald wieder Hand ändert. 1741 kauft der Staat das Haus am Kornhausplatz und richtet darin die *Welschseckelschreiberei* ein. 1798 wird das Haus zur *Präfektur* (Statthalteramt, ↗*Amtsschreiberei* 2)). 1857 erwirbt es der Schulverein der ↗Einwohnermädchenschule.

3) Junkerngasse 27. Sässhaus HANS RUDOLF NÄGELIS, des Vaters von HANS FRANZ N., das er von 1494 bis zu seinem Tod 1522 bewohnt.

Lit.: KDM 2; DURHEIM, Beschreibung

Nägeliheim ↗Wartheim

Nähstube Die 1796 eröffnete N. der Privat-Armenanstalt befand sich 1880 im Hause Brunngasse 29.

Narren, Haus zum ↗Distelzwang

National 1) In den Sechzigerjahren des 19.Jh. eröffnetes Restaurant, das kurz nach dem Einzug der ↗Kantonalbank in *Café des Banques* umbenannt wurde.

Standort: Schauplatzgasse 3

2) ↗Maulbeerbaum

3) Das in den Sechzigerjahren des 19.Jh. als *Café Roth* eröffnete Restaurant hiess seit den Neunzigerjahren *Café Merz.* 1909 wurde es für den Neubau der ↗Spar- und Leihkasse abgebrochen. Als Hotel N. bestand es weiter, bis es 1919 dem Neubau der Schweiz. ↗Kreditanstalt weichen musste.

Standort: Bundesplatz 2, früher auch Nr. 4

Nationalbank Bundesplatz 1. Das zweistöckige Herrschaftshaus (↗*Bürkihaus*) zuoberst zwischen Amthaus- und Kochergasse wurde 1896 von der Eidgenossenschaft durch Expropriation erworben. Bis 1908 diente es als Verwaltungsgebäude. Den 1909 bis 1911 erstellten Neubau bezog anfangs 1912 die am 20.Juni 1907 gegründete N., die vorher im Haus Bundesgasse 8 untergebracht war.

Nationaldruckerei, Helvetische ↗Hochschule

Naturhistorisches Museum 1) Vor 1881 befanden sich die naturhistorischen Sammlungen in der ↗Bibliotheksgalerie.

2) 1878–1881 baute ALBERT LANZ für die Burgergemeinde das N. an der Hodlerstrasse 5. Abgebrochen 1936.

3) Das 1932–34 erbaute N. an der Bernastrasse 15 wurde am 4.Januar 1936 eröffnet und seither mehrmals erweitert.

Neapolitanerkaserne Oberes ↗Marzilitor

Neeser-Haus Gerberngasse 41, ↗Fischerstübli

Neubrückboden ↗Brüggboden

Neubrückbrunnen ↗Herrenbrunnen

Neubrücke 1535 erstellte gedeckte Holzbrücke mit vier Steinpfeilern an Stelle der älteren Brücke von 1466. Sie ist Eigentum des Staates. 1850 wurde die steile Südzufahrt durch die Kurve der Neubrückstrasse ersetzt. Die Wirtschaft (Neubrückstrasse 204) wurde 1810 von J. GRAF neu aufgebaut.

Lit.: BZfGH 1949

Neuengasse Der Name der N. ist so alt wie die Gasse selber, die nach der ↗4. Stadtbefestigung in der Mitte des 14.Jh. errichtet wurde.

Lit.: KDM 2

Neuengassbrunnen, Mittlerer Mit 5,65 m ist das 1842/43 von URS BARGETZI gehauene Becken der längste aller Berner Brunnen-Monolithe. Der N. ersetzte den Brunnen vor der Mitte des Hauses Neuengasse 30.

Standort: Vor dem Haus Neuengasse 23
Lit.: KDM 1

Neuengassbrunnen, Oberer Das Becken dieses Brunnens wurde 1829 nach einem Entwurf von L. S. STÜRLER hergestellt. Es sollte vor die ↗Heiliggeistkirche zu stehen kommen. 1835–38 war es an der ↗Zeughausgasse aufgestellt, dann wurde es mit dem Vierkantpfeiler an der Neuengasse aufgestellt. 1924 wurde die Kunststeinvase von E. PERINCIOLI nach einem Entwurf von A. TIÈCHE aufgesetzt. 1964 wurde der N. wegen des Baus des Ostausgangs der Neuengass-Unterführung entfernt.

Standort: Vor dem einspringenden Nordteil des Hotels ↗Schweizerhof (Bahnhofplatz 11)
Lit.: KDM 1

Neuengassgässlein Um die Mitte des 19. Jh. Name des nördlichen Teils des ↗Ryffligässchens.

Neuengass-Schulhaus ↗Ferrierhaus

Neuenstadt 1) *Innere N.* ↗Bern, ↗Marktgasse
2) *Äussere N.* ↗Bern

Neuenweg ↗Aargauerstalden

Neufeld Das N. und das Hochfeld wurden erst um 1730 gerodet, nachdem zu Beginn des 18. Jh. der heutige Waldrand ausgemarcht worden war. Anfangs heisst das N. die *Stöcke,* später *Oberes Breitfeld.*
Lit.: NBTb 1933

Neufeldsträsschen ↗Glasbrunnen-Strasse

Neuhaus In den Achtzigerjahren des 19. Jh. eröffnetes, heute verschwundenes Restaurant an der Kasernenstrasse 9.

Neuhauseggen Südwestliche Ecke des Grossen ↗Bremgartenwaldes.
Standort: Koord.: 596 500/200 250

Neuhäuserweg Bezeichnung für jenen Teil des *Rosenwegs,* der parallel zur Seftigenstrasse bis zur Morillonstrasse führt. Der Name N. wurde 1938 aufgehoben.

Neumond ↗Vollmond

Neuwartheim Schänzlistrasse 43. Kurz nach 1924 erbautes Mutterhaus des Diakonissenhauses (↗Wartheim).

Neuzeughaus ↗Artillerie-Zeughaus

Niedergerbern ↗Obergerwern

Niederhäuser, Café Café ↗Sommer

Niedermetzgern ↗Metzgern

Niederpfistern ↗Pfistern

Niederschuhmachern ↗Schuhmachern

Niederspital Niederer ↗Spital

Niedersulgen ↗Sulgen

Niehans-Keller Kellerwirtschaft an der Gerechtigkeitsgasse 78.
Lit.: NBTb 1910

Niggeler-Denkmal Bronzebüste von ALFRED LANZ für den «Turnvater» JOHANNES NIGGELER (1816–1887). Das N. entstand 1890/91 und wurde am 25. Oktober 1891 auf der ↗Kleinen Schanze in unmittelbarer Nähe des frühern Akademischen ↗Turnplatzes eingeweiht.

Nischenbrunnen 1865 errichteter Brunnen in halbrund gemauerter und nach toskanischer Art überdeckter Nische.
Standort: Gegenüber dem Haus Nischenweg 3

Noll-Haus Münsterplatz 10. 1506 wird ANTONI NOLLS Haus durch den Abbruch des ↗Schilling-Hauses zum Eckhaus und erhält eine strebenverstärkte Ostfront, die NOLLS Freund NIKLAUS MANUEL 1518 mit dem Bild «Samuels Götzendienst» schmückt. Dem spätbarocken Umbau fällt kurz vor 1740 dieses Bild zum Opfer. Seit 1928 ist das N. mit dem Haus Nr. 12 vereinigt.
Lit.: KDM 2

Nollenhausbrunnen ↗Mosesbrunnen

Nord, Café du 1) In den Sechzigerjahren des 19. Jh. eröffnetes, in den Achtzigerjahren wieder verschwundenes Restaurant im Haus Schauplatzgasse 39.
2) Lorrainestrasse 2. 1896 eröffnetes Restaurant in der gleichzeitig erbauten Häuserreihe.

Nordring ↗Dammweg

Notasyl, auch **Notfallasyl** Für Obdachlose wurde 1858 im ⁊Marzili eine Wohnung als *Notfallstube* eingerichtet, welche 1861 ans Westende der ⁊Badgasse verlegt wird. Wenige Jahre später befindet sie sich für Männer im ⁊Zuchthauslazarett (Engehaldestrasse 22), für Frauen und Kinder im Haus Neuengasse 28. Kurz vor der Jahrhundertwende ersetzt das N. im Haus Tscharnerstrasse 14 die Notfallstuben. 1954 wird mit der Eröffnung des *Städt. Jugendheimes* (Huberstrasse 30) das N. aufgehoben.

Notfallstube ⁊Notasyl

Notre Dame du Rosaire ⁊Pavillon

Nudleburg ⁊Haushaltungsschule

Nuntiatur ⁊Souvenir

Nydeck... Seit 1940 werden alle mit N. beginnenden Namen offiziell Nydegg... geschrieben.

Nydegg, Burg Die um 1190 (traditionell 1191) von BERCHTOLD V. v. ZÄHRINGEN († 1218) erbaute Burg N. wurde nach dessen Tod Reichsfeste. In den Jahren 1268/70 zerstörten sie die Einwohner von ⁊Bern. Etwa die Hälfte der Burg scheint gegen die ⁊Mattenenge hinuntergestürzt zu sein. 1405 erfolgte die Zuschüttung des Halsgrabens. Die Burg N. mass im Grundriss (ohne die vier Ecktürme) ungefähr 18×33 m.
Standort: Chor der Nydeggkirche, sowie nördlich und östlich davon
Lit.: HOFER, Wehrbauten (nicht mehr auf dem neuesten Stand der Forschung)

Nydegg, Café 1) Seit der Mitte des 19. Jh. gab es bis ins erste Jahrzehnt des 20. Jh. ein Café N. im Haus Nydeggstalden 30. **2)** Gerechtigkeitsgasse 1. Im auf NIKLAUS SPRÜNGLI zurückgehenden Haus gibt es in der zweiten Hälfte des 20. Jh. ein Restaurant, dem seit der Renovation von 1972 ein Hotelbetrieb angegliedert ist.

Nydeggbrücke Im März 1836 gründen einige Bernburger eine Aktiengesellschaft zum Bau der N. Sie erhalten im Mai 1838 die Baubewilligung und das Zollrecht. Anfangs August 1840 beginnt der Bau nach KARL EMANUEL MÜLLERS Plänen unter Leitung von R. v. WURSTEMBERGER nach einem Projekt von FERRY. Einsetzung des Schlusssteins am 15. September 1843; nach dem Bau der vier Zollhäuschen feierliche Eröffnung am 23. November 1844. Bei der Aufhebung der Brückenzölle am

1.März 1853 übernimmt der Staat die Brücke und entschädigt die Aktionäre zum grössern Teil. Länge: total 190 m, Mittelstück 124,3 m. Bogenweiten: Nebenbogen 16,5 m, Hauptbogen 46 m. Bis gegen 1890 gab es in Europa keinen grösseren Steinbogen.
Lit.: KDM 1

Nydeggasse Als Westzufahrt der ↗Nydeggbrücke 1842/44 erbaut. Dabei wurden die südlichen Häuser der ↗Wendschatzgasse abgebrochen. Erst 1853 wurde beschlossen, an der Nordseite der N. eine Stützmauer mit Treppen und Brunnen zu errichten und auf eine zur ↗Nydegglaube symmetrische Überbauung zu verzichten.
Lit.: KDM 2

Nydegghöflibrunnen auch *Staldenbrunnen* genannt. 1857 in der Nische unter der ↗Nydeggasse errichteter Wandbrunnen.
Standort: Nördlich des Hauses Nydeggasse 13
Lit.: KDM 1

Nydeggkirche Nydegghöfli 2. 1341–46 Bau einer Kirche mit Dachreiter am Platz der alten Burg ↗Nydegg. 1480–83 Bau des Turms, 1493–1504 Neubau des Schiffs. 1529–1566 wird die N. als Magazin für Fässer, Holz und Korn verwendet, dann ist sie bis 1721 Filialkirche des ↗Münsters. 1863 wird die N. nach der Umgestaltung des ↗Nydegghöflis nach Plänen von DÄHLER nach Westen erweitert und erhält einen Eingang von der ↗Nydeggbrücke her. 1951/53 Gesamtumbau, Entfernung des Konfirmandensaals von 1909, Erstellung des ursprünglichen Chorpolygons und der Flachtonne im Schiff. Vier Glocken von 1483, 1654 (1902 umgegossen), 1901 und 1958. Brücken- und Höfliportal von MARCEL PERINCIOLI, 1953 und 1955.
Lit.: KDM 5

Nydegglaube Nydeggasse Nrn.9–17. 1845 durch EUGEN STETTLER erbaut. ↗Nydeggasse
Lit.: KDM 2

Nydeggpfarrhaus ↗Staldenpfarrhaus

Nydeggstalden, vor 1940 **Stalden** Das Gefälle der alten Ostzufahrt zur ↗Gerechtigkeitsgasse wurde nur einmal, im Jahre 1759, gemildert. 1956/58 erfolgte der Neubau der schattseitigen Häuserreihe durch H. WEISS.
Lit.: KDM 2

Nydeggtreppe 1559 an die Westseite der ↗Trommauer gebaut, beim Bau der ↗Nydeggbrücke abgebrochen. 1858 baut der Werkmeister KÖNIG die heutige hölzerne Treppe.
Standort: Ursprünglich vom Haus Gerberngasse 4 bis an die NW-Ecke der ↗Nydeggkirche, heute von 6 m nördlich des frühern Ausgangspunktes zum Haus Nydeggasse 9
Lit.: KDM 1

Obere Kirchtür-Kapelle ↗Schütz-Kapelle

Obergericht Hochschulstrasse 17. Für das O., welches bis 1831 im ↗Chorhaus 2), später im ↗Rathaus 3) tagte, erstellten in den Jahren 1908/10 BRACHER, WIDMER & DAXELHOFER den heutigen Bau, der 1915/17 durch den Südwestflügel erweitert wurde.

Obergerbernturm ↗Obergerwern

Obergerwern Marktgasse 45. Nachdem die Gerber 1314 aus der ↗Gerechtigkeitsgasse vertrieben worden waren, konnten sie ihr übelriechendes Gewerbe im nach ihnen benannten ↗Gerberngraben ausüben. Schon 1416 gibt es Ober- und Niedergerbern, wobei die O. nach ihrem Wappen auch *zum schwarzen Löwen* heissen. Das Zunfthaus zu O. befindet sich vom Ende des 14.Jh. an für einige Jahrzehnte an der Kramgasse (Nr. 71). Wahrscheinlich im Jahr 1430 bezieht die Gesellschaft das Haus Theaterplatz 2, das sie 1565/67 mit grossem Aufwand neu erbaut. Noch heute heisst der dortige Treppenturm *Obergerbernturm*. Die Baufälligkeit des Zunfthauses zu *Niedergerbern* (Gerechtigkeitsgasse 69?) war es vermutlich, die 1578 den Zusammenschluss der beiden Gesellschaften zur nachmaligen Vennerzunft bedingte. 1803 verkauft O. das Haus am Theaterplatz, erwirbt 1806 das kurz vor 1747 von ALBRECHT STÜRLER erbaute heutige Zunfthaus und lässt es von L. S. STÜRLER umbauen. 1857/59 wird es erweitert. EDUARD STETTLER baut das anstossende Haus Amthausgasse 28. Der heutige, den ursprünglichen Bau rekonstruierende Neubau erfolgte in den Jahren 1965/68.
Lit.: KDM 6

Oberhübeli Im 19.Jh. Bezeichnung des kleinen Hügels, auf dem heute der ↗Florabrunnen steht.
Standort: Nordwestlich der Kreuzung Sulgeneckstrasse/Schwarztorstrasse, nördlich des Hauses Schwarztorstrasse 1

Obermetzgern ↗Metzgern

Oberpfistern ↗Pfistern

Oberschuhmachern ↗Schuhmachern

Oberseminar Muesmattstrasse 27. Erbaut von den Architekten v. STEIGER und R. RENFER in den Jahren 1904/05. Turnhalle: 1907. Die Übungsschule, Muesmattstrasse 29, entstand 1932/33 nach Plänen von LUTSTORF und MATHYS.

Oberspital Oberer ↗Spital

Oberspitalturm ↗Christoffelturm

Obersulgen ↗Sulgen

Obertor, Oberes Tor 1) ↗Christoffelturm
2) ↗Murtentor

Observatorium, Sternwarte Sidlerstrasse 5. 1812 Bau eines hölzernen Beobachtungskabinetts auf der Bastion ↗Hohliebe. Es wurde 1821/22 durch das *tellurische Observatorium* ersetzt, das bei der Schleifung der Schanzen 1834 nur knapp gerettet werden konnte. 1876/77 wird das Terrain um ca. 7 m abgetragen und das *physikalische Institut* neu erbaut. Die Sternwarte war eine Nachbildung der «Urania» (↗Engehof). 1959 fällt auch dieses Institut (im Volksmund *Wetterhorn* genannt), der Rest der Bastion wird ausgeebnet und es entsteht bis 1963 das *Albert Einstein-Ludwig Schläfli-Institut für Exakte Wissenschaften*, dessen Ausbau nach Süden und Osten aus den Jahren 1972/74 datiert.

Obstberg 1) Alter Aargauerstalden 2. Landhaus, das dem ganzen Quartier den Namen gab.
2) Bantigerstrasse 18. Einige Jahre vor dem Ersten Weltkrieg eröffnetes Restaurant.

Obstberg, Oberer Landhaus am Kl. Muristalden 3.

Obstbergbahnhof Bahnhofprojekt der Ostwestbahn, deren Linie Bern–Luzern vom Nordende der ↗Eisenbahnbrücke, der Höhe des Aarehanges folgend, die Muristrasse erreichen und dann durchs ↗Jolimontgut, am ↗Saali vorbei die ↗SCB bei der Station Gümligen kreuzen sollte.
Projektierter Standort des O.: Linie vom Klaraweg 2 bis Kl. Muristalden 8
Projektierter Standort des Güterbahnhofs: Areal des Seminars Muristalden (Muristrasse 10)

Obstberg-Wartturm Im 14.Jh. erwähnter, viereckiger Tor-
turm an der Haspelgasse.
Standort: Vermutlich oben an der Höhe des Hanges
Lit.: KDM 1

Ochsen Das um die Mitte des 19.Jh. eröffnete Hotel hiess bis
gegen 1880 *Union* und ist heute verschwunden.
Standort: Rathausgasse 23

Ochsenscheuer Bauerngut in der Südwestecke der Verzweigung Eigerstrasse/Wabernstrasse. Das Bauernhaus brannte 1843
ab. Der im 17.Jh. erbaute Herrenstock hiess im 20.Jh. bis zu
seinem Abbruch 1965 *Sonnenheim.*
Standort: Bauernhaus: Eigerstrasse 58; Herrenstock: Südlich des Hauses Eigerstrasse 60

Ofenhaus Bis ins 19.Jh. Bezeichnung des Hauses Brunnmattstrasse 11.

Operatorhaus Das 1743/44 an Stelle der ↗Staatsapotheke als
Amtswohnung des ersten Wundarztes von SAM. LUTZ erbaute
O. wird 1835/36 für den Neubau der Staatsapotheke abgebro-
chen.
Standort: Südteil des ↗Bundeshauses-Nord, Amthausgasse 15
Lit.: KDM 1
Abbildung 11, S. 102

Operettentheater ↗Apollo

Optingen Häusergruppe im Nordwestteil des Spitalackers. Der
Name ist seit Ende des 18.Jh. nicht mehr im Gebrauch. 1895
wurde in dieser Gegend ein keltisches Kurzschwert gefunden.
Lit.: KDM 1

Optingenstrasse ↗Brunner-Strasse

Oranienburg Villa an der Schänzlistrasse 15, deren Erbauer im
18.Jh. in holländischen Diensten gestanden hatte.

Oranienburgstrasse 1925 nach der benachbarten ↗Oranien-
burg benannt.

Ostring Seit 1935 offizieller Name eines Teiles der schon 1928
geplanten Ringstrasse. Entsprechend wurde 1951 der ↗Damm-
weg Nordring genannt.

Ougspurgergut Melchenbühlweg 26. Landgut mit einem Herrenstock aus dem 18.Jh., als es noch *Grössere Matte* hiess (↗Vermont). Im 19.Jh. hiess es auch *Äussere* oder *Hintere Schosshalde.* Der heutige Name geht auf die 1908 ausgestorbene Berner Familie OUGSPURGER zurück, in deren Besitz das Gut 1836 kam.
Lit.: KDM 6

Pädagogium ↗Lateinschule

Paglia, Café Im ersten Jahrzehnt des 20.Jh. bestand für kurze Zeit dieses Café im Haus Aarbergergasse 24.

Palazzo Prozzo Die Häuser Länggass-Strasse 22 und 24 sowie Hallerstrasse 1 hiessen nach ihrer Erbauung im Volksmund wegen des übertrieben schwülstigen Bauschmucks P.P. Der grösste Teil des ursprünglichen Zierats musste mit der Zeit aus feuerpolizeilichen Gründen oder wegen Einsturzgefahr entfernt werden.

Papiermühlestrasse ↗Aargauerstalden

Pappelweg ↗Grundweg

Pariserturm, auch **Streckiturm** oder **Streckwacht** Turm beim südlichen Zusammenschluss von innerer und äusserer Mauer der 4. ↗Stadtbefestigung. Seit 1640 als Folterturm verwendet, vor 1732 verlassen. 1850/51 mit dem Mauerzug oberhalb der ↗Vannazhalde und den zwei namenlosen Vierecktürmen beim Bau des ↗Bundeshauses West und des ↗Bernerhofs abgebrochen.
Standort: Rasenplatz in der Lücke zwischen Bundeshaus West und Bernerhof (Bundesgasse 1 und 3)
Lit.: HOFER, Wehrbauten

Parkterrasse Grosse ↗Schanze

Parlamentsgebäude Bundesplatz 15. Kurz nach dem Beschluss der eidgenössischen Räte, ein P. zu bauen, wurde 1894 mit der Errichtung der Stützmauer begonnen. Die eigentlichen Bauarbeiten nach Plänen von HANS AUER unter Leitung von A.KASSER dauerten von 1896 bis 1900. Die feierliche Einweihung durch die Bundesversammlung erfolgte am 1.April 1902.
Lit.: J.THIESSING, Die Eidg. Gebäude in Bern; Bern, oJ.

Parlamentsplatz ↗Bundesplatz

Abb. 19. Untertor und Untertorbrücke, rechts der Rossschwemmeturm, um 1770. Lavierte Federzeichnung von Johann Ludwig Aberli (1723–1786).

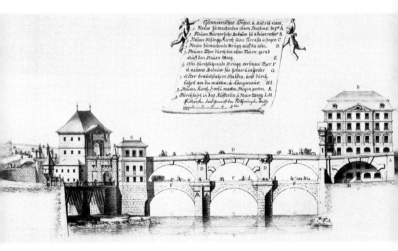

Abb. 20. Ausbauprojekt für die Untertorbrücke im Zusammenhang mit dem geplanten Ausbau des Nydeggstaldens, 1758/59. Aquarellierte Federzeichnung von Niklaus Sprüngli (1725–1802).

Abb. 21. Stalden/Wendschatzgasse. Links das Interlakenhaus (mit markantem Vordach) und das Frienisbergerhaus (mit zwei Lukarnen). Aquarellierte Zeichnung von Friedrich Zimmer (1808–1846).

Abb. 22. Wendschatzgasse, 1842. Von links nach rechts: das Morlotläubli (vor der Nydeggkirche), das Interlakenhaus, das Haus mit der Pintenwirtschaft zur Hoffnung, das Frienisbergerhaus und das nachmalige Böhlenhaus; rechts der Vierröhrenbrunnen. Aquarell von Felix Gerber (1802–1853).

188

Passantenherberge ⁊Burgerspital

Passerellen 1) *Obere oder Post-Passerelle,* auch *Postbrücke.* Die beim Bau des ⁊Hauptbahnhofs 1859 erstellte P. führte zwischen dem Postgebäude (⁊Boulevard) und der ⁊Kavalleriekaserne hindurch auf die Grosse Schanze (östlich der ⁊Universität). Sie wurde 1964 abgebrochen.
2) *Untere oder Speichergass-Passerelle,* auch *Speichergassbrücke.* Die 1890 erstellte und 1960 abgebrochene P. führte nördlich der ⁊Kavalleriekaserne als Verlängerung der ⁊Speichergasse an die Alpeneggstrasse (östlich des ⁊Observatoriums) hinauf.

Pastetenhubel ⁊Vejelihubel

Paulis Keller Kellerwirtschaft in der ersten Hälfte des 19.Jh. Es könnte zwischen dem um 1900 nachgewiesenen *Café Lüdi* im Haus Mattenenge 4 und P.K. ein Zusammenhang bestehen.
Lit.: HOWALD, Brunnen 2.

Pauluskirche Freiestrasse 8. In den Jahren 1902/03 nach einem Projekt von CURJEL & MOSER erbaut. Jugendstil, Kreuzbau mit Eckturm. Steinplastik (Christus als Kinderfreund) von OTTO KIEFER. Einweihung: 4.Dezember 1903. 4 Glocken; neue Orgel mit 40 Registern von 1934.

Pavillon, Le Thunstrasse 52. Im letzten Jahrzehnt des 19.Jh. baute sich HENRY B.v.FISCHER (1861–1949) dieses Haus nach seiner Rückkehr von Luzern. Im Garten errichtete er die Kapelle «N.D. du Rosaire».
Lit.: v.MANDACH, Henry B.v.Fischer

Pelikan Langmauerweg 12. Kurz vor der Mitte des 19.Jh. wurde der grosse Bau zum P. als Badanstalt und -wirtschaft eröffnet. Die *Mikwe,* das rituelle Bad der 1848 gegründeten israelitischen Kultusgemeinde, konnte im P. eingerichtet werden. Nach dem finanziellen Zusammenbruch ging das Haus noch in den Fünfzigerjahren des 19.Jh. an andere Besitzer über. Die Bronzeplastik P. schuf JOHANNA KELLER 1972.

Pensionen ⁊Gastgewerbe

Pergola Rabbentalstrasse 87. Eine der Villen, die nach der Erschliessung des ⁊Rabbentals durch die auch eine Strasse umfassende ⁊Eisenbahnbrücke erbaut worden ist.

Peschl Café ⁊Witschi

Pestalozzi-Schulhaus Weissensteinstrasse 41. Erbaut 1914/16.

Pestilenzacker Bis zum Anfang des 19.Jh. Name einer Parzelle im ↗Engemeistergut. P. weist auf den 1878 entdeckten einstigen Pestfriedhof hin.
Standort: Nördlich des Hauses Reichenbachstrasse 142
Lit.: v.RODT, Stadtgeschichte

Petri, Café Café ↗Mäder

Petruskirche Brunnadernstrasse 40. Auf der ehemaligen TSCHARNER DE LESSERT-Besitzung baut M.BÖHM in den Jahren 1947/49 die P., deren 36 m hoher Turm 5 Glocken enthält. Die Orgel hat seit 1958 41 Register. Die Darstellungen der Petrusgeschichte von G.PIGUET sollen die grössten Reliefplastiken der Schweiz sein.

Pfaffensteig Steiles Wegstück an der Westseite des Könizbergwaldes. Diesen Weg sollen die Geistlichen von Köniz bei ihrem Gang zur Filialkirche Bümpliz benützt haben.

Pfaffenturm ↗Harnischturm

Pfeiferbrunnen 1545/46 von HANS GIENG geschaffener Brunnen, dessen Figur sich eng an DÜRERS «Sackpfeifer» von 1514 anlehnt. Der P. stand ursprünglich vor dem Gasthaus zum Kreuz, dem Absteigequartier fahrender Spielleute. Seit 1594 heisst dieser Gasthof «zum ↗Storchen». Der P. heisst von da aus bis zum Ende des 19.Jh. auch *Storchenbrunnen*. Bei der Renovation von 1874 wurde auf dem Rücken des Pfeifers eine Inschrift angebracht, die Figuren am Fries wurden verstümmelt. Das heutige, gekehlte Becken schuf LAURENTI 1889. 1919 wurde der P. leicht nach Osten versetzt; dabei wurde der Sudeltrog entfernt.
Standort: Vor 1638 zwischen Ryffli- und Storchengässchen, heute vor dem Haus Spitalgasse 21
Lit.: KDM I

Pfistern Kramgasse 9. 1314 erstmals erwähnte Zunft der Bäcker und Müller, die 1367 zur ersten Vennerzunft wird. Kurz darauf entstehen die zwei Stuben der *Ober- und Niederpfistern* (↗Brotschaal, Obere und Niedere), die 1578 im Haus zu Oberpfistern (erbaut 1413), Zytgloggelaube 6 wieder vereinigt werden. Den Bau von DANIEL HEINTZ II. von 1595/98 löst 1849 das *Hotel Pfistern* von FR.STUDER ab. Die Zunft zu Pf. zieht 1924 in ihr

jetztiges Haus von 1769/70 mit dem Régence-Hinterhaus von 1740 (Münstergasse 8). 1925 weicht das Eckhaus beim Zytglogge einem neuen Geschäftshaus, das Hotel wird nicht wieder eröffnet. Heute befindet sich darin das *Café Merkur*.
Lit.: KDM 6
Abbildung 14, S.119

Pfisternviertel Südwestliches ↗Vennerviertel

Pflug Im letzten Jahrzehnt des 19.Jh. eröffnete Wirtschaft im Haus Aarbergergasse 7; verschwunden mit dem Abbruch der Liegenschaft in den Sechzigerjahren des 20.Jh.

Pflugweg Bis 1939 Name des nördlichen Verbindungsweges zwischen Lerchenweg und Fellenbergstrasse.

Pfründerhaus oder **-heim** Seit alters befand sich im ↗Ausserkrankenhaus ein Heim zur Pflege unheilbar Kranker. An der Bolligenallee befand sich das P. westlich der ↗Siechenkapelle. Seit dem Umzug auf die ↗Kreuzmatte befindet sich das P. an der Freiburgstrasse 36. Es heisst, seitdem es mit dem Legat des Amerika-Berners E. Otz († 1950) aufgestockt werden konnte, *Ernst-Otz-Heim*.

Philosophengang Ein Spazierweg vor dem ↗Oberen Tor. Er führte dem ↗Monbijoufriedhof entlang ins Tal des Sulgenbaches, diesem folgte er aufwärts bis etwa zum ↗Brunnhof (heute *Philosophenweg*) und bog dann nach Norden ab und fand auf dem Donnerbühl seinen Abschluss.
Lit.: WALTHARD, Description

Philosophengarten ↗Mattenbühlbad

Physiologisches Institut Bühlstrasse 5. Das 1892–94 von KRONECKER erbaute und zu Beginn der Siebzigerjahre des 20.Jh. abgebrochene P.I. hiess ursprünglich *Hallerianum* in Erinnerung an ALBRECHT V. HALLER, der 1734 die erste ↗Anatomie gegründet hatte.

Pilgerruh ↗Kocher-Gut

Pinten ↗Gastgewerbe

Place, Café de la Café d' ↗Espagne

Platel-Keller Eine heute verschwundene Kellerwirtschaft im Haus Kramgasse 61.
Lit.: NBTb 1910

Plattform 1334 Grundsteinlegung, 1514 Bau vollendet. Friedhof bis 1531. Im 18.Jh. werden die Linden durch Rosskastanien ersetzt. Von 1717 datieren die Gittertore, von 1749/53 die Sandsteinbalustraden. 1778/79 ersetzt N. SPRÜNGLI die 1514 von A. MATHYS erbauten Eckpavillons. Das ↗Zähringerdenkmal 2) stand 1847–1968 auf der P., die Wettersäule wurde 1873, der Aufzug Matte-Plattform 1897 errichtet (↗Mattenlift). Die ↗Weinzäpfli-Gedenktafel datiert von 1694.
Lit.: KDM 1, 4

Plattform, Kleine Name des Läuferplatzes kurz nach seiner Umgestaltung 1827.
Lit.: WALTHARD, Description

Plattformtreppe 1747 wurde die P. westlich der ↗Plattform für den Bau des ↗Stifts abgebrochen, während die östliche P. noch heute besteht.

Platz ↗Kornhausplatz

Platzbrunnen ↗Kindlifresserbrunnen

Politisches Institut Von 1787 bis 1799 bestehende Lehranstalt, die besonders der Vorbereitung der patrizischen Jugend für den Staatsdienst diente.
Standort: Alte ↗Hochschule, Herrengasse 25
Lit.: HAAG, Die Hohen Schulen zu Bern, Bern 1903

Polizeigasse Seit der Mitte des 19.Jh. bis 1881 offizieller Name des früheren *Hotelplatzes,* der Gasse zwischen dem ↗Polizeigebäude 1) und dem ↗Hôtel de Musique.
Standort: Südlich des Hauses Casinoplatz 2

Polizeigebäude 1) Seit 1798 diente der ↗Münsterwerkhof als Sitz der Stadtpolizei und der Städtischen Polizeidirektion. Das 1860 ausgebaute Gebäude wurde 1908 abgebrochen.
Standort: Vor dem Westausgang der Herrengasse, südlich des Hauses Casinoplatz 2
2) Predigergasse 5. Erbaut in den Jahren 1905/07 an Stelle des ↗Kommerzienhauses.
Lit.: KDM 3

Polizeikaserne Hodlerstrasse 6. 1940 beschlossener, aber erst in der Mitte der Fünfzigerjahre ausgeführter Erweiterungsbau zum ↗Knabenwaisenhaus, dessen Turnhalle zu diesem Zweck abgebrochen wurde (↗Waisenhausturnhalle).

Polygon An die in den ersten Jahren des 19.Jh. errichtete und beim Bau der Eisenbahn 1855 abgetragene Schanze erinnert der Name *Polygonstrasse* (vor 1944 offiziell *Polygonweg*). Das P. gehörte zu den Einrichtungen des Exerzierplatzes Wylerfeld. Es mass ca. 50 m in der Breite und ca. 70 m in der Tiefe und war gegen Ostnordosten gerichtet. Zu Beginn des 19.Jh. hiess das P. *Schänzli.*
Standort der Südwestecke: Das Haus Polygonstrasse 6

Pont 1) *Hôtel du P.* Im letzten Jahrzehnt des 19.Jh. eröffnetes, im Ersten Weltkrieg wieder geschlossenes Hotel.
Standort: Helvetiaplatz 2/4
2) ↗Altenbergbad

Post, Alte 1) Rathausgasse 27. Das in den Sechzigerjahren des 19.Jh. als *Hotel Post* eröffnete Haus war bald darauf nur noch Restaurant und heisst seit den letzten Jahren des 19.Jh. Alte P.
2) Ein früheres Restaurant Alte P. befand sich 1862 im Haus Kramgasse 22, zehn Jahre später im Haus Nr. 24. Verschwunden vor 1880.

Poste 1) Im letzten Jahrzehnt des 19.Jh. eröffnetes Hotel, das nach dem Zusammenschluss mit dem *Hôtel de* ↗France *Poste & France* hiess. Nach dem Abbruch des Hauses 1957 wurde es nicht wiedereröffnet.
Standort: Neuengasse 43
2) *Café de la P.* In den Achtzigerjahren des 19.Jh. verschwundene Wirtschaft, die vermutlich vor 1850 eröffnet worden war. Der Name weist auf die nahe gelegene Hauptpost (↗Kaufhaus) hin.
Standort: Kramgasse 26

Postgassbrunnen 1) Oberer P. ↗Kronenbrunnen
2) Unterer P. ↗Maybrunnen

Postgässchen, Postgassgässchen Heute *Antoniergässchen.*

Postgasse Seit 1798 offizieller Name des untern Teils der ↗Hormansgasse, an der seit 1675 im Haus Nr. 64/66 die FISCHER'sche Post eingerichtet war. Erst seit 1870 ist der Name P. allgemein üblich, obschon sich die Post seit 1832 nicht mehr an der P. befindet.
Lit.: KDM 2

Postgasse, Café Postgasse 48. Als *Café Hügli* im letzten Jahrzehnt des 19.Jh. eröffnetes Restaurant.

Postgasshalde ↗Brunngasshalde

Postgass-Schulhaus ↗Posthaus

Posthaus Postgasse 64/66. Mit Pachtvertrag vom 21.Juli 1675 gründet BEAT FISCHER (1641–1698) die Bernische Post. 1686/94 entsteht das Haus Nr.64, um 1730/35 die Nr.66 unter D.STÜR-LER. Die Häuser werden vom Staat konfisziert, als die damaligen Postpächter FISCHER 1831 den Eid auf die neue Regierung verweigern. Von 1834 an befindet sich das Postbüro im ↗Kaufhaus, das alte Posthaus gelangt 1835 an die Stadt, welche die Nr.66 zum Schulhaus der Münstergemeinde bestimmt. Der Gesamtumbau 1867/69 unter C.DIWY umfasst auch das Wohnhaus Nr.64.
Lit.: KDM 6

Postkaffeehaus Nachdem 1834 die Hauptpost ins ↗Kaufhaus (Kramgasse 20) verlegt worden war, entstand im Haus Nr.28 das P., das aber vor 1860 wieder verschwand.

Postmuseum Helvetiaplatz 4. Von KLAUSER & STREIT in den Jahren 1933/34 erbautes Museumsgebäude, das auch das ↗Alpine Museum enthält. Gleichzeitig mit dem P. wurde die ↗Schulwarte von den gleichen Architekten errichtet.

Postpasserelle, Postbrücke ↗Passerellen 1)

Präfektur ↗Nägelihaus 2)

Prairie, A la Sulgeneckstrasse 7. Landhaus, das vor 1865 auch *Matte* hiess.

Pranger, Schandpfahl 1) Bis zu Beginn des 17.Jh. befand sich der P., ein quadratisches Podium mit zentraler Säule, mitten auf der Gerechtigkeitsgasse.
2) Vor 1635 wird der P. an die Nordostecke der Kreuzung Rathausgasse/Gerechtigkeitsgasse verlegt, wo er 1711 erneuert und mit einem Stufenpodest versehen wird. Entfernt 1769 (↗Schnabelgalgen).
3) 1769–1846 befindet sich je ein Halseisen an der Nordost- und der Westseite der ↗Obern Gefangenschaft neben dem ↗Käfigturm.
Standorte: 1) Zwischen den Häusern Gerechtigkeitsgasse 74 und 77
2) Oberster Laubenpfeiler Gerechtigkeitsgasse 80
3) Beidseits des Hauses Marktgasse 67 neben dem ↗Käfigturm.
Lit.: KDM 6

Predigerbrücke, Humbertbrücke Brücke über den ↗Bader-graben nördlich des ↗Zytglogges. 1280 von Bruder HUMBERT vom Predigerorden errichtet, 1405 bei der Zuschüttung des Grabens verschwunden.

Standort: Vom Westausgang der ↗Rathausgasse 2) gegen Westen führend
Lit.: KDM 1

Predigergasse Seit 1877 Name der Gasse westlich des ↗Predi-gerklosters.

Predigerkirche ↗Französische Kirche

Prediger-Kirchhof Friedhof des ↗Predigerklosters, bis ins 18. Jh. im Gebrauch.

Standort: Predigergasse 4–8
Lit.: KDM 5

Predigerkloster Das an der Wende vom 13. zum 14. Jh. erbaute Kloster des Dominikanerordens wird 1527 säkularisiert. Der Grosse ↗Spital bezieht seine Gebäude und bleibt dort bis 1742. Im Westflügel befindet sich von 1657 bis 1684 das *Zucht- und Waisenhaus,* von 1689 an das ↗Kommerzienhaus. 1798–1878 dient das P. als *Kaserne Nr. 1,* der Westflügel im späten 19. Jh. als *Gewerbehalle.* Abgebrochen 1899.

Standorte: Ostflügel mit dem ↗Mushafen: Nördlich des Chors der ↗Franz. Kirche (Zeughausgasse 8) bis zum südwestlichen Teil des ↗Stadttheaters (Kornhaus-platz 20); Westflügel: Predigergasse 3 und 5 (südwestlicher Teil), Dependenzbau-ten im westlichen Teil der Predigergasse sowie im nördlichen Teil des Hauses Predigergasse 5 und des ↗Stadttheaters.
Lit.: KDM 5

Predigerkornhaus Das ehem. Kornhaus des ↗Predigerklosters wird 1577/79 zum ↗Zeughaus geschlagen, 1825 durch einen Anbau nach Osten erweitert und 1876 abgebrochen.

Standort: Zeughausgasse 20/Nägeligasse 9
Lit.: KDM 3

Predigern, Vor den ↗Zeughausgasse

Predigertor Tor der ↗2. Stadtbefestigung, 1377 belegt; kurze Zeit später abgebrochen.

Standort: Westausgang der ↗Rathausgasse 2)
Lit.: KDM 1

Predigerturm 1) ↗Frauentor
2) ↗Harnischturm

Presbytère Landhaus, erbaut 1878, abgebrochen 1970.
Standort: Lindenrain 5

Prinzhalle Das in den Achtzigerjahren des 19. Jh. eröffnete Restaurant heisst um die Jahrhundertwende *Berner Bierhalle* und verschwindet kurz danach.
Standort: Marktgasse 17

Privat-Blindenanstalt Die 1837 gegründete P. befand sich zuerst im vormaligen ⚏Mädchenwaisenhaus, dann von 1877 bis 1890 im 1874/77 erstellten Gebäude der heutigen ⚏Lehrwerkstätten und zog nachher aus der Gemeinde Bern weg (Schloss Köniz, Spiez, Zollikofen).
Standorte: 1837–1877: Westflügel des Hauses Speichergasse 6; 1877–1890: Lorrainestrasse 3

Probst, Café Seit der ersten Hälfte des 19. Jh. bestehendes, heute verschwundenes Restaurant.
Standort: Aarbergergasse 5

Progymnasium ⚏Gymnasium Waisenhausplatz

Provisorhaus Herrengasse 1. Die 1481 erbaute ⚏Stadtschule wich in den Jahren 1746–55 der westlichen Erweiterung des ⚏Stifts, dem P.
Lit.: KDM 3

Pulverhaus 1) Auf dem ⚏Galgenfeld ungefähr in der Mitte zwischen Ostermundigenstrasse und Bolligenallee gelegenes Pulvermagazin; seit 1852 eidgenössisch. Beim Bau der Armeemagazine abgebrochen.
Standort: Curlinghalle, Mingerstrasse 8
2) Zwei Pulvermagazine auf der Bastion ⚏Hohliebe und auf der Bastion ⚏Grosser Bär.
3) ⚏Pulverturm 4)

Pulverturm 1) ⚏Tschiffeliturm
2) ⚏Blutturm
3) ⚏Harnischturm
4) 1738 erbaut, seit 1763 mit hoher Sandsteinmauer umgeben. 1955 für den Bau der ⚏Matthäuskirche abgebrochen (Reichenbachstrasse 114).

Pulverweg Der nach dem ⚏Pulverhaus 1) benannte Weg heisst seit 1962 *Mingerstrasse* nach Bundesrat RUD. MINGER (1881–1955).

Pyrenées, Café des Rathausgasse 84 (Kornhausplatz 17). Schon in der ersten Hälfte des 19. Jh. gab es in den Häusern Kornhaus-

platz 17 und 19 eine Wirtschaft. Seit dem Bau der ↗Kornhaus-
brücke 1898 heisst das nördliche Restaurant «*zur Kornhausbrücke*», seit den Sechzigerjahren des 20.Jh. *Ringgenberg*. Das
südliche Restaurant hiess seit dem letzten Jahrzehnt des 19.Jh. bis
kurz vor dem Ersten Weltkrieg *Stadthof*, dann *Pyrenäen*, dann P.

Quai ↗Langmauerweg

Quartier Rotes, gelbes, grünes, weisses und schwarzes Q.
↗Stadteinteilung

Quelle ↗Herrengass-Pfarrhäuser

Quisisana Im ersten Jahrzehnt des 20.Jh. eröffnete Pension.
Standort: Oberweg 6

Rabbental 1) Ursprünglich Bezeichnung des ganzen Aarehan-
ges vom Lorrainebad bis zum ↗Botanischen Garten. Heute heisst
die Hangterrasse auf halber Höhe zwischen Aare und ↗Schänzli
R. Der Name R. erinnert vielleicht an den dort gepflegten
Rebbau (mhd. rappe = Traubengrat).
Abbildung 1, S.33
2) Der Damm nördlich der ↗Eisenbahnbrücke zerschnitt das *R.-
Gut* seit 1857 in zwei Stücke. Der westliche Teil hiess zu Beginn
des 20.Jh. nach seinem Besitzer *Baurgut*. Das 1969 abgebrochene
Herrenhaus des östlichen Teils hiess am Ende des 19.Jh. *Frohhain*.
Standorte: Bauernhaus (Westteil): Lorrainestrasse 1; Herrenstock: heute Nord-
westteil der Kunstgewerbeschule, Schänzlihalde 31; unteres R.-Gut: Uferweg 54
und 58

Räblus ↗Warteck 2)

Rain 1) ↗Blumenrain
2) ↗Wartheim

Rämigässli Erst Anfangs der Sechzigerjahre des 20.Jh. ausge-
bautes Stück der Gesellschaftsstrasse zwischen Mittelstrasse und
↗Seidenweg.

Ramseyerloch Wachtlokal des ↗Ländtetors, nördlich an dieses
anschliessend. Diente als Chorgerichtsgefängnis. Name nach
einem langjährigen Insassen in der ersten Hälfte des 18.Jh.
Standort: Mattenenge 3
Lit.: KDM 1

Rappenfluh Felsen mit Aussichtspunkt am Nordrand des Kleinen Bremgartenwaldes. Der Name erinnert eher an den im Mittelalter hier noch heimischen Waldrapp als an den Raben.

Rathaus 1) Das älteste Rathaus der Stadt befand sich zu unterst am ↗Nydeggstalden. Es wird der *Burger Hus* und *domus dicta die helle* genannt. Von 1402 bis zum Brand von 1405 befand es sich in Privatbesitz.

Standort: Vermutlich Mattenenge 2

2) Das zweite R. wurde 1355 oben an der Mattentreppe, dem Münsterchor gegenüber, bezogen, 1414 verlassen, als Schulhaus bis 1468 verwendet, dann für den Münsterneubau abgebrochen. Bis ins späte 14.Jh. ist der Name des R. oft ↗*Richthus* oder *Gericht*.

Standort: Westlich des Hauses Münstergasse 1

3) Rathausplatz 2. An Stelle der drei BURGISTEIN-Sässhäuser wird in den Jahren 1406–1415 unter H. v. GENGENBACH und H. HETZEL das von 1414 an benützte dritte R. gebaut. Der erste Ausbau von 1430–1450 bringt unter anderem die horizontale Treppenüberdachung, die ABRAHAM II. DÜNZ in der Mitte des 17.Jh. durch eine schräge ersetzt. In der Helvetik *Gemeindehaus* genannt wird das R. zu Beginn der Regenerationszeit teilweise umgebaut. In den Jahren 1865/68 erfolgt der neogotische Umbau unter FR. SALVISBERG. Nach Plänen von M. RISCH werden mit dem Umbau von 1940/42 Fassade und Halle im ursprünglichen Zustand wiederhergestellt.

Lit.: KDM 3

4) *Café R.* Rathausplatz 5. In den Achtzigerjahren des 19.Jh. eröffnetes Restaurant.

Rathaus des Äussern Standes Zeughausgasse 17. Der Äussere Stand, das altbernische Jugendparlament, kauft 1728 die nordwestliche Parzelle des Besitzes der Zielmusketen-↗Schützengesellschaft, auf deren Stube er sich seit 1605 schon getroffen hat. Vermutlich nach Plänen von ALBRECHT STÜRLER entsteht der Bau vor 1731. Nach der 1798 erfolgten Auflösung des Äussern Standes dient der 1817 umgebaute grosse Saal verschiedenen Zwecken, so als Sitzungssaal des Helvetischen Senats, der Tagsatzung, des Verfassungsrats, des Ständerats, der Assisen, der Gründungsversammlung des Weltpostvereins. 1903–1934 befindet sich im Saal das ↗Alpine Museum. Das R. geht 1904 in Privatbe-

sitz über, was einen entstellenden Umbau der Fassade zur Folge hat. Seit 1934 dient der grosse Saal als Verkaufslokal.
Lit.: KDM 2

Rathaus-Apotheke Kramgasse 2. Für die seit 1567 in diesem Haus nachgewiesene Apotheke entsteht im 2.Jahrzehnt des 18.Jh. der Neubau von HANS JAKOB DÜNZ. Der Umbau von 1824 bringt eine sehr frühe neugotische Innengestaltung.
Lit.: KDM 2

Rathausbrünnlein ⁊Lenbrunnen

Rathausgalerie Galerie ⁊Rebold

Rathausgasse 1) 1880–1975 Name des Nordabschnittes der ⁊Kreuzgasse.
2) Der Gassenzug vom ⁊Rathaus bis zum ⁊Kornhausplatz heisst vor 1619 ⁊*Hormanngasse,* nachher *Metzgergasse.* Das oberste Gassenstück (Nrn. 82 und 84) heisst vor dem 19.Jh. ⁊*Nägeligässli,* im 19.Jh. *Statthaltergässli* und gehört seit 1898 zur Metzgergasse. Umbenennung der Metzgergasse in R. am 1.November 1971.
Lit.: KDM 2

Rathauskeller, Alter Mattenenge 6. Im letzten Jahrzehnt des 19.Jh. eröffnete, mit der Sanierung der Häuser in der Mitte des 20.Jh. verschwundene Wirtschaft im vermuteten ersten ⁊Rathaus.

Rathausterrasse Nach Plänen von ANTOINE von 1788 entsteht in den Jahren 1789–94 der oberste Teil der R. nördlich des ⁊Rathauses 3). Der wegen massiver Kreditüberschreitungen eingestellte Bau wird 1806/12 unter F.L.SCHNYDER nach einem weniger aufwendigen Plan vollendet. Abgebrochen 1967 beim Bau der Rathaus-Autoeinstellhalle, auf deren Überdeckung eine kleine Anlage die R. ersetzt.

Rathaus-Wachtlokal In der Südostecke des Erdgeschosses des ⁊Rathauses kurz nach der Mitte des 18.Jh. eingebautes Corps de garde. 1940 beim Umbau des Rathauses entfernt.
Lit.: KDM 3

Ratskeller ⁊Sinner-Haus

Rattenfalle ⁊Falkenegg

Realschule Im Oktober 1829 als *Burgerliche Realschule* eröffnet, ging die R. 1852 an die Einwohnergemeinde über. Diese Schule wurde 1880 bei der Schaffung des Städtischen ↗Gymnasiums diesem angegliedert, wobei eine technische und eine Handelsabteilung geführt wurden.

Standorte: Bis 1839: Marktgasse 37; dann im Neubau Brunngasse 66 bis zum Bezug des ↗Gymnasiums Waisenhausplatz (Waisenhausplatz 30) (1885).

Rebacker Eine Parzelle am Stadtbach südlich des Donnerbühls. Der *Rebweg* im ↗Manuelgut scheint zu ihm geführt zu haben.

Rebleuten Gerechtigkeitsgasse 51. Das alte Zunfthaus zu Niedermetzgern (↗Metzgern) wird 1501 Zunfthaus zu R. Nach dem Hinschied des letzten Stubengenossen 1729 bleibt das Wirtschaftspatent auf dem Hause (bis 1971 Rest. R., heute *Arlequin*). Die *R.-Apotheke* befindet sich von 1729 bis 1802 in diesem Hause und bis zu ihrer Aufhebung 1974 in Nr. 53.

Lit.: KDM 6

Rebold, Galerie 1838 eröffnetes Verkaufsmagazin, in dem elf verschiedene Spezialgeschäfte zusammengeschlossen waren. Dieser Vorläufer eines Warenhauses bestand in z.T. anderer Form bis 1930. Die G.R. hiess auch *Rathausgalerie*.

Standort: Kramgasse 10

Lit.: SOMMERLATT, Adressenbuch, Nachtrag 1839

Rebstock 1) ↗Freieck
2) Quartiergasse 3. Das in den Siebzigerjahren des 19.Jh. eröffnete Restaurant heisst seit 1969 *Brauiross*.

Rebweg ↗Rebacker

Rechtsdenkmäler
↗Burgernzielsteine, Hauptgrube, Hochgericht, Marktkreuz, Pranger, Richterstuhl, Schnabelgalgen, Trülle

Refugianten-Gedenktafel An der ↗Französischen Kirche erinnert eine Gedenktafel an die hugenottische Emigrantengemeinde, die sich von 1689 bis 1851 in dieser Kirche versammelte. Den Refugianten stellte die Obrigkeit den an die Kirche angebauten Westflügel des ↗Predigerklosters als ↗Kommerzienhaus zur Verfügung.

Reichenbach 1) ↗Lötschberg
2) In den letzten Jahren des 19.Jh. eröffnetes Restaurant an der Neuengasse 29, das vermutlich nach der Bierbrauerei im gleichnamigen Schloss benannt wurde.

Reichenbachfähre Die R. am Nordende der Engehalbinsel besteht seit 1743.
Lit.: F. MAURER, Bern in Vergangenheit und Gegenwart, Bern 1944

Reichsgasse Nach WALTHARD soll R. früher der gemeinsame Name aller Gassen der Hauptachse gewesen sein.
Lit.: WALTHARD, Description

Reiffenplatz Name eines Teiles des Grossen ↗Bremgartenwaldes zwischen Vorderem Eimattweg und Wohlenstrasse (Koord.: 598 000/200 700).

Reiterwache 1675 errichteter Anbau am ↗Holzwerkhof von 1614. Als Wachtlokal schon in der Mitte des 18. Jh. nicht mehr verwendet. Zwischen 1763 und 1775 abgebrochen, vermutlich bei der Umgestaltung des Obern ↗Grabens zur Promenade.
Standort: Bundeshaus-West, Bundesgasse 1
Lit.: KDM 3

Reitschule 1) 1690 gründete der Rittmeister J. F. FISCHER am Oberen ↗Graben eine Reitschule, die vermutlich die Manège der ↗Reiterwache benützte.
2) 1720 wird zwischen Fischermätteli und ↗Ladenwandgut eine andere private Reitschule eröffnet. Die 1724 gegründete «Gesellschaft des Adenlichen Thurnier- und Ritterspiels» veranstaltet mondäne Festlichkeiten im Wirtschaftsgebäude (Fischermättelistrasse 7, Eingang datiert 1652).
3) Da die beiden Reitschulen 1) u. 2) den Bedürfnissen nicht mehr genügen, baut die Stadt eine eigene R. am Untern ↗Graben. Der Bau wird 1738/39 von S. LUTZ ausgeführt. 1898 wird das Gebäude für den Bau des ↗Stadttheaters abgebrochen.
Standort: Kornhausplatz 20
Abbildung 13, S. 119
4) Schützenmattstrasse 7. Als Ersatz für 3) wird in den Jahren 1895/97 die Städt. Reitschule auf der ↗Schützenmatte errichtet.
Lit.: KDM 3

Reitschulgut Gebiet zwischen Weissenstein- und Freiburgstrasse, benannt nach der 1720 dort errichteten privaten ↗Reitschule 2).

Reitschulhof Nach dem Bau der ↗Reitschule 3) bis zu deren Abbruch Bezeichnung der Gasse zwischen ↗Französischer Kirche und Grossem ↗Kornhaus (nördlich bis zum Areal des ↗Stadttheaters fortgesetzt).

Reitschulweg Nach dem ⁊Reitschulgut benannter Weg zwischen Freiburgstrasse und Holligenstrasse. Der Name R. wurde 1940 aufgehoben.

Standort: Nördliches Stück: Abzweigung von der Freiburgstrasse beim Haus Nr. 141; südliches Stück: Abzweigung von der Fischermättelistrasse beim Haus Nr. 4

Rektoratsgebäude Herrengasse 36. Das Haus des Rektors der ⁊Hochschule beherbergte von 1886 bis 1895 die Musikschule (⁊Konservatorium) und dann den Kaufmännischen Verein, welcher auch den heutigen Bau errichten liess.

Rennacker ⁊Martins Rain

Restaurants ⁊Gastgewerbe

Richterstuhl Der 1509 erstmals erwähnte R. wird 1584 und 1666 renoviert. 1762 ersetzt ein hölzerner, nur für Blutgerichtsverhandlungen aufgestellter R. den alten gemauerten. Um 1830 verschwindet auch dieser.

Standort: In der Gassenmitte südlich des Hauses Gerechtigkeitsgasse 80. Die Richter blickten stadtaufwärts.

Lit.: KDM 6

Richthaus Bis ins späte 14. Jh. Name des ⁊Rathauses als Tagungsort des Schultheissen- oder Stadtgerichts. Gelegentlich heisst das R. auch nur *Gericht.'*

Lit.: KDM 6

Riesen, Café Café ⁊Roderer

Riggenbachweg 1919–1941 offizieller Name des Weges zwischen dem Bundesbahn- und dem Martiweg.

Ringgenberg ⁊Pyrenées

Ringmauer, An der ⁊Genfergasse

Ringmauer, An der alten 1) ⁊Käfiggässchen
2) ⁊Hotelgasse, ⁊Zibelegässli

Ringmauerstrasse ⁊Swaflanzgasse

v. Ringoltingen-Haus ⁊Affen

Ringoltingen-, auch **Bonstetten-Kapelle** Kapelle südlich des zweiten Jochs des südlichen Seitenschiffs des ⁊Münsters. Das 1448/53 von M. ENSINGER erbaute Gewölbe zeigt auf seinem Schlussstein das Wappen des Stifters des Drei-König-Altars von

1448/49, Rud. v. Ringoltingens. Die Allianzscheibe Hans Frisching-Cristina Zehender schuf 1555 evtl. Thüring Walther. Die übrigen Wappenscheiben stammen aus dem 19. und 20. Jh.

Lit.: KDM 4

Ringstrasse 1) Bis 1935 offizieller Name der nur teilweise angelegten Strasse rund um den Helvetiaplatz. Heute im Westen die Häuser Weststrasse 4–6, im Osten die südliche Verlängerung der Schwellenmattstrasse.
2) Vor 1935 Name des *Ostrings*.

Roderer, Café Im letzten Jahrzehnt des 19. Jh. eröffnete Wirtschaft. Sie hiess zuerst *Café Riesen*, dann *Café Herren* und kurz vor dem Ersten Weltkrieg C. R. Sie verschwand kurze Zeit später.
Standort: Münstergasse 43

Rohr In der Schüler- und Studentensprache Name der schattseitigen Laube der ↗Spitalgasse.

Roll-Kapelle ↗Matter-Kapelle

Roma Das im letzten Jahrzehnt des 19. Jh. eröffnete Restaurant im Haus Speichergasse 37 hiess bis kurz vor dem Ersten Weltkrieg *Kronenhalle*. Heute heisst es *Ticino*.

Römer Turnweg 18. Das in den Siebzigerjahren des 19. Jh. eröffnete Restaurant am Turnweg 8 wurde nach dem Ersten Weltkrieg mit dem kurz zuvor am Turnweg 18 eröffneten *Café Minder* zusammengelegt.

Römerstall-Haus ↗Nägelihaus 1)

Rönacker ↗Martins Rain

Roschi-Stiftung ↗Greisenasyl

Rosenberg 1) Alter Aargauerstalden 30. Villa im gleichnamigen Landgut zwischen dem Alten Aargauerstalden, der Laubeggstrasse und der Haspelgasse.
2) Name der heute verschwundenen Villa Alpeneggstrasse 22.

Rosenbühl Landhaus am ↗Friedbühl, abgebrochen 1971. Der Name ist ebenso wie der des Friedbühls euphemistisch angesichts der Nähe des ↗Hochgerichts obenaus, das lange über seine Aufhebung hinaus die örtlichen Namen bestimmte.
Standort: Murtenstrasse 27

Rosengarten 1) Das 1751 als Ersatz für den obern Teil des ↗Klösterlifriedhofs erworbene Areal diente 1765–1877 (und vereinzelt bis 1880) als Friedhof der untern Stadt. 1830 entstanden Umfassungsmauer und Gittertor, 1874 folgte die Promenade längs der Westmauer. Seit 1913 ist der R. eine öffentliche Gartenanlage mit Rosen (seit 1917) und einer Teichanlage mit den beiden Monumentalgruppen «Europa» und «Neptun» von KARL HÄNNY (fertiggestellt 1918). Seit der Neugestaltung von 1956 ist die *Gotthelf-Büste* von ARNOLD HUGGLER (1937 geschaffen) beim Pavillon mit der Mundartbücherei aufgestellt.
Lit.: KDM 1

2) Bis ins 19.Jh. allgemeine Bezeichnung für einen Friedhof, im 18.Jh. insbesondere des ↗Insel-Friedhofs.

Rosenhain ↗Taube

Rosenheim ↗Taube

Rosenweg ↗Neuhäuserweg

Rossfeld 1) Name der Gegend zwischen äusserer ↗Enge und ↗Engemeistergut.
2) Bis ins 19.Jh. Name des untern Murifeldes.

Rössli Brunnmattstrasse 21. Zu Beginn des 20.Jh. eröffnetes Restaurant.

Rösslimühle Giesseiweg 27. Die R. gehörte mit der ↗Stockmühle zum Baukomplex am mittleren ↗Sulgenbach. Die Häuser Giessereiweg 20 und 21 wurden 1911 bzw. 1970 abgebrochen.

Rossmarkt 1) ↗Bärenplatz
2) ↗Theaterplatz
3) Im ersten Drittel des 19.Jh. Name des Platzes zwischen ↗Burgerspital und ↗Kavalleriekaserne.
4) Bis 1627 die obere Hälfte der ↗Kramgasse.

Rossmarktbrunnen 1) ↗Zähringerbrunnen
2) ↗Waisenhausplatz-Brunnen

Rossschwemme früher **Wyttenbach** 1625 gleichzeitig mit dem ↗Obertor angelegtes grosses Wasserbecken in der Mitte des heutigen ↗Bubenbergplatzes; bereits vorher befand sich ein Becken an der Nordseite des Platzes. Am 31.Oktober

1868 wurde der Springbrunnen in Betrieb genommen, der den Druck des neu zugeleiteten Gaselwassers zeigen sollte. Zugeschüttet 1891.
Lit.: KDM 1

Rossschwemmeturm auch **Toggeli- oder Salpeterturm** Läuferplatz 6. Der vermutlich 1625 erbaute Turm wurde 1640 in die ↗Langmauer einbezogen. Nach 1761 diente er als Salpetermagazin. 1847 erhält J. VOLMAR den Turm von der Stadt als Gratifikation für die Erstellung des ↗Erlachdenkmals. 1848 erwirbt ein Kohlenhändler den R., lässt die Fenster vergrössern und eröffnet darin 1852 das ↗Laufeneggbad. Aufstockung und Walmdach (statt Spitzhelm) entstellen den Turm seit dem späten 19. Jh.
Lit.: HOFER, Wehrbauten
Abbildung 19, S. 187

Rote Brücke ↗Eisenbahnbrücke

Rote Glocke 1470 erwähnter, bedeutender Gasthof, der zu Beginn des 16. Jh. verschwand.
Standort: Kramgasse 10
Lit.: KDM 6

Roth, Café ↗Räblus

Rougemont-Haus ↗Böhlen-Haus

Roulierwirtschaft Restaurant ↗Holligen 2)

Rudersport-Weiher Nach dem Ersten Weltkrieg Name des ↗Weiermannshausseeleins

Rudolf Laupenstrasse 1. Das Café R. wurde kurz vor dem Ersten Weltkrieg eröffnet.

Rüeggstrasse 1916–1923 hiess der Nord-Süd verlaufende Teil der Weingartstrasse mit seiner Verlängerung bis zur Standstrasse R.

Rümligen-Haus Junkerngasse 33. An die Vorderfront seines Sässhaus setzt Junker JAKOB V. RÜMLIGEN sein Wappen im frühen 15. Jh.
Lit.: KDM 2

Ruof 1) Speisewirtschaft im Hause Spitalgasse 37, die F. RUOF bis zu seinem Tod in den Sechzigerjahren des 19. Jh. betrieb.
2) In den Sechzigerjahren des 19. Jh. von der Witwe des F. RUOF eröffnetes Hotel, das bis nach dem Zweiten Weltkrieg existierte.

Beim Umbau des Hauses 1949/50 blieben Fassaden und Lauben-
bogen des späten 16.Jh. erhalten.
Standort: Aarbergergasse 1

Rütli Die am Ende der Siebzigerjahre mit der ↗Kaserne 4)
eröffnete Wirtschaft war am Ende des 19.Jh. nur noch eine
Kaffee- und Speisehalle und musste später dem hierher verlegten
↗Militärgarten weichen.
Standort: Militärstrasse 38

Rütteli Gebiet zwischen Manuelstrasse, Gemeindegrenze gegen
Muri, Hiltystrasse und Egghölzlistrasse.

Rüwenthal Das 1301 gegründete, 1342 dem Deutschorden
unterstellte Frauenkloster im R. wurde 1427 für den Bau des
↗2. Deutschordenshauses abgebrochen.
Standort: Mitte des ↗Stifts, Münsterplatz 3
Lit.: KDM 4

Ryf, Café ↗Warteck 2)

Ryfkeller Bis kurz vor dem Ersten Weltkrieg bestehende Kellerwirtschaft im Haus Marktgasse 47. Der Name erinnert mög-
licherweise an das Ryftal, den heute waadtländischen Bezirk
Lavaux.

Ryfflibrunnen An Stelle eines Brunnens des 14.Jh. wurde 1545
der R. in der Gassenmitte errichtet. Die Figur eines Armbrust-
schützen-Hauptmanns schufen HANS GIENGS Gesellen. Die heutigen Achteck-Becken erstellte JOS. MENTH 1848. Von ihm stammen auch Schaft und Säule. Bis nach 1860 der Brunnen von KARL
HOWALD R. genannt wird, heisst er *Golatenmattgassbrunnen.*
Standort: Vor dem Haus Aarbergergasse 37
Lit.: KDM 1

Ryffligässchen Vor 1868 hiess das R. *Frauen- oder Nachrichtergässli* nach den sich hier befindenden ↗Frauen- und Nachrichter-
haus (↗Scharfrichterhaus). Zu Beginn des 19.Jh. ist auch der
Name *Henkergässli* belegt.

Saaligut Worbstrasse 9. Das nach einem früheren bäuerlichen
Besitzer genannte Landgut erhält im zweiten Viertel des 17.Jh.
einen Herrenstock, dessen heutige Form auf die Umbauten in der
ersten Hälfte des 18.Jh. zurückgeht.
Lit.: KDM 6

Sack, Im Sack Name einer Hofstätte am Fuss der Burg ↗Nydegg, den der Chronist KONRAD JUSTINGER überliefert (1438).

Sackgasse Soll einmal der Name der ↗Kochergasse gewesen sein.

Sackträger ↗Anker

Sagerweg ↗Ulmenweg

Sahlistrasse ↗Muldenstrasse

Saint Ursula's Church ↗Englische Kirche

Salem Schänzlistrasse 39. 1886/88 erbautes Spital des Diakonissenhauses Bern. Seit 1894 wurde es mehrmals erweitert und umgebaut. Gründer des S. war JOH. FR. DÄNDLIKER-V. WURSTEMBERGER.

Salpeterhütte 1753 errichtetes Salpetermagazin in der Villette. 1856 für den Bau des Güterbahnhofs grösstenteils abgebrochen, ersetzt durch die Salpeterraffinerie (↗Sandraingut).
Standort: Nördlich des Hauses Laupenstrasse 45
Lit.: DURHEIM, Beschreibung

Salpeterraffinerie 1) ↗Sandraingut
2) Die ↗Salpeterhütte hiess in der ersten Hälfte des 19. Jh. gelegentlich auch S.

Salpeterturm ↗Rossschwemmeturm

Salvisberg, Café ↗Luntenhüsi

Salzbüchsli Vorstadthaus im Monbijou.
Standort: Monbijoustrasse 6 und 8

Salzkammer 1642–1798 befand sich die S. im Haus Brunngasse 48. Später wurde in diesem Haus die Akademische ↗Entbindungsanstalt eingerichtet.
Lit.: KDM 3

Salzlaube ↗Kesslergasse

Salzmagazin 1) 1749/50 im Zwingelhof zwischen ↗Christoffelturm und Oberem ↗Marzilitor gebaut; später gegen Osten erweitert, 1858 beim Bau der Christoffelgasse abgebrochen.
Standort: Ungefähr Bundesgasse Nrn. 14–20
Lit.: KDM 3

2) Nach dem Abbruch von 1) dienten die Häuser Laupenstrasse 18 und 20 als S.

Salzmagazingasse ↗Swaflanzgasse

Sandegg Im ausgehenden Mittelalter Landgut an der Laupenstrasse (↗Lombachturm).

Sandfluh Beim Bau des ↗Aargauerstaldens überschütteter Sandsteinfelsen südwestlich des Rosengartens. Im untern Teil wurde bis ins 18.Jh. Sandstein gebrochen (↗Werkhof an der S.).

Sandozbrünnlein Mineralhaltige Quelle in der Nähe des Restaurants Schönau, Sandrainstrasse 68.
Lit.: GOHL, Heilquellen

Sandrain Name des Hanges mit dem kleinen Plateau zwischen ↗Wabernstrasse und Aare.
Oberer S. ↗Aarbühl
Mittlerer S. ↗Sandraingut südlich der Dorngasse
Unterer S. ↗Sandraingut nördlich der Dorngasse

Sandraingut Nach einem frühern Besitzer TILLIER-Gut genanntes grosses Landgut zwischen Wabern- und Sandrainstrasse. Der *Teil südlich der Dorngasse* ging 1856 an die Eidgenossenschaft über, welche 1857 dort die Salpeterraffinerie, die Schrapnellfabrik und die Telegraphenwerkstätte errichtete.
Standorte: Bauernhaus: Wabernstrasse 73; Fabriken: Dorngasse 10/12
Der *Teil nördlich der Dorngasse* bestand als Bauerngut bis 1946 weiter. Es hiess nach seinem letzten Besitzer ↗Büren-Gut. Die bei der Überbauung ausgesparte Grünzone heisst deswegen *Bürenpark.*
Standort des Bauernhauses: Wabernstrasse 49
Den *Teil zwischen Landolt- und Seftigenstrasse* erwarb 1878 das ↗Greisenasyl.

Sankt Georgskapelle 1344 geweihte Kapelle des 1339 vor das ↗Untertor verlegten Niedern ↗Spitals. 1450 weist die St.G. sechs Altäre auf.
Standort: Klösterlistutz
Lit.: KDM 1

Sankt Gotthard ↗Gotthard

Sankt Jakobsquelle Im 19.Jh. Name einer Quelle im ↗Elfenaugut.

Sankt Jakobsspital 1) ↗Elendenherberge

2) ↗Mushafen 1)

Sankt Johannsenhaus ↗Johanniterhaus

Sankt Michaels-Inselkloster ↗Inselkloster

Sankt Vinzenzen-Kirchhof Bis 1430 Begräbnisplatz an der Stelle des heutigen ↗Münsterplatzes.
Lit.: KDM 2

Sanssouci Friedheimweg 9. Name des Landgutes, das sich im 19.Jh. bis an die Wabernstrasse erstreckt hat.

Santschi, Café Im Haus Gerechtigkeitsgasse 3, das mit seinem Hinterhaus Junkerngasse 4 nicht den besten Ruf besass, hiess die Wirtschaft um die Mitte des 19.Jh. *Café Michel*, gegen Ende des Jahrhunderts *Café Schwarz*, später Café S. Unter diesem Namen wurde es vor dem Ausbruch des Ersten Weltkriegs aufgehoben.

Sarepta, auch **Schönburg** und **Villa Stein** Schänzlistrasse 19. 1897 von ALFRED HODLER für Prof. LUDWIG STEIN im Louis XIII-Stil erbaut. Seit 1924 im Besitz des Diakonissenhauses. Altersheim für Diakonissen.

Sässelimatt Landhaus im Weissenbühl.
Standort: Seftigenstrasse 36

Säumerställe 1) 1760 als Ersatz der Säumerstübli in der ↗Stadtbibliothek als Verbindungsbau ↗Stadtbibliothek–Westflügel der ↗Hochschule errichtet. Abgebrochen 1773 für den Bau der ↗Bibliotheksgalerie.
Standort: Nordöstlicher Teil des Casinoplatzes

2) 1772 als Ersatz für 1) an der Schütte hinter der Reitschule 3) errichtet. Abgebrochen zu Beginn des 20.Jh.
Standort: Nördlicher Teil des ↗Polizeigebäudes 2), Predigergasse 5

Säumerstübli ↗Stadtbibliothek

Savoyerstadt ↗Bern

Saxergut Altenbergstrasse 29. Das 1832 von FR. EM. SAXER erworbene Landgut reichte bis zum Beginn des 20.Jh. bis zur Liegenschaft Altenbergstrasse 55. 1935 übernahm das Diakonissenhaus den aus dem 17.Jh. stammenden Bau. Die letzte Renovation fand 1968/70 statt; sie liess die klassizistischen Umbauten von 1820 unberührt.
Lit.: HAAS, Altenberg
Abbildung 2, S.33

SBB, Schweizerische Bundesbahnen Die Verstaatlichung der Eisenbahnen betraf in Bern die ↗SCB (Schweizerische Centralbahn) (1.Januar 1901) und die JS (Jura-Simplon-Bahn) (1.Januar 1903). (↗SBB-Verwaltungsgebäude).

SBB-Verwaltungsgebäude Hochschulstrasse 6. Das 1877 als Direktionsgebäude der Berner Jura-Bahn, der nachmaligen Jura-Simplon-Bahn, erstellte Haus wurde nach der Verstaatlichung der JS durch Flügelanbauten vergrössert und im Mai 1903 von der Generaldirektion der SBB bezogen.

SCB, Schweizerische Centralbahn Mit der SCB-Linie Basel–Bern erreichte die Eisenbahn im Juni 1857 die Stadt Bern. Am 1.Juni 1859 wurde die Linie nach Thun eröffnet, am 2.Juli 1860 die Fortsetzung der Linie bis Thörishaus. Mit der Verstaatlichung gingen am 1.Januar 1901 alle Anlagen an die ↗SBB über.

Schaal, Äussere ↗Schlachthaus, Altes

Schaal, Obere 1) ↗Fleischschaal, Obere
2) 1795 an der Schütte erbaut beim ↗Schlachthaus und mit diesem um 1875 abgebrochen.
Lit.: KDM 6

Schaalbrunnen 1) ↗Simsonbrunnen
2) ↗Konservatoriumsbrunnen

Schäfer Zur Zeit des Ersten Weltkriegs bestand an der Hodlerstrasse 22 ein Hotel Sch.

Schaffer Café ↗Winkelried 2)

Schafmatte Bis gegen das Ende des 19.Jh. Name des Areals der ↗Staldenschule, Laubeggstrasse 23.

Schallenbrunnen, Schallenhausbrunnen Brunnen beim ↗Schallenhaus, der gleichzeitig mit dessen 3.Bau 1729 errichtet und auch wieder abgebrochen wurde (1856). Nach 1858 musste die ↗SCB einen Ersatz aufstellen, der vermutlich mit dem Abbruch des Grossen ↗Zuchthauses 1893 verschwand.
Standort: Vor 1856 westlich des Hauses Aarbergergasse 63 in der Mitte des ↗Bollwerks

Schallenhaus, auch **Schallenwerk** Zuchthaus für Schwerverbrecher; 1.Bau benützt von 1631–1675; 2.Bau benützt von 1675–1729; 3.Bau von 1729, gegenüber den Häusern Bollwerk

21/25. 1766 und 1784 erweitert für 180 Insassen. Seit dem Bau des Grossen ↗Zuchthauses (1836) nur noch vorübergehend benutzt. 1856 mit der Einführung der ↗SCB abgebrochen.
Lit.: KDM 3

Schaltsäge ↗Gypsreibe

Schandpfahl ↗Pranger

Schanze, Grosse Die Grosse Sch. ist der nördliche Teil des Westabschlusses der 5. ↗Stadtbefestigung. Sie umfasste 4 polygonale Bastionen (↗Bär Grosser und Kleiner, ↗Hohliebe und ↗Meyenburg) sowie die ↗Freitagsschanze. Der Bau wurde anfangs April 1622 von Norden her begonnen, nachdem die Ausführung des Projektes von THÉODORE AGRIPPA D'AUBIGNÉ am 30. März 1622 beschlossen worden war. Bauführer ist VALENTIN FRIEDRICH, für die Tore DANIEL II. HEINTZ. Die Bauleitung hat vom September 1622 bis im Februar 1624 LOUIS DE CHAMPAGNE, Graf DE LA SUZE, dann für zwei Monate FRANÇOIS DE TREYTORRENS, hernach V. FRIEDRICH. Die in einer Bauzeit von 20 Jahren errichtete G. Sch. wird in den Jahren 1834–46 grösstenteils ausgeebnet. Das Projekt einer Gartenstadt am Südabhang gegen den ↗Burgerspital wird 1844 nicht sofort ausgeführt und fällt mit dem Bau des ↗Hauptbahnhofs dahin. Die Promenade auf der G. Sch. entsteht in den Jahren 1890–1908. Die Neugestaltung mit dem Bau der *Parkterrasse* erfolgt 1958–67.
Lit.: HOFER, Wehrbauten

Schanze, Kleine Die K. Sch. ist der südliche Teil des Westabschlusses der 5. ↗Stadtbefestigung. Es waren 4 Bastionen geplant, von denen aber bis 1642 nur ↗Christoffel und ↗Wächter ausgeführt wurden. Die Bastion Felsen (↗Vannazhalde) blieb unvollendet, und ↗Marzili wurde gar nicht begonnen. 1817/18 wird die K. Sch. nach «englischem Geschmack» von V. LUTERNAU in eine Promenade umgewandelt. Die heutige Anlage der K. Sch., des Überrests der Bastion Wächter, stammt zur Hauptsache aus der Zeit des Umbaus in den Jahren 1873/74, dessen Pläne der deutsche Gartendirektor GOETHE begutachtet hat. Warum die K. Sch. 1856 als *Junkernschanze* bezeichnet wird, ist unklar. Der Alpenzeiger des Topographen IMHOF wurde 1881, die Vase von E. PERINCIOLI 1921 aufgestellt.
Lit.: HOFER, Wehrbauten

Schanze Hüter ↗Freitagsschanze

Schanzenberg 1) Im 19.Jh. Areal des heutigen ↗Viktoriaspitals, Sonnenbergstrasse 14.
2) Villa an der Schänzlistrasse 87, erbaut 1868/69.

Schanzenbergstrasse ↗Schänzlihalde

Schanzenbrücke ↗Schanzenstrasse

Schanzenstrasse Bei der Verlängerung der SCB-Linie über Bern hinaus bis Thörishaus ergab sich die Notwendigkeit des Baus einer Strassenüberführung westlich des ↗Burgerspitals. Damit wurde der Platz vor dem ↗Murtentor mit dem ↗Falkenplätzli durch die Sch. über die *Schanzenbrücke* verbunden.

Schänzli 1) Das Areal des ↗Kursaals, Schänzlistrasse 71, hiess im 14. und 15.Jh. *Busenhard* (= Wald des Buso), dann *Thüringhölzli*, später *Gandegg.* Die *Gandeggschanze* für die Aussenverteidigung der ↗5.Stadtbefestigung wurde nie vollendet. 1814 entstand das Sch. als Feldschanze nördlich der Stadt.
Lit.: KDM 1; HAAS, Altenberg
2) In der ersten Hälfte des 18.Jh. befand sich eine kleine polygonale Schanze auf dem Areal des Hauses Luisenstrasse 5
3) ↗Polygon

Schänzlihalde Die Sch. hiess vor 1941 *Schanzenbergstrasse.*

Schänzliweg ↗Sonnenbergweg

Schär, Café Am Ende des 19.Jh. eröffnetes Restaurant, das zuerst *Café Künzli,* dann *Café Zbinden* und während des Ersten Weltkrieges Café Sch. hiess. Heute verschwunden.
Standort: Freiestrasse 45

Scharfer Eggen In HOWALDS Brunnenchronik verzeichneter Name für die Eckhäuser Aarbergergasse 1/Waisenhausplatz und Kramgasse 2/Kreuzgasse.

Scharfrichtergässli ↗Ryffligässli

Scharfrichterhaus Amtswohnung des Scharfrichters. Der Neubau von 1473 wurde kurz vor 1895 abgebrochen. An seine Stelle kommt das *Hôtel de la Gare,* das seinerseits 1957 abgebrochen wird.
Standort: Neuengasse 25/Ryffligässli 8 (↗Frauenhaus)
Lit.: KDM 3

Schärloch Bauerngut in der Aaregg, auch *Steiniges Fach* genannt.
Standort: Am Westende des Unteren Aareggwegs (ungefähr beim Haus Nr. 5)

Schärlochweg Der *Untere Aareggweg* hiess bis 1910 Sch. und dann bis 1932 *Aareggweg*.

Scharnachtal-Häuser Im 15. und 16. Jh. sind die Häuser Junkerngasse 19, 21 und 23 Sitz der Familie VON SCHARNACHTAL.
Lit.: KDM 2

Schattenhof Bauerngut zwischen Egelsee, Muristrasse und Burgernzielweg. Seit den Achtzigerjahren des 19. Jh. Heim für gefallene Mädchen.
Standort des Hauptgebäudes: Muristrasse 45 (heute *Lindenheim*)

Schattenhofweg ↗Böcklinstrasse

Schattenweg ↗Bornweg

Schaufelgasse ↗Schauplatzgasse

Schauplatzgassbrunnen Nach 1740 wird an der ↗Schauplatzgasse ein einröhriger Brunnen errichtet, den 1869 ein zweiröhriger aus St. Triphon-Stein ersetzt. 1930 wird der Sch. abgebrochen und 1932 als Steinhölzlibrunnen an der Schwarzenburgstrasse wieder aufgestellt.
Standort: Vor dem Bau der Gurtengasse nördlich des Ostteils des Hauses Schauplatzgasse 35; 1869–1930 gegenüber der Einmündung der Gurtengasse (vor dem Haus Schauplatzgasse 35)
Lit.: SCHENK, Brunnen

Schauplatzgassbrunnen, Unterer ↗Waisenhausplatz-Brunnen

Schauplatzgasse 1347 nach einem begüterten Burgergeschlecht *Schoulanzgasse* genannt. Nach dem Aussterben der SCHOULANT viele Namenformen. GRUNER notiert 1732 den heutigen Namen.
Lit.: KDM 2

Schegkenbrunnen In den Jahren 1375 bis 1528 erwähnter Brunnen benannt nach dem dort ansässigen Geschlecht der SCHEGKO. Vermutlich fasste der *Hemmannbrunnen* an der Speichergasse die gleiche Quelle. Er wurde 1861 zum ↗Burgerspitalkornhaus versetzt und mit diesem abgebrochen. Als Ersatz dient seit 1885 der *Speichergassbrunnen*.
Standorte: Schegkenbrunnen und Burgerspitalkornhaus: Waisenhausplatz 30; Speichergassbrunnen gegenüber dem Haus Speichergasse 23
Lit.: KDM 1

Schegkenbrunnengraben Nördlichster Teil des Grabens vor der ↗3. Stadtbefestigung. Erst 1784 fertig aufgeschüttet. ↗Waisenhausplatz.
Lit.: KDM 2

Schegkenbrunngasse ↗Hodlerstrasse

Scheibenstrasse Vor 1899 *Scheibenweg* (↗Wylerfeld-Schiessstand).

Scheitereiweg Kleiner Weg zwischen der Verzweigung Seftigenstrasse/Weissensteinstrasse und dem Landhausweg. Der Name Sch. wurde 1941 offiziell aufgehoben.

Schenkel, Café Bis in die Sechzigerjahre des 19.Jh. bestand im Haus Gerechtigkeitsgasse 45 ein Café, das zuletzt C. Sch. hiess.

Schenken ↗Gastgewerbe

Scheuermatte 1) ↗Spitalmatte 1)
2) Grosser Gutshof an der Eigerstrasse im Besitz des ↗Inselspitals. 1790 erbaut, im Frühjahr 1899 abgebrochen.
Standort: Gegenüber der Einmündung der Sulgenbachstrasse in die Eigerstrasse (Eigerstrasse 41)

Schiessbach 1843 erwähntes Bächlein im kleinen Tal, in dem die Häuser Weststrasse 17, 19 und 22 stehen.

Schiferligut Landgut am *Schiferliweg,* dem frühern ↗Burgernzielweg, dessen Herrenstock 1957 beim Bau der neuen Klinik Sonnenhof abgebrochen wurde. Der Name weist auf Rudolf Abraham Schiferli (1735–1837).

Schiffländtebrunnen, auch Inselistegbrunnen 1724 wird ein steinerner Brunnen an der Schiffländte errichtet. Gegen 1785 ersetzt ihn der heutige Brunnen aus Solothurner Kalk mit Louis XVI-Urne, der den Werken Sprünglis nahe steht.
Standort: Westlich des kleinern ↗Matteschulhauses, Schifflaube 3
Lit.: KDM 1

Schiffländti In der ersten Hälfte des 19.Jh. Name des Hauses Marzilistrasse 23.

Schifflaube Vor der Mitte des 19.Jh. hiess die Sch. *Ländte.*

Schiffleuten 1) Münstergasse 22. Im 14.Jh. aus Fischer- und Schiffleutenzunft vereinigte Gesellschaft, deren Haus seit dem 15.Jh. bis kurz nach 1865 die Nr. 80 an der Gerechtigkeitsgasse

war. Vor dem heutigen Zunfthaus, das 1952 bezogen wurde, besass die Zunft das Haus Kramgasse 68.
Lit.: KUHN, Schiffleuten

2) Gasthof im alten Zunfthaus von 1), der in den Siebziger- und Achtzigerjahren des 19.Jh. *zur Waage* hiess und dann verschwand.

Schilling-Haus 1506 abgebrochenes Haus des Chronisten DIEBOLD SCHILLING († 1485) an der Schattseite der Münstergasse.
Standort: Nordwestliche Ecke des Münsterplatzes beim Moses-Brunnen (den Häusern Münstergasse 32/34 gegenüber)
Lit.: KDM 2

Schindelturm Im zwischen 1458 und 1473 erbauten Wehrturm der südlichen Stadtummauerung errichtete das Bauamt im 17.Jh. ein Materialdepot. 1678 wurde der Sch. ins ⁊Ballenhaus einbezogen, weshalb er von da an auch *Ballenhausturm* hiess. 1820 wurde er ins ⁊Casino 1) eingebaut und 1895 mit diesem abgebrochen.
Standort: Südwest-Turm des ⁊Parlamentsgebäudes, Bundesplatz 15
Lit.: HOFER, Wehrbauten

Schindler Café ⁊Christen 4)

Schindthaus Altes ⁊Schlachthaus

Schinkengasse ⁊Amthausgasse

Schlachthaus, auch **Neue Metzg** Kurz vor 1798 an der Schütte erbaut, nach 1875 mit der zugehörigen Obern ⁊Schaal 2) abgebrochen.
Standort: Nordteil des ⁊Polizeigebäudes 2), Predigergasse 5

Schlachthaus, Altes, früher **Schindthaus** Rathausgasse 22. 1768/69 entsteht als Ersatz für das Schindthaus aus dem 15.Jh. das heute noch bestehende Gebäude.
Lit.: KDM 6

Schlachthaus Engehalde auch **(Central-)Schweineschlächterei** genannt. In den Jahren 1873–1875 auf dem Areal der heutigen Postgaragen erbautes grosses Schlachthaus, dessen Aufgabe von 1914 bis 1916 schrittweise vom ⁊Schlachthof übernommen wurde.
Standort: Engehaldestrasse 34, 35, 37

Schlachthausbrunnen ⁊Stettbrunnen

Schlachthausgässli Heute *Schaalgässchen*

Schlachthausweg ↗Engehaldestrasse

Schlachthof Stauffacherstrasse 80, 82, 86. Erbaut 1912–14, seither mehrmals erweitert und modernisiert.

Schlachthofweg Seit der Verlegung des Schlachthofes ans Wylerholz Name der Fortsetzung der Stauffacherstrasse. 1972 wird der Name Sch. aufgehoben und der Weg zur Stauffacherstrasse geschlagen.

Schlangenrain Im 19.Jh. angelegter Weg vom ↗Henkerbrünnli zur Alpeneggstrasse. Name wegen des schlangenförmigen Verlaufs des Weges.

Schleife ↗Kupferhammerschmiede

Schleifergässlein Bis 1881 Bezeichnung des schmalen Gässchens, das südlich der ↗Matteschulhäuser und des Mühleplatzes, aber nördlich der ↗Wasserwerkgasse durchläuft. Der mittlere Teil des Sch. wird heute vom Gebäude Wasserwerkgasse 18 eingenommen.

Schlössli 1) ↗Aebischlössli
2) Landhaus an der Schlösslistrasse.
Standort: Zieglerstrasse 20
3) ↗Victoriahall

Schlössligut Landgut des Schlösslis 2). Es reichte von der Schlösslistrasse bis zur Schwarztorstrasse.

Schlossquelle Name im Könizbergwald (Koord.: 597500/198600).

Schloss-Strasse Die nach dem Schloss ↗Holligen benannte Strasse wurde 1941 als Fortsetzung der gleichzeitig verlängerten ↗Schwarztorstrasse angelegt.

Schlüssel Rathausgasse 72. 1508 erstmals erwähnter Gasthof, der 1560 in den Besitz der Stadt gelangt und neu aufgebaut wird. Vermutlich seit 1602 wieder Privatbesitz. Die heutige Fassade stammt vom Umbau im Zusammenhang mit der Einrichtung der ersten Berner ↗*Herberge zur Heimat.*
Lit.: KDM 6

Schlüsselgässchen ↗Finstergässchen

Schlüsselveld-Haus 1506 abgebrochenes Haus des Schneiders
SCHLÜSSELVELD an der Schattseite der Münstergasse.
Standort: Gegenüber dem Ostteil des Hauses Münstergasse 32
Lit.: KDM 2

Schmalzenloch ↗Burgau

Schmid, Privatbank ↗Fastnacht & Buser

Schmiede Café ↗Kohler

Schmieden Zeughausgasse 5. Die Vennerzunft zu Sch., die alle
metallverarbeitenden Berufe umfasste, hatte ihren ersten Sitz,
bevor sie 1448 das Haus Marktgasse 12 erwarb, unterhalb des
↗Zytglogge. 1719/20 baut SAM. BAUMGARTNER das Haus äusser-
lich vollständig um. Das Hinterhaus, 1738/41 von ABR. ZEHEN-
DER neu gebaut, weicht 1892/93 einem nach Osten erweiterten
Neubau. Das Vorderhaus wird, um das Haus Marktgasse 10
verbreitert, 1912 neu gebaut, wobei der alte Gasthof verschwindet. Es bleibt die *Schmiedstube* im Hinterhaus, das 1956/58 neu
gebaut wird.
Lit.: KDM 6

Schmiedenviertel Nordwestliches ↗Vennerviertel.

Schmiedstube ↗Schmieden

Schmutz, Café Das in der Mitte des 19.Jh. *Café Holzer* heis-
sende Café Sch. verschwand während des Ersten Weltkrieges. Im
selben Haus entstand in den Sechzigerjahren des 20.Jh. das Café
Le Beaujolais.
Standort: Aarbergergasse 52

Schnabelgalgen Über dem ↗Pranger 2) befand sich eine aus der
Wand ragende eiserne Stange, an welcher der Delinquent ent-
weder symbolisch erhängt oder wo der Tatbestand des Verdikts
weithin lesbar aufgehängt werden konnte.
Standort: Eckpfeiler des Hauses Gerechtigkeitsgasse 80
Lit.: HOWALD, Brunnen 1

Schneckenberg Im 14. und 15.Jh. erwähnte Parzelle, die sich
oberhalb des ↗Klösterli 1) befunden haben muss. Die Verwendung von Schnecken als Fastenspeise war auch andernorts üblich.
Lit.: Archiv d. Hist. Vereins 1875

Schneckenhübeli Kleiner Hügel am Südrand des ↗Schosshal-
den-Friedhofs, zu dessen Spitze ein spiralförmig angelegter Weg

führt. Der *Gedenkstein für Otto v. Greyerz* (1863–1940) wurde kurz nach dessen Tod gesetzt.

Schnell, Privatbank Die im 18. Jh. eröffnete Privatbank *Ziegler & Rollier* hiess bis in die Restaurationszeit *Ziegler jun. & Cie,* in den Zwanzigerjahren des 19. Jh. *Hollard & Schnell* und in den Dreissigerjahren Sch. Sie verschwand um die Mitte des 19. Jahrhunderts.

Standorte: Bis ins 3. Jahrzehnt des 19. Jh. Kramgasse 5, später Münstergasse 48
Lit.: SCHAUFELBERGER, Bankwesen

Schnepfenort Name im Kleinen Bremgartenwald (Koord.: 599 200/202 000).

Schönau Sandrainstrasse 68. Im letzten Jahrzehnt des 19. Jh. eröffnetes Restaurant.

Schönausteg 1906 errichtete Kettenbrücke zwischen der Lindenau und dem untern Kirchenfeld. Vor dem Bau des Sch. befand sich dort seit 1868 die *Dählhölzlifähre.*

Schönberg 1) Laubeggstrasse 40. Landgut, dessen euphemistischer Name den Hügel des ↗Hochgerichts untenaus bezeichnet. 1943 kam der Sch. an die Einwohnergemeinde. Der Sch. hiess im 19. Jh. auch *Lerberhübeli.*
2) ↗Schöneck 1)

Schönbühl Name im Könizbergwald (Koord.: 597 000/ 198 100).

Schönburg 1) ↗Sarepta
2) Viktoriastrasse 21. In den frühen Siebzigerjahren des 20. Jh. errichtetes Verwaltungsgebäude der Generaldirektion PTT.

Schöneck, Schönegg 1) Friedhofweg 24. Landhaus, das in der ersten Hälfte des 19. Jh. *Schönberg* hiess.
2) ↗Claretsack
3) Ein 1845 erwähntes kleines Landhaus unterhalb des ↗Beaulieus 1).
4) ↗Greisenasyl

Schöngrün Schosshaldenstrasse 92. Landgut, das bis 1880 offiziell *Schöngrin* hiess.

Schönheim Neufeldstrasse 29/31. Vorstadthaus, erbaut 1872. Hier befand sich von 1897 bis 1929 das ↗Blindenheim.

Schöni, Café ↗Brünig

Schoop Café ↗Winkelried 1)

Schopfergässchen ↗Münstergässchen

Schopfer-Kapelle, auch **Michel-Kapelle** Kapelle nördlich des zweiten Jochs des nördlichen Seitenschiffs des ↗Münsters. Das vor 1453 von M. Ensinger errichtete Gewölbe zeigt auf seinem Schlussstein das Wappen Peter Schopfers, des Stifters des Altars der 12 Apostel. Neben der Wappenscheibe Niklaus Manuels des J. die Scheibe Wolfang Michels v. Schwertschwendi. *Lit.:* KDM 4

Schorer-Gut Unterer ↗Spitalacker 2)

Schosshalde 1) Bezeichnung der Moränenterrasse zwischen Schosshaldenstrasse, Sch.wald, Oberer Zollgasse, Buchserstrasse und Egelgasse
2) ↗Bürenstock
3) Kleiner Muristalden 40. Im letzten Jahrzehnt des 19.Jh. eröffnetes Restaurant.

Schosshalde, Äussere oder **Hintere** ↗Ougspurgergut

Schosshaldendrittel ↗Stadteinteilung

Schosshalden-Friedhof 1877, zwei Jahre nach dem Landerwerb, wurde der Sch.-F. als Ersatz für den ↗Rosengarten eröffnet. Seither wurde er mehrmals gegen den Schosshaldenwald hin erweitert.

Schosshaldengässli Im 19.Jh. Name der Egelgasse und ihrer Verlängerung zum ↗Sonnenhof.

Schosshaldenweg, Vorderer Im 19.Jh. Name der Laubeggstrasse zwischen ↗Haspelgasse und Schosshaldenstrasse.

Schosshalde-Schulhaus Bitziusstrasse 15. Das Sch. wurde 1909/10 erbaut, die Turnhalle 1928.

Schoulanzgasse ↗Schauplatzgasse

Schrapnellfabrik ↗Sandraingut

Schreckenbrunnen-Graben In der ersten Hälfte des 19.Jh. verfälschter Name für ↗Schegkenbrunnen-Graben.

Schreckhorn Spottname für das ⇗Frauenspital (Schanzeneck-strasse 1), das mit der Sternwarte (Sidlerstrasse 5, ⇗Observato-rium), die *Wetterhorn* hiess, und dem Direktionsgebäude der Jurabahn (Hochschulstrasse 6, ⇗SBB-Verwaltungsgebäude), *Faulhorn* genannt, eines der drei ersten grossen Gebäude auf der Grossen ⇗Schanze war.

Lit.: BLOESCH, 700 Jahre Bern

Schuhmachern Marktgasse 13. Die im 14. Jh. an der Gerechtig-keitsgasse ansässige Gesellschaft zu *Niederschuhmachern* vereinigt sich 1462 mit den seit 1426 im heutigen Haus ansässigen *Ober-schuhmachern*. Das Vorderhaus wird in den Jahren nach 1698 von S. JENNER, das Hinterhaus (Amthausgasse 8) 1753–58 von G. HEBLER neu erbaut. Die heutige Fassade gegen die Marktgasse baute 1772/73 IMHOF; sie wurde 1837/39 von TSCHIFFELI und KÜPFER erhöht.

Lit.: KDM 6

Schule, Deutsche ⇗Stadtschule

Schule, Grüne ⇗Lateinschule

Schule, Katholische Die 1819 eröffnete K. Sch. befand sich vor 1843 an verschiedenen Orten und bezog dann das *Lacroix-Haus*. In der Folge des Kulturkampfes verschwand sie in den Siebziger-jahren des 19. Jh.

Standort: Seit 1843: Rathausgasse 12
Lit.: DURHEIM, Beschreibung

Schule, Obere ⇗Gymnasium 1), ⇗Hochschule

Schule, Untere ⇗Lateinschule

Schulen

⇗Akademie, Bollwerk-Sch., Breitenrain-Sch'haus, Breitfeld-Sch'haus, Brunn-gass-Sch'haus, Brunnmatt-Sch'haus, Einwohner-Mädchenschule, Enge-Sch'-haus, Erlacherhof, Ferrierhaus, Frauenarbeitsschule, Friedbühl-Sch'haus, Gewer-beschule, Gymnasium, Gymnasium Kirchenfeld, Gymnasium Waisenhausplatz, Haushaltungsschule, Hochschule, Humboltianum (⇗Siloah), Katholische ⇗Schule, Kirchenfeld-Sch'haus, Knabenlehre, Knabensekundarschule Munzin-ger, Knabensekundarschule Viktoria, Konservatorium, Kunstschule, Latein-schule, Lehrwerkstätten, Lerberschule, Lorraine-Sch'haus, Mädchenschule, Bur-gerliche, Mädchenschule, Neue, Mädchenschule, Städtische, Mädchensekundar-schule Laubegg, Mattenschule, Meitlilehr, Musikschule (⇗Konservatorium), Pestalozzi-Sch'haus, Posthaus, Rathaus 2), Realschule, Schosshalden-Sch'haus, Sonntagschule (⇗Sulgeneck), Spitalacker-Sch'haus, Staldensch., Sulgenbach-Sch'haus, Universität, Zeichenklassen

Schulgasse ↗Herrengasse

Schulgässlein ↗Bibliotheksgässchen

Schulmuseum, Schweizerisches Die Stiftung «Schweiz. Schulmuseum» eröffnet 1905 im westlichen Torhaus des Äussern ↗Aarbergertors ihre Ausstellung. Das Sch. erreicht aber den geplanten Umfang nie. Die Nachfolge der Stiftung übernimmt die ↗Schulwarte.

Schultheissenpforte Name erst seit dem 18. Jh. erwähnt. Von E. KÜNG erbaute, 1491 datierte östlichste Nordpforte des ↗Münsters. 1719 erhält die Sch. ein barockes Vordach von H. J. DÜNZ, das 1899 wieder entfernt wird. An der Galeriebrüstung des Pfeilers östlich der Sch. befindet sich die Platte mit Meister KÜNGS Aufforderung «machs na». Westlich der Sch. steht auf der Galerie des Strebepfeilers die «Werkmeisterstatue».
Standort: Gegenüber dem Haus Münstergasse 8
Lit.: KDM 4

Schultheissentor Unteres ↗Marzilitor

Schulwarte Helvetiaplatz 2. In den Jahren 1933/34 von der Stiftung «Berner Schulwarte» (vormals Schweizerisches ↗Schulmuseum) gleichzeitig mit dem ↗Postmuseum erbaut.

Schuntnehubel ↗Gschuntne Hubel

Schütte Aarehang zwischen ↗Knabenwaisenhaus und ↗Grabenpromenade. Der Grossteil des Brandschuttes von 1405 soll dort aufgeschüttet worden sein.

Schütteraintreppe Die Treppe südlich des ↗Harnischturms wurde 1854 angelegt.
Standort: Südlich der Häuser Langmauerweg 110

Schüttestrasse Vor dem Ausbau in den Jahren 1967/69 heisst die erst am Ende des 19. Jh. durchgehend befahrbare Strasse *Schütteweg.*

Schützen ↗Falken 2)

Schützenbrunnen Der Brunnen von 1527 erhielt 1543 die Schützenfigur von HANS GIENG. Kapitell und Säule wurden 1670 von ABRAHAM DÜNZ I. ersetzt. Der früher einröhrige Brunnen hat seit der Mitte des 18. Jh. vier Röhren. Der Trog wurde 1784 ersetzt, das Banner letztmals 1889. Der Name S. tritt im frühen

17.Jh. auf. Die Figur blickte bis 1931 nach Osten und wurde 1939 westwärts gewendet aufgestellt.

Standort: Vor 1889 vor dem Haus der ↗Schützen-Gesellschaft (Marktgasse 24/28); 1889 bis 1931 an der Schattseite (vor den Häusern Nr. 27/29); seit der Neuaufstellung 1939 vor dem Haus Nr. 16
Lit.: KDM 1

Schützengarten Scheibenstrasse 21. Das in den Siebzigerjahren des 19.Jh. eröffnete Restaurant heisst seit dem Ende der Sechzigerjahre des 20.Jh. *Chrueg.* 1897 baute RUPERT GASSNER eine Konzerthalle an.

Schützen-Gesellschaften In den Zwanzigerjahren des 18.Jh. baut die seit dem 16.Jh. bestehende *Zielmusketen-Schützen-Gesellschaft* ihr Haus an der Marktgasse (Nrn. 24/28) neu und verkauft den Nordteil der Parzelle 1728 für den Bau des ↗Rathauses des Äusseren Standes. Die 1675 gegründete *Reismusketen-Schützen-Gesellschaft* tritt in der Restaurationszeit das Erbe ihrer 1798 aufgelösten Schwestergesellschaft an. Das *Schützenhaus* (Marktgasse 28) wird 1931 zusammen mit dem Haus Nr. 30 abgebrochen. Als Übungsplatz diente beiden Gesellschaften die ↗Schützenmatte.
Lit.: DURHEIM, Beschreibung

Schützenhaus 1) ↗Schützen-Gesellschaften
2) Das 1530 erbaute Sch. auf der ↗Schützenmatte wird 1622 wegen des Baues der 5. ↗Stadtbefestigung durch ein neues ersetzt, welches 1862 wiederum abgebrochen wird.
Standorte: Vor 1622: Westteil der ↗Bollwerkpost, Bollwerk 25; 1622–1862: Nordteil des Bezirksgefängnisses Genfergasse 22, östlich des Hauses Bollwerk 35
Lit.: DURHEIM Beschreibung

Schützenhaus- oder Schützenmattbrunnen Der zweite ↗Kreuzgassbrunnen wird nach seiner Renovation durch ABRAHAM (I.) DÜNZ (1663/67) vor dem ↗Aarbergertor errichtet; dort bleibt er bis 1862 erhalten.
Standort: Bollwerk 31
Lit.: KDM 1

Schützenmatt, neuer **Schützenmatte** Seit alters für Handfeuerwaffen benützter Schiessplatz, der ursprünglich vom Westausgang der Speichergasse bis zum Südende der Engehaldenstrasse reichte. Nach dem Bau der 5. ↗Stadtbefestigung und des neuen ↗Schützenhauses (1622) wurde ein Damm in der Mitte der Sch. aufgeschüttet. Die Zielmusketen-Schützen-Gesellschaft schoss auf grössere Distanz (ca. 300 m) als die Reismusketen-Schützen-Gesellschaft (ca. 120 m). Der Bau der ↗Eisenbahn-brücke bedingte 1857 die Aufgabe der Sch. als Schiessplatz (↗Wylerfeld-Schiessstand). Bei den Umbauten 1753 traten viele Mauern röm. Bauten zu Tage.

Standorte:
– Grosse Distanz: Schiessstand: Nordteil des Hauses Bollwerk 27 und östlich davon, ca. 45 m lang; Scheibenstand: Nördlich des Hauses Schützenmatt-strasse 12, das seit Beginn des 20.Jh. historisierend *Zeigermätteli* heisst
– Kurze Distanz: Schiessstand: Bollwerk 39; Scheibenstand: Unterführung der Schützenmattstrasse
– Damm: Von der Unterführung der Neubrückstrasse bis zur Westecke der Kreuzung Schützenmattstrasse/Bollwerk
Lit.: DURHEIM, Beschreibung

Schützenmattbrücke 1619 abgebrochene Grabenbrücke vor dem ↗Weissen Turm.
Standort: Amthaus/Bollwerk 33
Lit.: KDM 1

Schützenmuseum, Schützenstube ↗Historisches Museum

Schützenweg ↗Wylerfeld-Schiessstand

Schütz-Kapelle auch **Obere-Kirchtür-Kapelle** Kapelle süd-lich des 1.Jochs des südlichen Seitenschiffs des ↗Münsters. Der Schlussstein des 1448/53 von M.ENSINGER erbauten Gewölbes zeigt die Hauszeichen des Kirchenpflegers HANS SCHÜTZ, Stifter des Gregor-Altars, und seiner Frau BARBARA geb. DREYER. Das Jesaiasfenster schuf F.HOFFMANN 1947.
Lit.: KDM 4

Schutzmühle Postgasse 6. Die *Stettmühle* ist seit 1249 am Gra-ben zwischen Nydegg und der Stadt belegt. Das heutige Ge-bäude stammt aus dem 17. oder 18.Jh. Der Name Sch. ist seit 1630 belegt. Er weist vermutlich auf den hier herausschiessenden ↗Stadtbach.
Lit.: KDM 2

Schwafflanzgasse ↗Swaflanzgasse

Schwalbe Grüneckweg 14. 1868/69 erbaute Villa.

Schwanegg Name des Eckhauses Bubenbergplatz/Schwanen-gasse vor der Errichtung des heutigen Baus (abgebrochen 1905).
Standort: Bubenbergplatz 15

Schwanen Seit der ersten Hälfte des 19.Jh. bestehende Wirtschaft, die zu Beginn der Zwanzigerjahre des 20.Jh. mit dem Neubau der Häuser an der ⬈Badgasse verschwunden ist.
Standort: Badgasse 21

Schwanengasse ⬈Turnplatz 1)

Schwarz, Café 1) Seit dem Ersten Weltkrieg bestand bis zum Neubau des Hauses Münstergasse 47 in dessen westlichstem Teil das C. Sch.
2) ⬈Brünig
3) ⬈Santschi

Schwarzenburgbahn ⬈Dekretsbahnen

Schwarzenburg-Haus ⬈Cyro-Haus

Schwarzen Thor, Beim Landgut im Monbijou. Dort wurden 1810 La-Tène-Reihengräber gefunden. In der Folge entdeckte man bei Neubauten zwischen Effinger- und Schwarztorstrasse immer wieder Gräber von La Tène I und II. Weitere Gräber fanden sich auch rechts des Sulgenbachs.
Standort des Wohnhauses: Monbijoustrasse 30

Schwarztorstrasse Die nach dem Landgut beim ⬈Schwarzen Thor benannte Strasse reichte ursprünglich nur bis zur Belpstrasse. Sie wurde im letzten Jahrzehnt des 19.Jh. bis zur Brunnmattstrasse und 1941 beim Bau der ⬈Schloss-Strasse bis zur ⬈Holligenstrasse verlängert.

Schwefelturm ⬈Tschiffeliturm

Schweinemarkt ⬈Waisenhausplatz

Schweinemarktbrunnen Ein im 18.Jh. erwähnter Brunnen westlich des Grossen ⬈Zeughauses.
Standort: Vermutlich westlich des Hauses Waisenhausplatz 25

Schweineschlächterei ⬈Schlachthaus Engehalde

Schweizerbund Länggass-Strasse 44. In den Siebzigerjahren des 19.Jh. eröffnetes Restaurant.

Schweizergarten Papiermühlestrasse 4. Am Ende der Siebzigerjahre des 19.Jh. zusammen mit der ⬈Kaserne 4) im umgebauten ⬈Böhlenstock eröffnetes Restaurant. Mit dem Neubau in der Zwischenkriegszeit wurde der Sch. an den heutigen Standort verlegt.
Ursprünglicher Standort: Papiermühlestrasse 12

Schweizerhalle 1) Café d' ↗Espagne
2) Restaurant im Südteil des Museumsgebäudes (↗Kantonalbank, Bundesplatz 8)

Schweizerhof Bahnhofplatz 11. 1857 eröffnete der frühere Wirt der ↗Brückfeld-Wirtschaft das auch *Hotel Fetzer* genannte *Hotel Zähringerhof* beim ↗Hauptbahnhof. Nachdem zu Beginn der Sechzigerjahre FETZERS Erben das Hotel verkauft hatten, bekam es den Namen Sch., anfangs hiess es gelegentlich auch *Hôtel Suisse*. Den heutigen Bau errichtete L. M. DAXELHOFER 1911.

Schwelle Die Sch., die mit allen vom gestauten Wasser angetriebenen Mühlen, Sägen, Schleifen, Bläuen usw., seit alters ein Reichslehen war, kam mit allen Betrieben und den Fischenzen 1360 um 1300 Rheinische Gulden von JOH. v. BUBENBERG an die Stadt, der sie heute noch gehört.
Lit.: GRUNER, *Deliciae*

Schwellenmätteli 1) 1360 verkaufte JOH. v. BUBENBERG die ↗Schwelle mit Fischenzen, Wasserwerken und dem Sch. der Stadt. Das Haus war Wohnsitz des Schwellenmeisters, der auch das Gut am ↗Schwellenmattrain bewirtschaftete. Später war es ein vielbesuchter Vergnügungsort.
2) Dalmaziquai 11. Schon im 19. Jh. gab es im früheren Haus des Schwellenmeisters ein Restaurant.

Schwellenmättelifähre Nach der Zerstörung der *Birago'schen Brücke* durch Hochwasser am 23. August 1846 scheint recht bald eine Fähre den Weg von der Stadt zum Ausflugsziel ↗Schwellenmätteli abgekürzt zu haben. Die Sch. stellte den Betrieb 1872 nach der Eröffnung der ↗Dalmazibrücke ein.
Standort: Am linken Ufer wenig oberhalb des Hauses Aarstrasse 66
Lit.: DURHEIM, *Beschreibung*

Schwellenmätteli-Turnhalle Schwellenmattstrasse 1. Die 1900 erbaute Sch. T. wurde 1931/32 erweitert.

Schwellenmattrain Hang oberhalb des ↗Schwellenmättelis. Er wird seit 1884 von der Schwellenmattstrasse durchquert.

Schwendplatz Platzartige Erweiterung der Gerechtigkeitsgasse bei der Einmündung der Junkerngasse. Ursprünglich standen auf dem Sch. eine Linde und bis 1844 auch der ↗Vennerbrunnen. Beim Bau der ↗Nydeggbrücke wurde der Platz durch die

Stützmauer zwischen ⇗Gerechtigkeitsgasse und ⇗Nydeggasse getrennt.

Schwert Rathausgasse 66. In der Mitte des 19.Jh. eröffnetes Restaurant.

Schwimmschule, auch **Badweiher** 1822 angelegter Weiher im Marzili. Die Sch. soll nach Hamburg das zweite künstlich geschaffene Freibad in Europa gewesen sein. Die Sch. wurde auch *Kaltbadanstalt* und populär *Fröschenweiher* genannt. Der Name ⇗Weihergasse erinnert an diese 1955 zugeschüttete Anstalt.
Standort: Promenade an der Aarstrasse, nordöstlich der Dalmazibrücke, dem Haus Aarstrasse 96 gegenüber

Seckelschreiberei ⇗Deutschseckelschreiberei

Seelandweg Der 1897 erstellte Weg trägt den Namen der dort tätigen Baugesellschaft Seeland.

Seftausteg ⇗Felsenaufähre, Untere

Seidenhof Zähringerstrasse 44. Zu Beginn des 20.Jh. eröffnetes Restaurant, dessen Name von der benachbarten Seidenfabrik abgeleitet ist.

Seidenweg Nachdem schon im frühen 19.Jh. die Familie SIMON in Bern Seide fabriziert hatte, gründete EDUARD ALBERT SIMON 1868 die bis 1930 existierende Seidenfabrik in der Länggasse, auf welche der Name S. zurückgeht.
Standort der Seidenfabrik: Gesellschaftsstrasse 71–75 und 70–78

Seiler, Café Mit der Verlegung der ⇗Kramgass-Post aus dem ⇗Kaufhaus an den heutigen Standort wurde 1899 Platz frei für ein Café, das zuerst *Café Baumann,* dann *Café Jenny,* zu Beginn des Ersten Weltkriegs *Café Burri* und bei Kriegsende Café S. hiess.
Standort: Kramgasse 20

Seilerbrunnen ⇗Anna Seiler-Brunnen

Seilerinspital 1354 stiftet ANNA SEILER, die Witwe des frühern Niederspitalmeisters HEINR. SEILER, ein Spital mit 13 Betten in ihrem Haus, das nach dem Brand von 1405 rasch wieder aufgebaut wird. Nach dem Umzug des S. ins ⇗Inselkloster wird das Haus vor 1612 an Private verkauft und 1913 abgebrochen.
Standort: Westteil des ⇗Volkshauses, Zeughausgasse 9
Lit.: KDM 1

Seilerplatz 1831 wurde der S., die Anlage zur Herstellung von Seilen, der sich bis dahin nördlich des ↗Untertors befunden hatte, an den ↗Langmauerweg verlegt.

Sektions- und Badstube des Inselspitals. Ein 1788 östlich des ↗Inselspitals erbautes kleines Gebäude.
Standort: Nordteil des Ostflügels des ↗Bundeshauses-Ost, Kochergasse 9
Lit.: KDM 1

Seilerin-Brunnen ↗Anna Seiler-Brunnen

Seminar Muristalden, Evangelisches Muristrasse 8/10. FRIEDR. GOTTLIEB GERBER (1828–1905) gründete 1854 in Aarwangen ein evangelisches Seminar, das THEODOR V. LERBER 1855 im ↗Hafnerhäuschen, kurz darauf im Herrenstock der ↗Ochsenscheuer einquartierte. 1856–63 befand sich das S. im v. WERDT-Haus. Seither befindet es sich mit dem heutigen Namen am jetzigen Ort.
Standorte: 1855 Sulgenrain 11; 1855–56 südlich des Hauses Eigerstrasse 60; 1856–63 Junkerngasse 3; 1863 Muristrasse 8; seit 1880 auch Nr. 10; seit 1926 auch Nr. 8 B.
Lit.: Ev. Seminar Muristalden, Jubiläumsschrift 1854–1954, Bern 1954

Senkeltram ↗Mattenlift

Sidlerstrasse 1931 wurde die *Sternwartstrasse* nach dem Berner Astronomieprofessor G. J. SIDLER (1831–1907) benannt.

Siebenschläfern, Bei den 1397 und 1460 erwähnter Name des heutigen Linde-Quartiers.

Siebenschläfer-Brücke Brücke der Freiburgstrasse über den Stadtbach. Wegen der Höherlegung des Baches vermutlich schon im 16. Jh. abgebrochen.
Standort: Vermutlich südlich des Hauses Freiburgstrasse 74

Siebenschläfer-Kapelle Im 14. und 15. Jh. eine den heiligen Siebenschläfern geweihte Kapelle in der Nähe der ↗Siebenschläferbrücke. Vermutlich stand an ihrer Stelle das 1922 abgebrochene *Wetterhüsi*, das 1667 JAKOB WÄTTER besessen hatte.
Standort: Vermutlich Freiburgstrasse 76

Siechenbrünnlein Der schon im 16. Jh. erwähnte Brunnen am ↗Klösterlistutz heisst von 1760 bis 1857 nach der benachbarten Lastwaage *Waaghausbrunnen,* dann nach der Verlegung des

↗Viehmarktes auch *Viehmarktbrunnen*. Der heutige Trog stammt aus dem 19.Jh.

Standort: An der Stützmauer des Klösterlistutzes rechts neben dem ↗v. WERDT-Denkmal.

Lit.: KDM 1

Siechenhaus 1) Das 1283 erwähnte S. für Leprakranke hiess auch *Feld-* oder *Sondersiechenhaus*. Es wurde zu Beginn des 15.Jh. erweitert und 1491 nach Bolligen verlegt. Gelegentlich hiess es auch *Aussetzelhaus*.

Standort: Vermutlich Laubeggstrasse 45

2) 1491 errichteter Neubau von 1) im heutigen ↗Waldau-Areal.

Standort: Wahrscheinlich Bolligenstrasse 127

Siechenhauskapelle, Siechenkapelle 1) Beim ↗Siechenhaus 1) 1350 erbaut, seit 1369 mit eigenem Kaplan. Patrozinium: Maria.

2) ↗Waldaukapelle

Siechenhaus–Kornhaus Bolligenstrasse 129. 1742/43 von L. E. ZEHENDER erbaut. Seit dem Umbau von 1872/73 Wohnsitz des Waldau-Vorstehers.

Lit.: KDM 1

Siechenmatt Heute von der Autobahn SN 6 zwischen Papiermühlestrasse und Gemeindegrenze durchquerte Parzelle.

Siechenmatt–Gut Areal der ↗Waldau.

Siechenscheuer Bolligenstrasse 125. 1739 erbautes Ökonomiegebäude des ↗Siechenhauses 2).

Lit.: KDM 1

Siechenschlössli Bolligenstrasse 133. 1598/99 für den Siechenmeister erbaut, 1758 umgebaut. Das Back- und Ofenhaus (Bolligenstrasse 133 A) entstand gleichzeitig nach Plänen von N. SPRÜNGLI. Heute Amtswohnung des Waldaupfarrers.

Lit.: KDM 1

Siegfriedstrasse Die südliche der beiden Verbindungsstrassen zwischen Aegerten- und Schillingstrasse hiess bis 1940 S.

Silberstrecke 1679 wird die S., die amtliche Silberschmelze, wegen Geruchs und Lärms aus der Alten ↗Münzstatt an die Matte verlegt. In den Jahren 1794/96 wird nach Plänen von

OSTERRIETH ein Neubau an Stelle der untern ↗Walke errichtet, der 1885 wieder abgebrochen wird.

Standorte: 1679–1796: Westlich des Hauses Wasserwerkgasse 14; 1796–1885: am Hang zwischen Münzrain 1 und Aarstrasse 76
Lit.: KDM 3

Silberstreckebrunnen ↗Hungerbrunnen

Siloah Zu Beginn des 20.Jh. Name der Besitzung Schlössli-strasse 23. Der Name verschwand mit der Eröffnung des Instituts «Humboltianum» (1904).

Simongut Landgut zwischen Monbijou- und Mühlematt-strasse. Seit 1952 eidgenössische Verwaltungsgebäude (OZD) (Monbijoustrasse 40), Park zur öffentlichen Anlage umgestaltet. Dabei blieb der Spycher Mühlemattstrasse 15A erhalten. Der Name S. erinnert an den letzten Besitzer. Früher hiess das Gut *Haspelgut* oder *Haspelmatte.* Im S. fand man 1897 Reste einer römischen Villa.

Standort des Herrenstocks: Ehemals Mühlemattstrasse 15

Simonhof ↗Mattenspital

Simonstrasse Die S. erinnert an den Gründer der Seidenfabrik am ↗Seidenweg ANTON GOTTLIEB SIMON (1790–1855), Besitzer des ↗Beaulieus 1).

Simplon Aarbergergasse 60. Das schon in der ersten Hälfte des 19.Jh. bestehende Restaurant hiess gegen Ende des 19.Jh. *Beaure-gard,* seit dem Neubau des 1543 erbauten Hauses im Jahre 1904 S.; unter diesem Namen war es später auch ein Hotel. Seit den frühen Sechzigerjahren des 20.Jh. ist sein Name *Dézaley.*

Simsonbrunnen Der 1527 errichtete steinerne Brunnen erhält 1544 einen achteckigen Trog und die von HANS GIENG geschaf-fene Figur. Er heisst ursprünglich *Schaalbrunnen,* seit 1687 *Metz-gernbrunnen,* seit 1827 S. 1902 erhält er ein langes zweiteiliges Rechteckbecken und wird an die Schattseite der Gasse versetzt. 1944 zurückversetzt mit neuem Achteckbecken und neuem Säulensockel. Säule und Figur werden 1973 durch Kopien von H. DUBI ersetzt.

Standort: Zwischen Kramgasse 35 und 36
Lit.: KDM 1

Sinner-Haus Gerechtigkeitsgasse 81. Seit 1435 ist in diesem Eckhaus eine Apotheke nachgewiesen. Der heutige Bau von

1767/68 für Karl Ludwig Sinner geht vermutlich auf einen Entwurf von Sam. Joh. Imhof zurück, steht aber architektonisch unter dem direkten Einfluss N. Sprünglis. Seit den ersten Jahren des 20. Jh. enthält es das Restaurant *Ratskeller*. Zu diesem Zweck hat es die Stadt, der es seit 1895 gehört, umgebaut. 1895/96 befand sich im S. die ↗Haushaltungsschule.

Lit.: KDM 2

Soldatendenkmal 1964 als Erinnerung an die Mobilmachung von 1914 in der Engeallee errichtet.

Sollacker ↗Feldgut

Solothurnstrasse Vor dem Bau des ↗Aargauerstaldens und der Papiermühlestrasse hiess die später aufgehobene Strasse von der Kreuzung Alter ↗Aargauerstalden/Bolligenallee/Ostermundigenstrasse bis zur Stelle, wo die Papiermühlestrasse die Gemeindegrenze erreicht S. Das heutige Verbindungssträsschen Laubeggstrasse–Mingerstrasse folgt teilweise dem Trassee der S.

Solothurn-Tor ↗Untertor

Sommer, Café In den Sechzigerjahren des 19. Jh. ging das Café S. von der Witwe S. an Carl Niederhäuser über, nach welchem es in den Siebzigerjahren *Café Niederhäuser* hiess und dann verschwand.

Standort: Gerechtigkeitsgasse 19

Sommerleist 1797/99 unter L. F. Schyder und C. Haller nach Plänen von A. C. Sinner als Sommerhaus des Sommerleists, eines exklusiven burgerlichen Vereins, gebaut. Abgebrochen 1918, hundert Jahre nach Auflösung des Leists.

Standort: Laupenstrasse 5
Lit.: KDM 2

Sommerleistbad Maulbeerstrasse 14. Auf dem südlichen Teil der alten ↗Sommerleist-Besitzung wurde in den Achtzigerjahren des 19. Jh. das S. eröffnet. Das heutige Hallenbad geht auf die Zeit vor dem Zweiten Weltkrieg zurück.

Sondersiechenhaus ↗Siechenhaus 1)

Sonne 1) Im 15. Jh. Name des breiteren, östlichen Teils des 1521/29 aus zwei Teilen zusammengebauten Hauses Junkerngasse 61, das 1695 unter Alexander v. Wattenwyl dem heutigen Neubau wich.

2) 1485–1525 Gasthof in den 1505 von BOLEY GANTNER teilweise neuerbauten Häusern Bim Zytglogge 1 und 5. Den Erker des Hauses trug bis 1837 die Halbfigur des *Brotschelms*.
Lit.: KDM 2

3) Schon in der ersten Hälfte des 19.Jh. bestand im Haus Bärenplatz 7 ein Kaffeehaus, das nach seinem Besitzer *Café Giobbe* hiess. Das Restaurant hiess seit den Sechzigerjahren des 19.Jh. während knapp eines Jahrhunderts S., seither heisst es *Spatz*. Der Neubau des Hauses erfolgte 1932.

Sonnegg Ungefähr 1882 erbautes Vorstadthaus, in dem sich von 1929 bis zum Abbruch in den Sechzigerjahren das ↗Blindenheim befand.
Standort: Neufeldstrasse 97

Sonnenberg 1) Villa an der Schänzlistrasse 51, früher auch GOUMOËNS-Gut genannt.
2) Zu Beginn des 20.Jh. Pension an der Sonnenbergstrasse 19.
3) Während des Ersten Weltkriegs wurde die Pension S. 2) an die Beaulieustrasse 84 verlegt.

Sonnenbergweg Vor 1872 hiess der S. *Oberer Altenbergweg,* gelegentlich auch *Schänzliweg*.

Sonnenheim ↗Ochsenscheuer

Sonnenhof Jolimontstrasse 2. In der zweiten Hälfte des 19.Jh. erbautes Landhaus.

Sood, Gemeiner ↗Gemeiner Sood

Souvenir Thunstrasse 60. 1891 verkaufte M. v. FISCHER das Schloss Reichenbach und bezog die Villa S., die HENRY B. v. FISCHER für ihn erbaut und mit vielen Spolien aus dem Schlosse ausgerüstet hatte (von da der Name S.). Seit 1932 ist die Villa Sitz des Nuntius (↗Marguerita).
Lit.: MANDACH, Henry B. v. Fischer

Spanische Halle ↗Volkshaus

Spar- und Leihkasse Bundesplatz 4. Die 1857 gegründete Bank bezog 1913 den heutigen Bau (↗National 3)), nachdem sie seit 1869 im Haus Bärenplatz 6 untergebracht gewesen war.
Lit.: KDM 2

Spatz ↗Sonne 3)

Speckkämmerlein ↗Cachemari

Speichergassbrunnen ↗Schegkenbrunnen

Speichergasse Aus dem Jahr 1389 ist belegt «*Hindre Gass* genempt die *Buobengass*». Seit 1552 ist der Name S. offiziell.
Lit.: KDM 2

Speichergasse, Hintere ↗Hodlerstrasse

Speichergass-Kornhaus ↗Burgerspitalkornhaus

Speichergass-Passerelle oder **-Brücke** ↗Passerellen 2)

Speichergass-Schulhaus ↗Gymnasium Waisenhausplatz

Speiseanstalt der obern Stadt Der 1806 von der Armendirektion errichtete *ausserordentliche Mushafen* in der ↗Steinwerkmeisterwohnung wurde nach deren Abbruch in die Halle des ↗Kornhauses verlegt, wo er S. hiess. Vor dem Umbau des ↗Kornhauses wurde die S. aufgehoben.
Lit.: DURHEIM, Beschreibung

Speiseanstalt der untern Stadt Junkerngasse 30. Der 1806 von der Armendirektion errichtete *ausserordentliche Mushafen* im Armenhaus an der Matte wurde nach 1841 ins ↗Morellhaus (Postgasse 14) verlegt. Am Ende der Siebzigerjahre des 19. Jh. erfolgte die Eröffnung der S. am heutigen Standort im Obern Gerechtigkeitsgässchen, im hintern Teil der ehemaligen *Erlacherhof-Stallungen*.

Speiseanstalt Länggasse In den letzten Jahrzehnten des 19. Jh. gab es im Haus Mittelstrasse 8 eine S.

Speiseanstalt Nordquartier Zur Zeit des Ersten Weltkriegs gab es eine S. im Haus Birkenweg 49.

Spezereipulverstampfe Die S. befand sich vor 1818 in der Westecke der ↗Stadtmühle.
Standort: Mühleplatz 15

Spiegel Name eines um 1880 erbauten kleinen Vorstadthauses.
Standort: Mattenhofstrasse 12, heute Belpstrasse 45

Spielweg Weg auf der Westseite des ↗Breitenrain-Schulhauses parallel zum Bahndamm zwischen der Breitenrainstrasse und dem Römerweg. Beim Bau des Nordrings 1941 aufgehoben (↗Dammweg).

Spinnanstalt Halbprivate, wohltätige Unternehmung, die Heimspinnerinnen mit Arbeit und nötigenfalls mit Verpflegung versorgte. Gegründet 1785, bestand die S. bis zum Ende des 19. Jh.

Standort: Verkaufsmagazin: Münstergasse 36, später Brunngasse 72

Spinnerei Felsenau Felsenaustrasse 17. Die 1864/66 erbaute Spinnerei wurde nach einem Brand im Jahre 1872 neu errichtet.

Lit.: MORGENTHALER, Felsenau

Spinnstube Besonderes Gefängnis für Burger und Burgerinnen, die Haftstrafen zu verbüssen hatten. 1697 gegründet befand sich die S. bis 1741 im Nordflügel des ⇗Obern Spitals. Dann wurde sie in den heutigen Kapellentrakt des ⇗Burgerspitals verlegt. Sie diente noch 1911 als Haftort für Staatsgefangene. Volkstümlich auch *Hinterer* ⇗*Falken* genannt.

Lit.: WALTHARD, Description; KDM 1, 3

Spital, Grosser Der 1527 ins ⇗Predigerkloster verlegte Niedere Spital heisst in der Folge G. S. 1715 entsteht der neue G. S. aus der Vereinigung von Oberem und altem Grossem Spital. Die Reorganisation ist 1729 abgeschlossen. Dreissig Jahre nach dem Bezug des Neubaus am heutigen ⇗Bubenbergplatz (1742) kommt der Name ⇗*Burgerspital* auf, der seit 1803 offiziell den Namen G. S. ersetzt.

Lit.: KDM 1

Spital, Niederer Der N. S. wurde 1307 von der Bürgerschaft gestiftet. Er befand sich bis 1339 an Stelle der Häuser Gerechtigkeitsgasse 2–10. Dann wurde er vor das Untere Tor verlegt, wo 1344 die ⇗St. Georgskapelle geweiht wurde. 1527 beschliesst der Rat die Verlegung ins ⇗Predigerkloster mit dem Namen *Grosser Spital*. 1528 wird das Haus abgebrochen, die untere Hälfte der Liegenschaft geht an Private über (⇗Klösterli), die obere Hälfte wird Friedhof (⇗Klösterli-Friedhof). 1719 erfolgt die Vereinigung mit dem Obern ⇗Spital zum Grossen ⇗Spital.

Standort: Klösterlistutz
Lit.: KDM 1

Spital, Oberer Das kurz vor 1228 gegründete *Heiliggeistspital* heisst seit der Gründung des Niedern ⇗Spitals (1307) O. S. 1327 unter städt. Verwaltung genommen, löst sich der O. S. vom Heiliggeist-Kloster. 1715 erfolgt die Vereinigung mit dem Niedern oder Grossen Spital zum neuen *Grossen* ⇗*Spital*. Die 1726/

31 abgebrochenen Gebäude werden wegen des Baues des ↗Burgerspitals nicht mehr ersetzt.

Standort: Heiliggeistkirche und östlich anschliessender Gassenraum
Lit.: KDM 1, 5

Spital, Welscher 1830 abgebrochener südlicher Anbau des ↗Christoffelturms.

Standort: Treppe westlich des Hauses Spitalgasse 57
Lit.: BTb 1896

Spitalacker Grosses Landgut zwischen Schänzli- und Kasernenstrasse, das seit alters von der heutigen S.-Strasse durchquert wird. **1)** *Oberer S.:* Schänzlistrasse 25 (↗Belvoir 1)).

2) *Unterer S.:* Das am Ende des 19.Jh. nach dem Besitzer genannte *Schorer-Gut* wurde unter dem Namen *Waldheim* eine Pension für junge Mädchen. Abgebrochen 1972.

Standort: Spitalackerstrasse 38–42

3) Spitalackerstrasse 57. Das im letzten Jahrzehnt des 19.Jh. eröffnete Restaurant S. hiess ursprünglich *Helvetia.*

Spitalacker-Schulhaus Gotthelfstrasse 40. In den Jahren 1899 bis 1901 erbaut.

Spitalbrunnen 1) ↗Burgerspitalbrunnen
2) ↗Davidbrunnen

Spitalgasse Beim Bau der ↗4. Stadtbefestigung wird die alte, nach Süden abbiegende Strasse nach Bümpliz Teil der Hauptachse. Sie heisst 1344 «nüwe stat zem heiligen Geist» und bereits vor 1359 S. Die S. liegt in der Verlängerung der römischen Limitationsachse Osttor Aventicum–Hof Bümpliz, was nahelegt, die alte Strasse beim Obern ↗Spital sei römischen Ursprungs (↗Heiliggeist-Kirche).

Lit.: KDM 2

Spitalgut 1) Landgut in der Gegend des Viktoriaplatzes. Nördlich davon schliesst der Spitalacker an.

2) ↗Spitalmatte 2)

Spitalkapelle ↗Burgerspital

Spital-Kirche ↗Heiliggeist-Kirche

Spitalkornhaus ↗Burgerspital-Kornhaus

Spitalmatte Flurname, der Besitzungen des ↗Burgerspitals bezeichnet. **1)** Nördlich der Laupenstrasse, westlich des heutigen

Stellwerks (Laupenstrasse 24). Dieses Landgut hiess auch *Scheuermatte*, da auf ihm die grosse *Spitalscheuer* stand. Die Besitzung wurde 1856 zur Anlage des Güterbahnhofs verkauft.
2) Landgut in der Südostecke der Kreuzung Schwarzenburgstrasse/Weissensteinstrasse. Hiess auch *Spitalgut* im Weissenstein.
3) Parzelle zwischen Effingerstrasse, Brunnmattstrasse und Jennerweg.
4) Landgut zwischen Schänzlistrasse und Spitalackerstrasse. Es hiess im letzten Jahrhundert *Mosergut*. An diesen Namen erinnert die *Moserstrasse*.
5) Parzelle nördlich und südlich der Reiterstrasse.
6) Parzelle zwischen Choisystrasse, Zieglerstrasse, Schlösslistrasse und Brunnmattstrasse.

Spitalmeister-Wohnung ⁊Stadttheater-Direktion

Spitalplatz ⁊Bahnhofplatz

Spitalpromenade 1804 angelegte und nach Schleifung der Schanzen (1834) erweiterte Promenade westlich des ⁊Burgerspitals. Im letzten Jahrzehnt des 19.Jh. überbaut.
Standort: Bubenbergplatz Nrn. 6–12, ⁊Bogenschützenstrasse
Lit.: SOMMERLATT, Adressenverzeichnis

Spitalschaffnerhaus ⁊Stadttheater-Direktion

Spitalscheuer 1) Ökonomiegebäude westlich des heutigen Hauses Bahnhofplatz 9. Abgebrochen 1724 für den Bau der ⁊Heiliggeistkirche.
2) Am Untern ⁊Graben. 1738 abgebrochen für den Bau der ⁊Reitschule 3).
Standort: Kornhausplatz 20
3) Grosses Ökonomiegebäude des ⁊Burgerspitals nördlich der Laupenstrasse auf der ⁊Spitalmatte 1). Westlich davon befand sich der grosse Ziergarten. Die S. 3) war Nachfolgerin von 1) und 2).
Standort: Westteil des Hauses Laupenstrasse 22

Spitalschopf 1724 für den Bau der ⁊Heiliggeistkirche abgebrochene Remise des ⁊Obern Spitals
Standort: Westlich des südlichen Teils des Hauses Bahnhofplatz 11

Spitalstalden Der 1401 erwähnte S. ist vermutlich mit dem ⁊Klösterlistutz identisch.

Spitalturm ⁊Christoffelturm

Spitzlaube, im Spitz ↗Badgasse

Spitzmatte Im 19.Jh. Name der Parzelle zwischen Moser-, Spitalacker- und Beundenfeldstrasse.
Standort des Bauernhauses: Moserstrasse 14

Staatsapotheke 1567/68 an der Westecke Inselgässchen/ Kochergasse erbaut. 1743 für den Bau des ↗Operatorhauses abgebrochen. 1837 Neubau für die neueröffnete St. an derselben Stelle. 1912 abgebrochen für den Bau des ↗Bundeshauses Nord.
Standort: Südostteil des Bundeshauses-Nord, Amthausgasse 15
Lit.: KDM 1

Staatsarchiv Falkenplatz 4. Neben den in der ↗Staatskanzlei (↗Gewölbe) untergebrachten Beständen des St. befanden sich seit 1792 Akten in andern Magazinen, so z.B. im Chor der ↗Französischen Kirche und im ↗Käfigturm. 1910 wurde in der ↗Staatskanzlei ein kleiner Lesesaal für die teilweise dorthin zurückgebrachten Bestände eingerichtet. Der heutige Bau von W. v. Gunten konnte 1940 bezogen werden.

Staatsarchiv-Brunnen Die Figur «Narcissus» von Marcel Perincioli erhielt beim Wettbewerb für den Gewerbeschulbrunnen neben der dort ausgeführten Figur auch einen 1.Preis. Nach der Landesausstellung 1939, wo sie aufgestellt war, kaufte sie der Staat für den Gartenbrunnen des neuerbauten ↗Staatsarchivs (Falkenplatz 4).

Staatsdruckerei Postgasse 70. Schon 1527 befand sich das Gebäude der in den ersten Jahren des 17.Jh. eingerichteten St. in städtischen Besitz. Es diente als Stall für die Ratspferde und enthielt die Dienstwohnung des Ratsknechts. 1768 wurde der 2.Stock aufgebaut. Seit der Aufhebung der St. im Jahre 1831 befinden sich im Hause Abteilungen der ↗Staatskanzlei. Da sich vor 1527 Stallungen des Gasthofs zur ↗Krone 1) dort befanden, hiess das Haus auch «die *Kronenställe*».
Lit.: KDM 3

Staatskanzlei Postgasse 72. Von 1483 an erstreckten sich die Verhandlungen für den Kauf der Offenburgischen Liegenschaft bis Anfang 1525, während welcher Zeit sich die Kanzlei immer noch im Hause des Stadtschreibers befand. Die Bauarbeiten, vermutlich unter Peter Kleinmann von Biel, nach Plänen von Bernhard Tillmann, dauerten bis 1533. Erst 1541 wurde aber die S. vollständig bezogen. 1665/66 errichtet Abraham Edel-

STEIN an Stelle der Laube den *Verbindungstrakt* zum ↗Rathaus 3), der 1754/55 barock umgebaut wird. 1784 erhält die S. die heutige frühklassizistische Südfassade. Den Brunnen im Hof schuf 1942 MAX FUETER.

Lit.: KDM 3

Staatswasenmeistermätteli ↗Wasenmätteli

Stadtbach 1) Der aus dem Wangental kommende und künstlich in die Altstadt geleitete S. wird schon im 13. Jh. im Zusammenhang mit der Stettmühle erwähnt. Bis heute werden mit Teilen des S. die Ehgräben gespült. Der östlichste Teil des S. diente der ↗Schutzmühle, die vermutlich mit der erwähnten Stettmühle identisch ist.

Lit.: A. KURZ, Geschichte und Rechtsverhältnisse des Stadtbachs von Bern, Bern 1863

2) Name des Quartiers nördlich der Laupenstrasse, wo der S. 1) seit alters unter Einhaltung eines minimalen Gefälles ostwärts gegen die Stadt geführt wird.

Stadtbachgarten In den Achtzigerjahren des 19. Jh. eröffnetes, 1957 verschwundenes Restaurant.

Standort: Stadtbachstrasse 6, heute westliche Einfahrt zur Parkterrasse (Grosse ↗Schanze)

Stadtbefestigung Den fünf befestigten Westabschlüssen der Stadt entsprechend lässt sich die Geschichte der St. einteilen:

1. St. Um 1190 (traditionell wird 1191 angenommen) befestigte Herzog BERCHTOLD V. V. ZÄHRINGEN einerseits die Siedlung am Fuss der Burg ↗Nydegg, andererseits erhielt das damals gegründete Burgum einen befestigten Westabschluss auf der Höhe der heutigen ↗Kreuzgasse. Das dortige Stadttor war nicht von einem Turm überragt.

2. St. Vor 1218 entstand mit der ersten Erweiterung des Burgums der befestigte Westabschluss auf der Höhe des ↗Zytglogge, der von Anfang an als Torturm gebaut war.

3. St. Um 1256 erfolgte die savoyische Stadterweiterung (↗Bern), deren Westabschluss auf der Höhe des ↗Käfigturms (wie schon vorher beim Zytglogge) einen vorhandenen Graben befestigte. Nach 1270 wurde (nach Zerstörung der Burg ↗Nydegg) das ganze Gebiet von Nydeggstalden und Mattenenge in die St. einbezogen.

4. St. Die letzte St. mit innerer und äusserer Mauer, Zwingelhof und Graben zwischen ↗Genfergasse, ↗Christoffelturm und

↗Bernerhof entstand 1345, die Nordflanke wurde erst im dritten Viertel des 15. Jh. ausgebaut.

5. *St*. Dem neuen Stand des Festungsbaues entsprechend wurden in den Jahren 1622–1634 die ↗Schanzen dem 4. Westabschluss der Stadt vorgelagert. Als letztes folgte 1639/42 die ↗Langmauer.

Die Schleifung der Befestigungswerke begann 1807 am ↗Murtentor 1) und endete 1898 am selben Ort (↗Murtentor 2)).

Lit.: HOFER, Wehrbauten (nicht mehr auf dem neuesten Stand der Forschung)

Stadtbibliothek, Stadt- und Universitätsbibliothek Münstergasse 61/63. 1755–1760 errichtete L. E. ZEHENDER an Stelle der alten ↗Ankenwaag das *Ankenwaagkornhaus,* welches in den Jahren 1787 bis 1794 zur Bibliothek umgebaut wird und im Mai 1794 die Bücherbestände aus der alten ↗Hochschule aufnimmt. 1829–33 werden die *Säumerstübli* im Parterre gegen die Laube zugemauert. 1860/63 erfolgt die Erweiterung um 5 Fensterachsen ostseits nach Plänen von G. HEBLER. Dabei wird auch der Haupteingang verlegt. Nach Abbruch der ↗Bibliotheksgalerie und der ↗Hochschule 1904/05 wird durch ED. V. RODT der Westflügel angebaut und der Ostflügel bis zur Herrengasse erweitert (1906/07). 1903 werden Stadt- und Hochschulbibliothek vereinigt, 1951 wird die ↗Burgerbibliothek abgetrennt. Beim grossen Um- und Ausbau von 1967/74 wird auch der Hof (↗Barfüsserfriedhof) unterkellert.

Lit.: Bibliotheca Bernensis, Bern 1974

Stadtbibliothekbrunnen Nach der Versetzung des ↗Ankenwaag-Brunnens musste beim Fleischmarkt ein neuer Brunnen errichtet werden. Vermutlich erst um 1792 wurde der S. nach Plänen von LORENZ SCHMID an der Westseite der ↗Stadtbibliothek erstellt. Vermutlich wegen eines Fensters in der heutigen Brunnennische stand der S. bis 1956 rechts der Mittelachse vor dem Wandpfeiler.

Lit.: KDM 1

Stadteinteilung Am 8. April 1798 löste die Einteilung der Stadt in 5 Farbquartiere die seit 1294 bestehenden ↗Vennerviertel ab. Bis heute gilt die Einteilung der Innenstadt in die Farbquartiere rot (↗Hirschengraben bis ↗Käfigturm), gelb (bis ↗Zytglogge), grün (bis ↗Rathaus), weiss (bis zum Ostende der ↗Gerechtigkeitsgasse) und schwarz (↗Nydegg und ↗Matte). Die vermutlich erst 1798 eingeführte *Häusernumerierung* war zuerst fortlau-

fend, später (bis 1881) quartierweise (bustrophedonartig). Am
Ende der Dreissigerjahre des 19.Jh. wurde sie auf die Aussenbezirke ausgedehnt. Aussenbezirke waren der *Stadtbezirk obenaus*
mit den Dritteln *Aarziele, Holligen* und *Länggasse* links der Aare
sowie der *Stadtbezirk untenaus* mit den Dritteln *Brunnadern,
Schosshalde* und *Altenberg* rechts der Aare. Vom Altenbergdrittel
wurde in den Sechzigerjahren das *Lorraineviertel* abgetrennt. Seit
1882 gilt die heutige, vom ↗Bärengraben ausgehende Häusernumerierung, die von einer Anzahl weiterer Stadteinteilungen
überlagert ist (Grundbuchkreise, Quartieraufseherbezirke,
Kaminfegerkreise usw.). Von der Mitte des 16.Jh. an bis 1798
war die Stadt bezüglich der Nutzung der Stadtfelder in eine
Obere und eine *Untere Gemeinde* unterteilt. Trennlinie waren das
↗Schaal- und das ↗Münstergässchen.
Lit.: KDM 1

Stadterweiterungen ↗Bern, ↗1.–5. Stadtbefestigung

Stadtgarten ↗Bürgerhaus

Stadtgärtnerei ↗Elfenau

Stadthof ↗Pyrenées

Stadtmühle Mühlenplatz 11. Nachdem 1360 das BUBEN-
BERGIsche Mannlehen am Reichsgrund längs des linken Aareufers mit ↗Schwelle, Mühlen und Fischenzen an die Stadt übergegangen war, befanden sich dort viele Gewerbebetriebe in
öffentlicher Hand. Die alte St. von 1556 brannte 1818 ab. Der
unmittelbar nachher unter L. S. STÜRLER, L. F. SCHNYDER und
WAEBER errichtete Neubau ist in der SCHENK'schen Stadtmühle
teilweise erhalten.
Lit.: KDM 3

Stadtschule Ein Vorläufer der St. befand sich 1414–68 im
↗Rathaus 2), dann im Haus Münstergasse 1. 1481 erfolgte die
Gründung der St. in einem Neubau an der Herrengasse 1. 1581
wurde die ↗Lateinschule von ihr getrennt. 1596 erfolgte die
Trennung in die *deutsche Knabenschule oder -lehr* und in die
↗*Meitlilehr.* Die Knabenlehr, nachmals Knabenschule der Münstergemeinde, blieb bis 1831 am alten Standort und wurde dann
ins Haus Münstergasse 24 (↗Chorhaus 2)) verlegt. 1835 erfolgte
der Umzug ins FISCHER'sche ↗Posthaus (Postgasse 66). Eine
andere Knabenschule wurde 1745 ins ↗Predigerkloster verlegt

und befand sich von 1807 bis zur Vereinigung mit der oben erwähnten (1835) im Haus Rathausgasse 63.
Lit.: KDM 3

Stadttheater Kornhausplatz 20. In den Jahren 1900–1903 an Stelle der ↗Reitschule 3) erbaut durch R. v. WURSTEMBERGER. Eröffnet am 25. September 1903. Das St. ersetzte das Theater im ↗Hotel de Musique.

Stadttheater-Direktion Nägeligasse 1. Das 1688 als FISCHER'-sches Sässhaus erbaute Haus am Platz des heutigen Südteils des ↗Kornhauses wurde 1712 abgebrochen und am jetzigen Standort wiederaufgebaut. 1715–1742 diente es als Amtswohnung des Spitalmeisters, seit 1806 als Pfarrhaus des welschen Helfers (mit Dienstwohnung des Kornhüters) und nach 1907 als Brandwache, bis es 1936 renoviert und als St.-D. eingerichtet wurde.
Lit.: KDM 3

Stadttore
↗Bubenbergtörli, Christoffelturm, Felsenburg, Frauentor, Hebammentörli, Judentor, Käfigturm, Ländtetor, Marzilitor Oberes und Unteres, Michelistörli, Münztor, Predigertor, Steckenbrunnentor, Tränkitürli, Untertor, Zytglogge

Stadtwerkmeisterwohnung Das von der Stadt 1552 angekaufte Haus Aarbergergasse 2 (↗Storchen) dient dem Stadtwerkmeister als Amtswohnung. Nach dem Brand von 1575 wird das Haus neu aufgebaut und im 17. Jh. zum ↗Zeugwarthaus umgebaut, während der Werkmeister die neue ↗Steinwerkmeisterwohnung bezieht.
Lit.: KDM 3

Stadtziel ↗Burgernziel 1)

Staiber Während des Ersten Weltkriegs eröffnetes, heute verschwundenes Hotel im Haus Neuengasse 37.

Stalden 1) ↗Nydeggstalden
2) Café St. ↗Staldenpfarrhaus

Stalden, Äusserer ↗Aargauerstalden

Stalden, Oberer Noch im 18. Jh. verwendete Bezeichnung für den steil abfallenden, östlichen Teil der ↗Gerechtigkeitsgasse. Wegen des Gasthofes zum Weissen Kreuz (↗Adler) hiess dieses Gassenstück auch etwa *Kreuzstalden*. Im 16. Jh. gelegentlich auch *Unterer Viehmarkt*.
Lit.: KDM 2

Stalden, Auf dem Gebiet zwischen Grossem Aargauerstalden, Laubeggstrasse und Haspelweg.

Staldenbrunnen 1) ↗Vennerbrunnen
2) ↗Nydegghöflibrunnen
3) ↗Läuferbrunnen

Staldenpfarrhaus Im 18. und bis gegen Ende des 19. Jh. war das Haus Nydeggstalden 24 das Pfarrhaus der Nydeggkirchgemeinde. Vom letzten Jahrzehnt des 19. Jh. an befand sich in diesem Haus für einige Zeit das *Café Stalden*.

Staldenschule Laubeggstrasse 23. 1692 wird auf Kosten des ↗Niederspitals eine Hintersässenschule oben am Alten ↗Aargauerstalden eingerichtet. 1727 brennt das Haus ab und wird 1728 von R. Hebler und W. Zehender neu gebaut, 1826 aufgestockt und 1867/68 erweitert. Das Areal der St. hiess *Schafmatte*.
Lit.: KDM 3

Staldenwachthaus, Corps de Garde 1764 vermutlich nach einem Projekt von Sprüngli an der Ostseite des Hauses Gerechtigkeitsgasse 2 angebaut. 1790 umgebaut. 1858 an den Besitzer des anstossenden Hauses verkauft.
Lit.: KDM 3

Stampfe Bis ins 19. Jh. wurde unterhalb der ↗Schutzmühle eine Knochenstampfe betrieben.
Standort: Langmauerweg 17

Stämpfli–Denkmal 1884 eingeweihte, von Alfred Lanz geschaffene Büste des Bundesrates Jakob Stämpfli (1820–1879).
Standort: Auf der Grossen ↗Schanze südlich des Hauses Hochschulstrasse 6

Standeskasse ↗Deutschseckelschreiberei

Ständli Im 19. und zu Beginn des 20. Jahrhunderts Name des Plätzleins östlich des ↗Zytglogge. Dort gaben sich die Studenten der nahen ↗Hochschule Stelldichein. Das Wandbild am Haus Bim Zytglogge 1 schuf 1933 Friedr. Traffelet (↗Sonne 2)).

Standstrasse, vormals **Standweg** ↗Wylerfeld-Schiessstand

Stanzenhübeli ↗Sulgeneck

Stationsweg Seit der Verlegung der Station Ostermundigen im Jahre 1941 heisst der St. *Zentweg* nach der 1898 bis 1974 bestehenden Giesserei Zent AG.

Statthaltergässli ↗Nägeligässli

Staudenrain Bis ins 20.Jh. Name des Hanges nördlich der ↗Englischen Anlagen. Der Name dieser Strasse gilt heute meist für den ganzen Aarehang.

Stauwehr Engehalde ↗Felsenau-Kraftwerk

Steckbrunnen, auch **Steckenbrunnen** Zwischen 1562 und 1720 belegter Brunnen nördlich des ↗Zeughauses.
Standort: Nägeligasse 6
Lit.: KDM 1

Steckenbrunnentor 1659 neu errichtetes nördliches Stadttor nordwestlich des Grossen ↗Zeughauses.
Standort: Nägeligasse 8
Lit.: KDM 1

Steck-Gut ↗Lorraine

Steiger, Café Im ↗Zeugwarthaus entstand 1886 das *Café Manz*. Seit ungefähr 1910 hiess es bis zum Abbruch 1968 Café St.
Standort: Aarbergergasse 2

Steigerhubel Genannt nach den Besitzern des ↗Weyermannshausguts im 18. u. 19.Jh. Bis zum Ende des 19.Jh. hiess der St. *Weyermannshubel.*

Steiger-Kapelle ↗Bubenberg-Kapelle

Steiger-Gut ↗Frohberg

Steigers Brünnli Im 18.Jh. erwähnter Brunnen in der STEIGER'schen Besitzung, angeschlossen ans städtische Trinkwassernetz.
Standort: Nordseite des ↗Bundeshauses Nord, Amthausgasse 15
Lit.: MORGENTHALER, Trinkwasser

Stein, Villa St. ↗Sarepta

vom Stein-Haus ↗Cyro-Haus

Steinbock Das schon in der ersten Hälfte des 19.Jh. bestehende Restaurant verschwand mit dem Neubau des ↗Sternen am Ende der Fünfzigerjahre des 20.Jh.
Standort: Aarbergergasse 32 (heute Nr. 30 westlicher Teil)

Steinegger-Dörfli, heute auch kurz **Dörfli** ↗Golaten

Steiner-Keller Bis in die Achtzigerjahre des 19.Jh. gab es im Haus Marktgasse 50 eine Kellerwirtschaft.

Steinhauerweg Bis 1942 offizieller Name des Weges zwischen Muesmatt- und Gewerbestrasse.

Steinhölzli 1) Wald zwischen Schwarzenburgstrasse und Gemeindegrenze.
2) Zibelegässli 3. In den Siebzigerjahren des 19.Jh. eröffnetes Restaurant. Name nach der Brauerei Steinhölzli (Gde. Köniz).

Steinhölzlibrunnen 1932 wurde der ↗Schauplatzgassbrunnen in der Anlage zwischen Schwarzenburgstrasse und Steinhölzli aufgestellt.
Standort: Beim Kiosk Schwarzenburgstrasse 59
Lit.: SCHENK, Brunnen

Steinhütte 1766 abgebrochenes Haus vor dem Aarbergertor. Sein Vorplatz diente als Steinwerkhof.
Lit.: KDM 3

Steinibach C.J. DURHEIM nennt in seinen «Ortschaften des eidg. Freistaates Bern» das Steinige Fach (↗Schärloch) irrtümlicherweise St.

Steiniges Fach ↗Schärloch

Steininbrügg 1280 errichtete Bogenbrücke am Westausgang der Metzgergasse. Nach 1405 nicht mehr benötigt wegen der Aufschüttung des Steininbrügg-Grabens (↗Kornhausplatz). Brücke vermutlich auch zugeschüttet.

Steininbrügg-Graben ↗Kornhausplatz

Steinweg Vor dem Bau des Nordrings (↗Dammweg) westliche Verlängerung der Standstrasse bis zum Thalweg. Der Name wurde 1950 aufgehoben.

Steinwerkhof 1) Im Gegensatz zum ↗Münsterwerkhof auch *äusserer* oder *oberer Werkhof* genannt. Der S. ist Werkhof für das Steinwerk der Profanbauten des Staates.
Standort: Geleiseanlagen nördlich des ↗Burgerspitals
2) Nach dem Bau des ↗Hauptbahnhofs wurde der S. auf das Areal des Hauses Neuengasse 30 verlegt.
Lit.: KDM 1; DURHEIM, Beschreibung

Steinwerkmeisterwohnung Amtswohnung des Steinwerkmeisters seit dem 17.Jh. Sie ersetzt die alte ↗Stadtwerkmeisterwohnung, die zum ↗Zeugwarthaus umgebaut wird. Die erste St. wird 1753 in den Komplex des ↗Schallenhauses einbezogen.

Die St. wird 1756 in den damals angekauften KIRCHBERGER'schen Landsitz versetzt, der mit dem Material der 1766 abgebrochenen ↗Steinhütte umgebaut wird. Seit 1806 beherbergt die St. die Mushafenküche, 1820–25 auch das ↗Tierspital. Abgebrochen 1856 für die Einführung der ↗SCB.
Standort: Geleiseanlagen nördlich des ↗Burgerspitals
Lit.: KDM 3

Stelzen Name eines Rebbergs am ↗Altenberg
Lit.: HOWALD, Localregister, ungedruckt, Burgerbibliothek Bern

Stern Name einer Wegkreuzung im Könizbergwald (Koord.: 596 980/197 320).

Sternen Aarbergergasse 30. Die erste Erwähnung des Gasthofs zum Sternen 1566 bezieht sich vermutlich auf das Haus Aarbergergasse 19. Nach dem Brand von 1575, aber vor 1732 wechselt der alte *Hirzen* (Aarbergergasse 22, erstmals erwähnt 1426) den Namen auf St. 1779 überträgt K. STÜRLER das Tavernenrecht auf das 1615 erbaute Haus Aarbergergasse 30 und nennt den Gasthof *Drei Könige*. Seit 1830 heisst das Haus wieder St. Abgebrochen 1963, mit Kino «City» 1964/65 neu erbaut.
Lit.: KDM 6

Sternenberg Schauplatzgasse 22. Im letzten Jahrzehnt des 19. Jh. als *Café Hess* eröffnetes Restaurant.

Sternengässchen Entsprechend dem vorübergehenden Namenwechsel des ↗Sternen in «Drei Könige» heisst das St. von 1779 bis 1830 *Dreikönigsgässchen*.

Sternwarte 1) ↗Observatorium
2) ↗Astronomisches Institut
3) In den Siebzigerjahren des 19. Jh. eröffnete Wirtschaft an der Gesellschaftsstrasse 2. Seit 1941 *Studentenheim*.
4) ↗Engehof

Sternwartstrasse ↗Sidlerstrasse

Stettbrunnen Der 1377 erstmals erwähnte Brunnen mit eigener Quelle erhielt schon früh eine Überdachung. Er gab der ↗Brunngasse den Namen. In den Dreissigerjahren des 19. Jh. wurden die Stützen in der alten Form ersetzt. Vermutlich wurde aber damals ihre Zahl von 4 auf 3 vermindert. Die Becken waren bis 1848 hölzern, die steinernen wurden 1855 mit der Umfassungsmauer zusammen erstellt. Gegen das Ende des 18. Jh. hiess

der St. wegen des nahen alten ↗Schlachthauses auch *Schlachthausbrunnen*. Renoviert 1974/75.
Standort: Nördlich der Häuser Rathausgasse 16/18
Lit.: KDM 1

Stettmühle ↗Schutzmühle

Stift Münsterplatz 3. Bis zu Beginn des 20.Jh. *die* Stift. Das
1.Deutschordenshaus, erbaut vor 1256, verschwand beim Bau des
↗Münsters nach 1421. Das *2.Deutschordenshaus* entstand 1427–
35. 1485 wird das Ordenshaus in ein weltliches *Chorherrenstift*
umgewandelt. Der Neubau nach Plänen von ALB.STÜRLER erfolgt 1745/46 unter S.LUTZ, dann unter E.ZEHENDER. Der östliche Anbau verdrängt 1747 die ↗Mattentreppe 2) und wird 1895
aufgestockt. Der westliche Anbau, das *Provisorhaus* wird, unter
N.HEBLER bis 1755 fertiggestellt.
Lit.: KDM 3

Stiftplatz ↗Münsterplatz

Stockbrunnen ↗Lenbrunnen

Stöcke ↗Neufeld

Stockmühle Alte Mühle am Sulgenbach. Von der ursprünglichen Gebäudegruppe wurden ausser dem Wirtschaftsgebäude
(Giessereiweg 20) alle Häuser beim Bau der ↗Monbijoustrasse
1911 abgebrochen. Das letzte Haus wurde 1970 abgebrochen.

Storchen 1) 1498–1550 im Haus Aarbergergasse 2 bestehender
Gasthof (↗Zeugwarthaus).
2) 1594 kauft JAKOB SIMON den Gasthof zum *Weissen Kreuz* an
der Spitalgasse 21 und nennt ihn St. 1913 geht das Patent an das
neueröffnete Hotel *Bristol* über, das längere Zeit noch *Bristol-
Storchen* heisst.

Storchenbrunnen ↗Pfeiferbrunnen

Storchengässli Das St. hat seinen Namen vom ↗Storchen 2),
der sich zwei Häuser weiter östlich befunden hat.

Storchenstübli ↗Bristol

Strassenbahn Die Berner Tramway Gesellschaft (BTG) eröff-
nete am 1.Oktober 1890 eine Linie vom ↗Bärengraben bis zum
↗Bremgarten-Friedhof, die mit 10 pneumatisch angetriebenen
Wagen bedient wurde. Die am 17.Mai 1894 eröffnete Linie

Länggasse–Bubenbergplatz–Christoffelgasse–Bundesgasse–Effingerstrasse–Belpstrasse–Seftigenstrasse–Wabern wurde mit Dampftraktion betrieben. Die 1900 gegründete Städtische Strassenbahn Bern (SSB) übernahm die zwei Linien der BTG, erstellte 1901 die von Anfang an elektrisch betriebene Linie Burgernziel–Zytglogge–Breitenrainplatz und elektrifizierte die andern Strecken. 1908 wurde die Linie Bahnhof–Brückfeld eröffnet. Erst 1923 erfolgte die Eröffnung der Linie ins Fischermätteli. Ebenfalls als St. verkehrten in Bern die Worblentalbahn (1915–1974), die Bern-Muri-Gümligen-Worb-Bahn (seit 1898) sowie die Bern-Zollikofen-Bahn (1912–1965).

Strassennamen 1) Von 1798 bis 1881 waren die Gassen der Altstadt zweisprachig angeschrieben. Die meisten der französischen Namen sind einfache Übersetzungen (z. B. Rue de l'hôpital, Rue de la justice). Die folgenden sind nicht direkt zugänglich: *Grande Rue* (= ↗Kramgasse), *Rue des ministres* (= ↗Herrengasse), *Ruelle de l'église française* (= Schützengässchen), *Place d'armes* (= ↗Theaterplatz).
2) Seit dem 1. Januar 1948 werden die Vornamen bei St. weggelassen.

Streckiturm 1) ↗Pariserturm
2) ↗Marziliturm

Streckwacht ↗Pariserturm

Stuben, Zu den 7 St. ↗Volkshaus

Stuber, Café Bis in die Sechzigerjahre des 19.Jh. bestand im Haus Genfergasse 6 ein Café, das zuletzt C. St. hiess.
Standort: Heutiger Nordteil des Hauses Genfergasse 4

Studentenheim ↗Sternwarte 3)

Studentenseelein Im 19.Jh. Name des untersten Teils der Kleinen Aare, welcher den Gymnasiasten und Studenten zur Verfügung stand (↗Bubenseelein).

Studer-Gut ↗Mädchenwaisenhaus

Studer-Haus Spitalgasse 57. Vom 1830/32 von Ed. Stettler erbauten Haus der Apotheke Studer ist der obere Teil der Fassade gegen den Bubenbergplatz erhalten geblieben.
Lit.: KDM 2

Studerstein 1) ↗Bei den Eichen

2) Drei Findlinge, die beim Bau der ↗Universität gefunden wurden, sind seit 1903 der Erforschern der Alpen Bernhard Studer, (1749–1887), Edmund v. Fellenberg (1838–1902) und Isidor Bachmann (1837–1884) gewidmet. Für die Neugestaltung der Grossen ↗Schanze wurden die Steine entfernt, der St. 1960 dort wieder aufgestellt, während die beiden andern im Garten des ↗Naturhistorischen Museums (Bernastrasse 15) Platz fanden.
Standort: Dem Obergericht, Hochschulstrasse 17, gegenüber

Studerstrasse 1919 angelegte und 1973 verlegte Strasse von der Äussern ↗Enge ins ↗Neufeld, benannt nach Gottl. Studer (↗Bei den Eichen).

Stürlerspital Altenbergstrasse 60. Das Rebhaus aus dem 16. Jh. wurde 1659 umgebaut. Seit 1895 gehört es dem Diakonissenhaus. Der Name erinnert an den letzten privaten Besitzer.
Lit.: Haas, Altenberg
Abbildung 2, S. 33

SSB ↗Strassenbahn

Südbahnhof 1) Südbahnhofstrasse 14. Bahnhof Weissenbühl der 1901 eröffneten Gürbetahlbahn (GBS).
2) Weissensteinstrasse 61. Kurz vor der Jahrhundertwende als *Café Anneler* eröffnetes Restaurant.

Suisse 1) Café S. ↗Meyerei, Untere
2) ↗Schweizerhof

Sulden– In der ersten Hälfte des 18. Jh. steht S. gleichbedeutend wie Sulgen–.

Sulgen (Ober- und Niedersulgen) Ein 1346 ins Stadtrecht aufgenommenes Dörflein am Sulgenbach.
Standort: Zwischen Eigerplatz und Sulgeneckstrasse
Lit.: KDM 1

Sulgenbach, Äusserer 1) Landgut an der Verzweigung Brunnmattstrasse/Mattenhofstrasse.
Standort: Mattenhofstrasse 41
2) ↗Hopfgut

Sulgenbach, Mittlerer Bezeichnung der 1911 abgebrochenen Häuser Giessereiweg 13–19.

Sulgenbach, Oberer Im 19. Jh. Bezeichnung der Häuser Brunnmattstrasse 28 und 30 (↗Mühle 3)).

Sulgenbach, Unterer Bezeichnung aller Häuser südlich des untern Teils des Sulgenrains (Nrn. 22–30).

Sulgenbach-Schulhaus Eigerstrasse 38. Erbaut 1868/70.

Sulgenbachstrasse ↗Könizstrasse 1)

Sulgeneck Sulgeneckstrasse 44. Das Landhaus aus dem 18.Jh. hiess ursprünglich *Montillon*, im zweiten Drittel des 19.Jh. nach seinem Besitzer auch *Stanzenhübeli*. 1826 gründete BEAT RUD. V. LERBER im zur S. gehörenden ↗*Hafnerhäuschen* (Sulgenrain 11) die erste bernische Sonntagschule. 1895 erstellte FRIEDR. V. RÜTTE das heute als französische Botschaft dienende Gebäude für V. TSCHARNER im Stil der französischen Neurenaissance.
Lit.: KDM 6

Sulgenheim Name der 1911 abgebrochenen Häuser Giessereiweg 12–18. An sie erinnert der Name *Sulgenheimweg*.

Sulgenrain ↗Fischer-Gut 3)

Sust Zwischen 1379 und 1384 erbaut (↗Kaufhaus). Die S. wird im 16.Jh. zur Erweiterung des Büchsenhauses verwendet. Kurz vor 1598 weicht sie dem Neubau des Grossen ↗Zeughauses.
Standort: Zeughausgasse 24/26
Lit.: KDM 3

SUVA-Haus ↗Maisonette

Swaflanzgasse, auch **Schwafflanzgasse** Schmale Gasse, die dem südlichen Teil der ↗4. Stadtbefestigung entlang führte. Sie heisst um 1750 *Salzmagazingasse* oder *Ringmauerstrasse* und im 19.Jh. *Werkhofgasse,* weil sie nördlich des ↗Holzwerkhofs und südlich des ↗Salzmagazins vorbei führt. Überbaut 1859–72.
Lage: Ca. 10 m südlich parallel zur Bundesgasse
Lit.: KDM 2

Synagoge 1) Die erste S. der Neuzeit befand sich nach 1812 an der ↗Zeughausgasse, der ↗Französischen Kirche gegenüber.
2) Vor 1855 befand sich die S. im Haus Aarbergergasse 22.
3) 1855–1906 stand die S. im südlichen Teil des nachher neu erbauten Verwaltungsgebäude der Berner Alpenbahn-Gesellschaft BLS (Genfergasse 11).
4) Kapellenstrasse 2. Die heutige S. wurde 1905/06 nach Plänen von E. RYBI erbaut und im Herbst 1906 eingeweiht.
Lit.: MESSINGER, Geschichte der Juden

Tachnaglergraben Nördlicher Mittelteil des Grabens vor der ↗3.Stadtbefestigung; im 16.Jh. zugeschüttet. ↗Waisenhausplatz.
Lit.: KDM 2

Talmazi ↗Dalmazi

Tambourmajor ↗Morlotläubli

Tannackerstrasse ↗Hiltystrasse

Tannli-Acker Gebiet zwischen Egghölzlistrasse, Dunantstrasse, Gemeindegrenze gegen Muri und Hiltystrasse.

Taube Villa südlich der ↗Bastion Wächter, erbaut um 1870. Vor 1872 hiess das Haus *Rosenheim* oder *Rosenhain*. Abgebrochen 1969/70 für den Bau des *Bundeshauses Taubenhalde*.
Standort: Taubenstrasse 18

Taubentränke Quelle nahe der südwestlichen Gemeindegrenze im Könizbergwald. Der Brunnen wurde 1902 errichtet.

Taubhüsli, Tollhäuschen 1) Ende März 1721 abgebrochene Irrenzellen an der Nordseite der südlichen Ringmauer der ↗3.Stadtbefestigung. Die T. gehörten zum alten ↗Inselspital.
Standort: Südfront des ↗Bundeshauses-Ost, Kochergasse 9
Lit.: KDM 1
2) Irrenzellen des Grossen ↗Spitals.
Standort: Nordostecke des Hauses Nägeligasse 2
Lit.: KDM 5

Taubstummenanstalt Die 1822 gegründete T. für Mädchen befand sich 1824–1828 im ↗Tiefenaugut, dann bis 1833 in der ↗Linde 2), hernach bis 1874 im ↗Böhlenstock, als sie wegen des Baus der Militäranstalten nach Wabern (Gde.Köniz) zog.

Täuferhaus Ein 1718 für den Bau des ↗Inselspitals abgebrochenes Haus.
Standort: Eventuell westlich der alten Inselkirche, heute Nordwestflügel des ↗Bundeshauses-Ost, Kochergasse 9

Taufkapelle ↗Münsterkapelle

Tavernen ↗Gastgewerbe

Taverne Valaisanne ↗Hirschen 1)

Telegraph ↗Hirschen 1)

Telegraphendenkmal 1911 veranstaltet der 1865 gegründete Welttelegraphenverein (UIT) ein Preisausschreiben. Der Entwurf von G. ROMAGNOLI, Bologna wird 1922 von A. ROMAGNOLI ausgeführt. Die ursprüngliche Tafel mit den Namen der 83 Gründerstaaten auf der Südseite ist seit der Zentenarfeier durch eine Mitgliedertafel verdeckt, die der Bundesrat gestiftet hat.
Standort: Helvetiaplatz 5 vor dem Histor. Museum

Telegraphengebäude, Eidgenössisches Speichergasse 6. Das T. wurde in den Jahren 1890/92 von DORER und FÜCHSLIN erbaut.

Telegraphenwerkstätte ↗Sandraingut

Thalmann, Café In den Dreissigerjahren des 19. Jh. bestand im Haus Rathausgasse 14 ein Kaffeehaus Th.

Theatergasse ↗Hotelgasse

Theaterplatz Platz an der Stelle des nördlichen und mittleren Teils des ↗Gerberngrabens. Die Niveaus der Aufschüttungen im 16. und 17. Jh. lassen sich an den Kellerniveaus des Hauses Nr. 4 erkennen. Der Keller dieses Hauses reicht heute bis 2,7 m unter den Platz hinaus. Im 18. Jh. heisst der T. *Rossmarkt,* später *Hauptwachplatz,* auch *Komödieplatz.*
Lit.: KDM 2

du Théâtre, Café ↗Hôtel de Musique

Thomasianum Zu Beginn des 20. Jh. bestehende «Pension für die Jugend».
Standort: Englische Anlage 6

Thorberger-Haus 1464 erbt das Karthäuserkloster Thorberg das Haus Junkerngasse 63 vom Altschultheissen PETERMANN VON KRAUCHTHAL nach dem Hinschied der Witwe.

Thormannmätteli Die im östlichen Teil der Engehalbinsel gelegene Besitzung gehörte bis ins 19. Jh. der Familie THORMANN. Auf ihr fanden sich ein La-Tène-II-Gräberfeld und Fundamente eines römischen Gutshofes.
Lit.: KDM 1

Thormann-Scheuer Seit das um 1780 erbaute Landhaus Muristrasse 28 1795 von der Familie THORMANN erworben wurde, ist Th.-Sch. die Bezeichnung der Parzelle zwischen Muristrasse,

Brunnadernstrasse, Ensingerstrasse und Seminarstrasse. Der Torbogen mit der Wappenallianz STEIGER-NÄGELI wurde 1952 von der Ostseite der Muristrasse hierher versetzt.
Lit.: KDM 6

Thunplatz-Brunnen, auch **Wasserschloss** Die Nordfassade der 1909 abgebrochenen ↗Bibliotheksgalerie wurde 1911 unter den Schutz des Staates gestellt und hinter dem Brunnen am Thunplatz wieder errichtet. Seit dem August 1912 ist der Brunnen in Betrieb. Bei der Renovation von 1938/39 ersetzte ETIENNE PERINCIOLI die vermutlich von J. F. FUNK I. stammende Minerva. Die zwei Sandsteinlöwen, die ursprünglich beim Schloss Hindelbank aufgestellt waren, wurden 1974 durch Abgüsse von H. DUBI ersetzt.
Lit.: KDM 3

Thüringhölzli ↗Schänzli 1)

Ticino ↗Roma

Tiefenau Landgut, das dem Quartier den Namen gegeben hat. Im Herrenstock befand sich 1894–1930 das Kinderheim *Bethanien,* vorher, von 1824–1828, die ↗Taubstummenanstalt (↗Forsthaus T.).
Standort: Tiefenaustrasse 94/96

Tiefenaubrücke Eigentum des Staates Bern. In den Jahren 1846/50 von GATSCHET und COLOMBARA erbaut. Drei Bogenöffnungen von je 28 m Spannweite. Am 28. März 1846 forderte der Einsturz des Baugerüstes 26 Todesopfer.

Tiefenauspital Tiefenaustrasse 108–126. Das in den Jahren 1911/13 von LINDT und HOFMANN errichtete erste Gemeindespital für innere Medizin wurde 1929 um eine chirurgische Abteilung erweitert. Spätere Erweiterungsbauten entstanden in den Jahren 1945/51 und 1964/66.

Tiefenaustrasse In den Jahren 1846/51 angelegte Ausfallstrasse nach Norden. Sie löste als solche die Papiermühle–Grauholz-Route ab.

Tiefmattstrasse Der Name T. bezeichnete bis 1941 den die Häuser Nrn. 14–20 umfassenden Teil des *Erlenwegs.*

Tierarzneischule ↗Tierspital

Tiergarten Grosser ↗Hirschengraben

Tiergraben ↗Bärengraben, erster Bärengraben

Tierpark Dählhölzli In den Jahren 1936/37 angelegter Tierpark als Ersatz für den ↗Hirschenpark. Die erforderlichen Mittel von fast 1 Mio. Fr. können z. T. dem 1900 errichteten Legat von WILLIAM GABUS, Le Locle, entnommen werden. Seit 1947 wird der T. D. immer weiter ausgebaut.

Standort des Verwaltungsgebäudes: Dalmaziquai 149

Tierspital Länggass-Strasse 120. Die 1820 eröffnete *Tierarzneischule* befand sich bis 1825 in der ↗Steinwerkmeisterwohnung, dann im Neubau an der Nordecke der ↗Schützenmatte. Als *Tierspital* entstand 1892/94 der Komplex neu nach Plänen von LUTSTORF. Die Erweiterung von 1936 genügte bald nicht mehr. Die heutige Baugruppe von W. SCHWAAR wurde 1962/66 errichtet.

Standort 1825–1965: Schützenmattstrasse 14, Neubrückstrasse 10 und Engehaldenstrasse 6

Tilliergut ↗Sandraingut

Tillierturm ↗Wurstembergerturm

Tivoli Hofweg 11. Ca. 1876 erbautes Haus mit Wirtschaft und Kino.

Toggeliturm ↗Rossschwemmeturm

Tollhaus, heute **Althaus** Bolligenstrasse 141. 1746 von A. WILD auf dem späteren ↗Waldau-Areal nach Plänen von S. LUTZ erbaut als Ersatz für die ↗Taubhüsli am Aarehang beim ↗Grossen Spital und innen an der Ringmauer im ↗Inselspital 1). 1768/70 werden dem T. zwei kurze Südflügel angebaut, die 1784/85 vergrössert werden. Die Pläne dieser Anbauten reichte N. SPRÜNGLI dem Rat ein. Das 1835/38 durchgreifend umgestaltete T. steht 1855–1862 leer und erhält 1899/1901 ein Obergeschoss aufgesetzt.

Lit.: KDM 1

Tollhäuschen ↗Taubhüsli

Tönierhaus ↗Antonierhaus

Totengräberwohnung 1) *untenaus* für den ↗Rosengarten: Alter Aargauerstalden 32.
2) *obenaus* für den ↗Monbijou-Friedhof: Sulgeneckstrasse 18.

Totentanz, Beim ↗Zeughausgasse

Totentanzmauer Auf der 107,5 m langen südlichen Abschluss-mauer des ↗Predigerklosters befanden sich die vor 1520 entstan-denen Fresken von N. MANUELS «Totentanz». Sie wurden beim Abbruch der Mauer 1660 zerstört.

Standort: Gassenmitte südlich der ↗Frz. Kirche, Zeughausgasse 8
Lit.: KDM 5

Tramway Militärstrasse 64. 1899, zwei Jahre vor der Eröffnung der Linie III der ↗Strassenbahn wurde an der künftigen End-station das Café T. eröffnet.

Tränkitürli Kleines Tor in der ersten Ummauerung des heuti-gen ↗Läuferplatzes.

Standort: An der Aare ungefähr auf der Höhe des Läuferbrunnens, südöstlich des Hauses Läuferplatz 6
Lit.: KDM 1

Transitpost Hotel du ↗Boulevard

Traube Aarbergergasse 57. In den Sechzigerjahren des 19.Jh. eröffnetes Restaurant.

Tremelhus Noch im ausgehenden Mittelalter bezeichnet T. einen ↗Werkhof

Trommauer Die Haldensperrmauer zwischen Burg ↗Nydegg und Aare folgte bis ins 14.Jh. der March zwischen den Grund-stücken Mattenenge 8 und 10. Dann wurde sie weiter südwärts neu erbaut. Ihre letzten Reste verschwanden 1841 beim Bau der ↗Nydeggbrücke.

Standort 14.–19.Jh.: Vom Platz nördlich des Hauses Gerberngasse 4 zur Westwand der ↗Nydeggkirche
Lit.: KDM 1

Trülle Ein käfigartiger, drehbarer ↗Pranger soll sich nach HOWALDS Brunnenchronik noch im 18.Jh. vor dem ↗Adler (Gerechtigkeitsgasse 7) befunden haben; dies trifft indessen nach allen andern Quellen nicht zu.

Lit.: HOWALD, Brunnenchronik 2

Trüsselburg ↗Haushaltungsschule

Tschann & Zeerleder, Privatbank ↗Grenus-Haus

Tscharnerhaus 1) Kramgasse 54. Um 1740 von ALBRECHT STÜRLER für BERNHARD TSCHARNER errichtet. Im T. befand sich um 1860 die Privatbank ↗Wagner & Co.

2) Münsterplatz 12. 1733/35 baut Joh. Rud. Hebler nach Plänen Albrecht Stürlers für Beat Jakob Tscharner das grosse Haus an Stelle der Hinterhäuser des ↗Noll- und ↗Schillinghauses. Zwischen 1756 und 1764 lässt Abraham Ahasverus v. Tscharner die zwei alten Häuser an der Herrengasse abbrechen und vermutlich von N. Sprüngli durch den heutigen Bau Nr. 6 ersetzen.

3) Das im frühen 17. Jh. erbaute T. an der Marktgasse Nr. 21 wich 1950 dem Neubau mit der Marktgasspassage. 1810 befand sich im T. die *Privatbank Franz Abraham Müller,* die sich in den Zwanzigerjahren des 19. Jh. im Hause Gerechtigkeitsgasse 50 befand und dann verschwand.

4) Amthausgasse 20. 1735 für die Witwe D. Tscharner erbautes Haus mit reiner Régencefront. Rekonstruiert 1957/58.
Abbildung 3, S. 34

5) Junkerngasse 31. 1761 erwirbt Samuel Tscharner das zwischen 1700 und 1720 erstellte Haus. Beat Fr. v. Tscharner kauft 1853 das Haus Nr. 29 dazu und gibt beiden Häusern die monotone Gartenfront.
Lit.: KDM 2

Tscharnerstrasse, früher **Besenscheuerweg** Der Name erinnert an Karl Friedr. Tscharner (1772–1844), den frühern Besitzer des äussern ↗Sulgenbachs.

Tschiffeliturm Östlichster Turm der ↗4. Stadtbefestigung, erbaut 1345. Im späten 17. Jh. als Treppenhaus in die Gebäude der Tschiffelibesitzung eingebaut. Mit dieser anfangs April 1783 abgebrochen für den Neubau des ↗Knaben-Waisenhauses
Standort: Nordostecke des ↗Knaben-Waisenhauses, Waisenhausplatz 32
Lit.: Hofer, Wehrbauten

Tübeli Rathausgasse 50. In den Siebzigerjahren des 19. Jh. eröffnetes Restaurant, das um die Jahrhundertwende auch *Dübeli* hiess.

Tuchhaus ↗Ankenwaag

Turm Waisenhausplatz 13/Waaghausgasse 14. Seit der Mitte des 19. Jh. befindet sich im ↗Holländerturm das Restaurant zum T.

Turm, Grosser, auch **Niederer Turm** ↗Felsenburg

Turmau Laupenstrasse 41, früher auch Nrn. 49 und 51 Name der 1846/47 erbauten Häuser auf dem Areal des ⁊Lombachturms.

Turngrabenstrasse Name der Taubenstrasse bis ca. 1876 (⁊Turnplatz 1))

Turnierstrasse Mit dem Ausbau 1965 wird der *Alte Reitschulweg* in T. umbenannt in Erinnerung an adelige Reiterspiele, die im 18. Jh. in der ⁊Reitschule 2) stattgefunden haben.

Turnplatz 1) auch *Akademischer Turnplatz*: Seit 1812 im südlichen Teil des Grabens westlich der Bastion ⁊Wächter benützte, 1820 definitiv eingerichtete Turnanlage. Aufgehoben beim Bau der ⁊Taube um 1860, ersetzt durch Anlage mit Schwanenweiher, welcher der *Schwanengasse* den Namen gegeben hat.
Standort: Taubenstrasse bei der Einmündung der Rainmattstrasse
2) Als Ersatz für 1) diente bis zum Beginn des 20. Jh. der Platz nordöstlich des Hauses Bollwerk 41.

Turnweg Zum T., der am Turnplatz des ⁊Breitenrain-Schulhauses vorbeiführt, gehörte bis 1910 auch die Kyburgstrasse.

Tusculum In der Zeit des Ersten Weltkriegs Pension an der Ensingerstrasse 25.

Tych Name des gestauten Teiles der Aare oberhalb der ⁊Schwelle zwischen ⁊Schifflaube und ⁊Inseli 3).

Ulmenberg Villa an der Schänzlistrasse 45

Ulmenweg Vor 1892 hiess der U. *Sagerweg*.

Union ⁊Ochsen

Universität 1) Die 1834 gegründete U. Bern hiess, da sie im Gebäude der früheren *Hohen Schule* untergebracht war, meist ⁊Hochschule.
2) Hochschulstrasse 4. Erbaut 1900–1903 durch die Architekten E. Joos und A. Hodler als Ersatz für die Gebäude des ehemaligen Barfüsserklosters (⁊Hochschule). Eingeweiht am 4. Juni 1903
Lit.: Feller, 100 Jahre Universität Bern, Bern 1934

Unser Frauen Empfängnis-Bruderschaft-Kapelle ⁊Lombachkapelle

Untergymnasium ↗Gymnasium Waisenhausplatz

Untertor Seit alters Bezeichnung der Toranlage mit ihren Befestigungen östlich und westlich der ↗Untertorbrücke. Im 17. und 18. Jh. treten auch etwa die Namen *Solothurn-* und *Zürichtor* auf.
Lit.: HOFER, Wehrbauten
Abbildung 19, S. 187

Untertorbrücke Die 1255/56 erbaute Holzbrücke wird nach einem Hochwasser von 1460 abgebrochen. Der 1461 begonnene Bau der U. dauert bis 1490. Die *Marienkapelle* auf dem stadtseitigen Pfeiler wird aber schon 1467 geweiht. Nach der Gesamterneuerung durch RITTER und SPRÜNGLI (1757/59) werden die Torbauten bis 1764 neu erstellt. 1818/19 ersetzt OSTERRIETH die steinerne Brüstung durch das heutige Eisengeländer und baut die spitz-ovalen Pfeilerkanzeln. Nach dem Verkauf der ↗Felsenburg wird der äussere Torbogen abgebrochen. Die Länge der U. beträgt 52 m, die Bogen messen 13,5 m, 15,6 m und 13,9 m.
Lit.: KDM 1
Abbildung 19, S. 187

Urania ↗Engehof

Ur- und Frühgeschichte Hinweise auf ur- und frühgeschichtliche Fundstellen:
Neolithikum: ↗KaWeDe, Lorrainewäldchen
Bronzezeit: ↗Daxelhoferstrasse
La-Tène-Zeit: ↗Engehalbinsel, Heiligkreuzkirche, Lorrainewäldchen, Optingen, Schwarzes Thor, Thormannmätteli, Viereckschanze
Römerzeit: ↗Aegidiuskapelle, Amphitheater, Engehalbinsel, Engemeistergut, Heiliggeistkirche, Karlsruhe, Matthäuskirche, Schützenmatt, Simongut, Thormannmätteli, Zehntscheuer
Völkerwanderungszeit: ↗Lorrainewäldchen, Wittikofen
Fragliche Zeitstellung: ↗Vejelihubel

Vannazhalde Im Zuge der 5. ↗Stadtbefestigung hätte im Garten des Herrn FELS die dreieckförmige *Bastion Felsen* errichtet werden sollen. Die Arbeiten wurden aber nach der Aufschüttung von ca. 40000 m³ eingestellt. Das heutige Areal der 1863 dort eingerichteten Bundesgärtnerei kaufte 1788 der Strumpffabrikant SAM. VANNAZ von ALFRED V. ERLACH. Seit 1890 gehört die V. der Eidgenossenschaft.

Vejelihubel Der Hügel südlich des äussern ↗Sulgenbachs hiess bis in die Mitte des 19. Jh. seiner Form wegen *Pastetenhubel*. Seit den Zwanzigerjahren des 20. Jh. ist der V. überbaut. Als die Hügelkuppe 1917 für den Bau der ↗Friedenskirche abgetragen wurde, fand man einige Skelette aus Gräbern fraglicher Zeitstellung.
Lit.: JbBHM 9/1917

Vennerbrunnen Seit der Mitte des 14. Jh. stand auf dem ↗Schwendplatz (oben am ↗Nydeggstalden) ein hölzerner Brunnen, der 1542 durch einen steinernen mit der Vennerfigur von HANS GIENG ersetzt wurde. Dieser *Staldenbrunnen* hiess seit 1680 *Vierröhrenbrunnen* wegen der vier kunstvollen Röhren, auf denen je ein Bärlein hockte. K. HOWALD nennt ihn wegen der ↗Wendschatzgasse auch *Wendschatzbrunnen*. Der Brunnen wurde 1844 (Bau der ↗Nydeggbrücke) entfernt. Von 1880 bis 1913 standen Figur und Kapitell auf dem ↗Amthausgassbrunnen. Seit 1913 steht die Vennerfigur auf dem V. am Rathausplatz, dessen Becken vom ↗Amthausgassbrunnen stammt und dessen Stock 1925 um 60 cm erhöht worden ist. Seit 1880 wird die Vennerfigur nach K. HOWALDS Vorschlag mit Venner BRÜGGLER in Verbindung gebracht.
Standort: Vor dem Haus Rathausplatz 1
Lit.: KDM 1
Abbildung 22, S. 188

Vennerviertel Die 1294 erstmals genannte älteste ↗Stadteinteilung in die 4 V. blieb bis 1798 in Kraft. Die V. waren ursprünglich militärische Aushebungsbezirke. Ihre Bedeutung näherte sich entsprechend den Funktionen der Vennerkammer seit dem 15. Jh. immer mehr der eines Verwaltungskreises. Die westlichen V. (*Pfisternviertel* südlich der Hauptachse, *Schmiedenviertel* nördlich davon) waren durch Kreuzgasse/Plattform-Stützmauer von den östlichen geschieden. Deren nördliches, das *Metzgernviertel*, reichte bis zum Ende des 15. Jh. an die ↗Gerechtigkeitsgasse und den ↗Nydeggstalden, später wurde die ↗Nydegg bis zur ↗Trommauer dazugeschlagen. Das südöstliche V. war das *Gerbernviertel*.
Lit.: KDM 1

Verbindungstrakt beim Rathaus ↗Staatskanzlei

Vereinshaus Vereinsweg 30. Das 1881/82 erbaute V. der Evangelischen Gesellschaft hat dem *Vereinsweg* den Namen gegeben.

Vermont Buchserstrasse 33. Landgut in der Schosshalde, das im 18. und 19.Jh. *Kleine Matte* hiess (↗Ougspurgergut).

Vespasienne Bim Zytglogge 3. Von den wenigen V., die in den letzten Jahrzehnten des 19.Jh. in Bern errichtet wurden, sei die noch bestehende an der Nordseite des ↗Zytglogge erwähnt, die mit ihrer Anschrift, einem klassischen Hexameter, auffiel: «Patent Oelurinoir ohne Wasserspülung geruchlos».

Victoriahall Effingerstrasse 51. In den Siebzigerjahren des 19.Jh. als Restaurant *Schlössli* eröffnet. Seit dem letzten Jahrzehnt des 19.Jh. ist der Name V.

Viehmarkt 1) ↗Waisenhausplatz
2) ↗Bärenplatz
3) seit 1857 Name des breiten Teils des *Klösterlistutzes*.
Der V. wurde wegen des Baus des ↗Bernerhofs hierher verlegt.

Viehmarkt, Unterer ↗Stalden, Oberer

Viehmarktbrunnen ↗Siechenbrünnlein

Viereckschanze Die seit 1964 als spätkeltisches Heiligtum angesprochene rechteckförmige Erhebung im ↗Bremgartenwald wurde früher als Schanze, gelegentlich auch als Einfriedung einer vorgeschichtlichen Weide interpretiert.
Standort: Koord.: 598 430/201 240

Viererhaus 1) *Obenaus* ↗Enge, Innere
2) *Untenaus* ↗Joliette

Vier Jahreszeiten 1909 im Haus Marktgasse 37 gegründetes Warenhaus, eine der Vorgänger-Firmen der KAISER & Cie AG (↗KAISER-Häuser).

Vierröhrenbrunnen ↗Vennerbrunnen

Viktoria Schänzlistrasse 65. Das ehemalige Hotel V. wurde 1896 Privatspital. 1906 entstand der heutige Bau (Sonnenbergstrasse 14). An der Stelle des alten Hauptgebäudes steht seit 1963 das neue Personalhaus.

Villette Seit dem Ende des 18.Jh. Bezeichnung des Quartiers vor dem ↗Obertor.

Villette, Äussere Bezeichnung der Häuser Laupenstrasse 41–51. Vor deren Bau (1846/47) hiess die Äussere V. *Lombachturmmatte* nach dem 1844 abgebrochenen ↗Lombachturm.

Villette, Hintere Bezeichnung der Häuser Schlösslistrasse 5 und 7.

Villette, Vordere Bezeichnung der Häuser Laupenstrasse 25 und 27.

Villettenmattweg, Oberer Der V. heisst seit 1938 *Hasler-strasse*.

Villettenmattweg, Unterer Der U. V. heisst seit 1938 nur noch *Villettenmattweg*.

Vinzenzenkirche ↗Leutkirche, ↗Münster

Vögelibibliothek ↗Bibliothekgalerie

Volksbad Nach dem Ersten Weltkrieg befand sich im Hause Allmendstrasse 51 eine Badeanstalt.

Volksbank, seit 1880 **Schweizerische Volksbank** Christoffelgasse 6. Die 1869 durch die Allg. Arbeitergesellschaft der Stadt Bern gegründete V. befand sich zuerst im Haus Käfiggässchen 1, von 1870 an für ein Jahr in einem heute abgebrochenen Haus (ungefährer Standort Gurtengasse 3), dann bis zum Bezug der heutigen Liegenschaft 1876 im Haus Waisenhausplatz 21. 1909 wurde der Neubau bezogen. Die V. eröffnete 1871 eine Filiale im Haus Gerechtigkeitsgasse 64, die 1877 an die Kramgasse 42 verlegt und gut zwei Jahre später geschlossen wurde.
Lit.: E. DUPERREX, 100 Jahre Schweiz. Volksbank, Bern 1969 (die Adressangaben in diesem Buch sind teilweise falsch)

Volkshaus Zeughausgasse 9. Die in der Mitte des 19. Jh. eröffnete Wirtschaft *Spanische Halle* hiess seit den Siebzigerjahren *Bayrische Bierhalle*. Seit dem letzten Jahrzehnt des 19. Jh. heissen Hotel und Restaurant V. Den heutigen Bau errichtete O. INGOLD 1913/14. Die vier Plastiken an der neubarocken Fassade schuf B. HÖTGER, Darmstadt. Mit dem Neubau entstand im Westteil des V. das *Volkstheater,* ein Kino, das heute *Forum* heisst. Seit den Siebzigerjahren des 20. Jh. heisst das Restaurant V. *zu den 7 Stuben*.

Volksküche Weissenbühl Zur Zeit des Ersten Weltkriegs bestand im Haus Neuhäusernweg 8 die V., eine gemeinnützige Speiseanstalt.
Standort: Rosenweg 35

Volkstheater ↗Volkshaus

Vollenweiderhaus Postgasse 68. 1733 erwirbt DANIEL STÜRLER die im ersten Drittel des 17. Jh. erbaute Kronen-Dependenz *(Hintere Krone)* und baut sie vollständig um. Der Name erinnert an den letzten privaten Besitzer, von dem es 1918 an den Staat überging.
Lit.: KDM 2

Vollmond Eine Pintenwirtschaft am alten Casinoplatz (heute Bundesplatz), die vor der Mitte des 19. Jh. *zum Neumond* hiess.
Lit.: HOWALD, Brunnen 3

Vordere Gasse ↗Kramgasse

Vorderwittigkofen ↗Wyssloch

Waadtländerhof Das schon in der ersten Hälfte des 19. Jh. bestehende Restaurant hiess seit den Sechzigerjahren *Brasserie Liebefeld,* seit dem Ersten Weltkrieg W. und verschwand 1919. Das 1747 von A. WILD erbaute Haus wurde 1919 umgebaut und 1957 abgebrochen.
Standort: Storchengässchen 6/Schauplatzgasse 20

Waage ↗Schiffleuten 2)

Waaghaus 1) 1760 vor dem ↗Untern Tor erbaut, in der Mitte des 19. Jh. abgebrochene öffentliche Lastwaage.
Standort: Klösterlistutz

2) Als Ergänzung von 1) 1796 am Waisenhausplatz errichtet. Abgebrochen im Februar 1956 beim Bau der Metro-Garage.
Standort: Waisenhausplatz 19
Lit.: KDM 3

Waaghausbrunnen ↗Siechenbrünnlein

Waaghausgasse Seit 1881 Name des nördlichen Teils des ↗Käfiggässchens. Namengebend war das Waaghaus 2).
Lit.: KDM 2

Wabernstrasse Seit alters vom ↗Mattenhof und dem mittleren ↗Sulgenbach herkommende und die Westgrenze des ↗Sandraingutes bildende Strasse, deren ostwestlich verlaufender Teil seit dem 1. März 1964 ↗Eigerstrasse heisst.

Wächter 1) Die *Bastion W.* wurde 1623 als letzte anlässlich der ↗5. Stadtbefestigung an Stelle des MICHEL'schen Landguts erbaut. 1817 erstmals umgebaut, erfuhr sie 1873/74 bei der Verlängerung der ↗Bundesgasse die Reduktion auf den Umfang der heutigen Kleinen ↗Schanze.

Lit.: HOFER, Wehrbauten

2) Neuengasse 44. Das schon in den Fünfzigerjahren des 19.Jh. eröffnete Restaurant hiess bis kurz vor dem Ersten Weltkrieg *Hackerbräu* (↗Brünig).

Wachtturm ↗Felsenburg

Waffenfabrik, Eidgenössische Der 1871 als *Eidg. Montier-werkstätte* gegründete, 1875 in W. umbenannte Regiebetrieb des Bundes muss 1889 seine Fabrikationsanlagen gegen Osten erwei-tern. Vom Ende des Ersten Weltkriegs an bis 1950 wird die W. schrittweise von der *alten W.* in die *neue W.* verlegt.

Standorte: 1871–75 Flurstrasse, 1875–1950 Wylerstrasse 48, seit 1918 Stauffacher-strasse 61–71

Lit.: 100 Jahre Eidg. W. Bern, Bern 1971

Waffenstützlein Im 19.Jh. ein Fussweg in der Verlängerung der Flurstrasse westlich der Wylerstrasse.

Waffenweg ↗Wylerfeld-Schiessstand

Wagner & Co., Privatbank Die zu Beginn im 19.Jh. gegrün-dete Privatbank W. befand sich in der ersten Hälfte des Jahrhun-derts im Haus Kramgasse 16, dann im ↗Tscharnerhaus 1) (Kram-gasse 54) und im letzten Viertel des Jahrhunderts im Haus Markt-gasse 60. Sie ging 1892 an die Privatbank ARMAND V. ↗ERNST über.

Lit.: SCHAUFELBERGER, Bankwesen

Wagnerstrasse Der Name erinnert an die Grundbesitzer im 18. und 19.Jh.

Waisenhaus ↗Knabenwaisenhaus

Waisenhaus, Burgerliches Melchenbühlweg 8. Als Ersatz für ↗Knaben- und ↗Mädchenwaisenhaus in den Jahren 1937/38 von R. BENTELI erbaut. Eingeweiht am 1.Oktober 1938.

Waisenhausbrücke ↗Kornhausbrücke

Waisenhausplatz Erst seit der Mitte des 19.Jh. gemeinsamer Name der folgenden drei Platzteile.
Südteil (Nrn.2–14) östlich begrenzt durch die Häuser der Zwin-gelhofüberbauung der ↗3.Stadtbefestigung, erbaut in der Mitte des 16.Jh. Name: *Viehmarkt,* dann *Holzmarkt,* gelegentlich *Weinplatz,* im 18. und 19.Jh. *Schweinemarkt.*

Mittelteil (Nrn. 16–28) nach Aufschüttung des ↗Tachnaglergrabens *Zeughausplatz* genannt.

Nordteil (Nrn. 29/30) erst 1784 fertig aufgeschüttet, heisst von da an W.

Lit.: KDM 2

Waisenhausplatz-Brunnen 1718 wird von der untern Schauplatzgasse ein einfacher Stockbrunnen auf den ↗Bärenplatz *(Rossmarktbrunnen)* und 1765 zwischen die Einmündungen der Amthaus- und der Schauplatzgasse versetzt. 1784/85 wird dieser einfache Brunnen durch einen neuen (Entwurf wahrscheinlich N. SPRÜNGLI) ersetzt, welcher seinerseits, 1840/41 vor den ↗Holländerturm versetzt wird, wo er den ↗Lindenbrunnen ersetzt.

Standort: Vor dem Haus Waisenhausplatz 15

Lit.: KDM 1

Waisenhausstrasse ↗Hodlerstrasse

Waisenhausturnhalle 1859 von G. HEBLER erbauter, in der Mitte der Fünfzigerjahre des 20. Jh. für den Bau der ↗Polizeikaserne abgebrochener zweigeschossiger Hausteinbau.

Standort: Nordteil der Polizeikaserne, Hodlerstrasse 6

Waisenstiftung, Zieler'sche ↗Zielerhäuser

Waldau Bolligenstrasse 117. 1851/55 von GOTTLIEB HEBLER erbaute Heil- und Pflegeanstalt, zu der ausser dem ↗Tollhaus seit 1884 auch die Gebäude des ↗Ausserkrankenhauses gehören. Erweitert 1911 und 1967/74 unter dem neuen Namen *Psychiatrische Universitätsklinik.*

Lit.: DURHEIM, Beschreibung; WYRSCH, Hundert Jahre Waldau, Bern und Stuttgart 1955

Waldaubrunnen Hofbrunnen der ↗Waldau, gehauen aus einem Granitfindling aus dem Längeneywald unterhalb des Gurnigelbads, errichtet zu Beginn der Fünfzigerjahre des 19. Jh.

Lit.: DURHEIM, Beschreibung

Waldaukapelle Bolligenstrasse 131. Die 1501 als *Siechenkapelle* vollendete Kirche wird 1683 zur heutigen Rechteckform vergrössert. Bei der Restauration von 1972/73 erhält die Orgel (in einem Gehäuse aus der Kirche von Walperswil) den Platz auf der Empore, während ihre beiden Vorgängerinnen von 1899 und 1932 im Chor standen. Zwei Glocken von 1497 und 1684.

Lit.: KDM 1

Waldeck Melchenbühlweg 4. Im 18. Jh. erbautes, 1820 umgebautes Landhaus beim Schosshaldenholz.

Waldeckgässchen Heute im ↗Schosshaldenfriedhof gelegener Weg von der ↗Waldeck zur Waldeck an der Ostermundigenstrasse, einem 1975 abgebrochenen Restaurant.

Waldheim 1) Nach einem Brand von 1748 erbautes Landhaus gegenüber dem östlichen Ende der *Waldheimstrasse*. Abgebrochen 1931. Der Name ist nicht vor 1870 nachgewiesen.
Standort: Länggass-Strasse 74, Dependenzgebäude Nr. 68

2) Unterer ↗Spitalacker 2).

3) Im ersten Jahrzehnt des 20.Jh. eröffnetes Restaurant an der Waldheimstrasse 40

Waldhöheweg Im letzten Jahrzehnt des 19.Jh. heisst der kleine Hügel südlich des Breitenrainplatzes wegen der paar alten Nadelbäume *Waldhöhe*. Entsprechend entstanden die Namen ↗Waldhorn und Waldheim (Unterer ↗Spitalacker).

Waldhorn Waldhöheweg 1. Im letzten Jahrzehnt des 19.Jh. eröffnetes Restaurant.
Ursprünglicher Standort: Beundenfeldstrasse 15

Waldrand ↗Apollo

Waldweg Ostwestlich verlaufendes Stück der Jurastrasse. Der Name ist zusammen mit dem kleinen Gehölz 1941 beim Bau des ↗Eisenbahnviadukts verschwunden.
Lit.: Hebeisen, Lorraine

Walke, Untere Unterstes Haus im ↗Gerberngraben, das 1794 dem Neubau der ↗Silberstrecke weichen musste.
Standort: Am Hang zwischen Münzrain 1 und Aarstrasse 76

Wälti, Café Café ↗Hübscher

Wankdorf Flurname und alter Weiler auf dem Breitfeld (Wankdorffeld). Der Niedere ↗Spital erwarb das W. seit 1319 parzellenweise. Im 18. und 19.Jh. befanden sich dort 4 Bauerngüter.

1) *Äusseres W.*
Standort: Ca. 200 m östlich der Markuskirche (Tellstrasse 31)

2) *Inneres W.*
Standort: Waldstätterstrasse 1

3) *Oberes W.*
Standort: Schermenweg 9; abgebrochen in den Sechzigerjahren des 20.Jh.

4) *Unteres W.*
Standort: Papiermühlestrasse 167; abgebrochen 1969

Wankdorfweg Der W. umfasste in weitem Bogen den ↗Breitenrain im Norden. Er verlief von der heutigen Wankdorfstrasse bis zur Wylerfeldstrasse und umfasste auch ein Stück der Wankdorffeldstrasse.

Wänteleburg ↗Hallerhaus 1)

Warmbächliweg Dieser Weg nördlich der Freiburgstrasse erinnert an das *Warme Bächli* oder *Moosbächli,* das im Weyermannshausmoos seinen Anfang nahm und kurz vor der Freiburgstrasse in den ↗Stadtbach mündete. Das *Warme Bächli* soll im Gegensatz zum Stadtbach nie zugefroren sein.

Warteck 1) Hohgantweg 5. Während des Ersten Weltkrieges eröffnetes Restaurant.
2) Zeughausgasse 3. Das Restaurant im Régence-Haus beim ↗Kornhaus hiess in der zweiten Hälfte des 19.Jh. *Café Ryf,* dann *Café Roth* und seit den ersten Jahren des 20.Jh. W. Der heutige Name ist *Räblus.*

Wartegg oder **Wartheim** Sonnenbergrain 35. Villa in der Besitzung DÄNDLIKER-V. WURSTEMBERGER (heute ↗Salem). H. FR. NÄGELI († 1579) soll dieses Haus erbaut haben. Deshalb hiess es auch *Nägeliheim* und in Erinnerung an den ersten Rektor des Diakonissenhauses *Dändlikerheim.*
Lit.: HAAS, Altenberg

Waschhaus Gerberngasse 29. Von den Waschhäusern des 18. und 19.Jh. steht nur noch dieses.

Wasenmätteli Kleines Bauerngut an der Engehaldestrasse 16. Das Gut hiess bis ins 19.Jh. *Wasenmeistermätteli,* weil dort der Wasenmeister Kadaver und die Leichen Hingerichteter verscharrte. Der untere und der östliche Teil des Gutes blieben 1891 beim Verkauf an die Stadt beim Staat und hiessen *Staatswasenmeistermätteli.*

Wasenmeistermätteli oder –gut ↗Wasenmätteli

Wasserpulverturm ↗Blutturm

Wasserschloss ↗Thunplatz-Brunnen

Wasserturm, auch **Marziliturm** Über den ersten, gezinnten Viereckturm ist wenig bekannt. 1697 wird das *Kleine Fort* erbaut, welches 1861 der ↗Aarstrasse weichen muss.
Standort: Östlich des Hauses Aarstrasse 76
Lit.: HOFER, Wehrbauten

Wasserwerkgasse Seit 1881 Bezeichnung der Gasse, die südlich des Strassenzuges Schifflaube–Gerberngasse verläuft (↗Kanalgasse).

v. Wattenwyl-Haus 1) ↗BEATRICE V. WATTENWYL-Haus **2)** Herrengasse 23. Kurz nach 1756 baut ERASMUS RITTER das um 1690 von ABRAHAM I. DÜNZ erbaute Haus DAVID SALOMON v. WATTENWYLS im späten Louis XV-Stil um. Vielleicht das wichtigste Werk RITTERS.
Lit.: KDM 2

Weberhof Seit 1912 dient der W. als Ersatz für den ↗Werkhof am Hirschengraben.
Standort: Schwarztorstrasse 102

Webern Gerechtigkeitsgasse 68. 1427 erwirbt die Gesellschaft zu W. ein Haus an der Kramgasse (Nr. 69 oder 73), 1465 dann das Haus Marktgasse 9, das sie mehrfach umbaut. Unter Werkmeister A. DÜNZ II. entsteht 1702/04 ein Neubau, der 1830/31 um den dritten Stock erhöht wird. 1911 zieht die Gesellschaft von der Marktgasse in ihr heutiges Haus an der Gerechtigkeitsgasse.
Lit.: KDM 6

Wehrbauten
↗Altenberg-Wartturm, Bastionen, Blutturm, Bogenschützentürmchen, Bubenbergtörli, Christoffelturm, Dittlingerturm, Entengraben, Felsenburg, Frauentor, Freitagschanze, Grabenpromenade, Hakentürmchen, Harnischturm, Harzwürsttürmchen, Hebammentörli, Hirschengraben, Holländerturm, Judentor, Jungiturm, Käfigturm, Kohlerturm, Kuttlerturm, Ländtetor, Langmauer. Lombachturm, Luntenturm, Marzilitor Oberes und Unteres, Marziliturm, Michelistörli, Münzturm, Nachrichterturm, Nydegg Burg, Obstberg-Wartturm, Pariserturm, Polygon, Predigertor, Ramseyerloch, Rossschwemmeturm, Schanze Grosse und Kleine, Schänzli, Schindelturm, Stadtbefestigung 1. bis 5., Steckenbrunnentor, Tränkitürli, Trommauer, Untertor, Wasserturm, Weisser Turm, Wurstembergerturm, Ziegelturm, Zwingelhof, Zytglogge

Weibel, Café ↗Merkur

Weibel-Kapelle Eine 1516 erwähnte Wegkapelle an der Laupenstrasse.

Weichenturm Im 19. Jh. Name des Stellwerks der ↗SCB.
Standort: Bollwerk 14

Weidhalde Bis ins 19. Jh. Name der Engehalde.

Weiermanns... Wenig gebräuchliche Schreibweise für ↗Weyermanns...

Weiher ↗Schwimmschule

Weihergasse ↗Mühlegasse

Weiherhüsi Ländliches Gebäude auf dem ↗Muesmattfeld. Abgebrannt zu Beginn des 20.Jh.
Standort: Vor dem Eingang des Hauses Sahlistrasse 10

Weiherschloss ↗Holligen

Weinhalle, Spanische 1) ↗Barcelona 1)
2) ↗Garnier

Weinplatz ↗Waisenhausplatz

Weinstube Die schon in der Mitte des 19.Jh. bestehende Wirtschaft im Haus Rathausgasse 19 verschwand mit dem Umbau des ↗Kaufhauses.

Weinzäpfli-Gedenktafel Die 1694 nach dem Tod des Kerzerser Pfarrers THEOBALD WEINZÄPFLI an der südlichen Brüstung der ↗Plattform angebrachte Gedenktafel erinnert an dessen Sturz vom Pferd über die Mauer hinaus, den er als Student am 23. Mai 1654 überlebt hatte.
Lit.: GRUNER, Deliciae

Weissenbühl 1) Landhaus an der Seftigenstrasse (Nrn. 29 u. 31) (↗Dapplesweg).
2) Landhaus am Friedheimweg Nr. 12.
3) Bahnhof ↗Südbahnhof.
4) Restaurant, Seftigenstrasse 47. Im letzten Jahrzehnt des 19.Jh. eröffnet.

Weissenheim Schwarzenburgstrasse 36. Das alte Landgut *Chutzen* (auch *Kauzen* geschrieben) heisst seit dem Umbau in der Mitte des 19.Jh. W. Seit 1871 befindet sich darin ein Heim für schwererziehbare Mädchen. Das alte Landhaus wurde beim Bau der Unterführung der Schwarzenburgstrasse 1964 abgebrochen.

Weissenloch ↗Wyssloch

Weissenstein 1) Bezeichnung der Terrasse zwischen ↗Holligen und dem Liebefeld (Gde. Köniz).
2) Hauensteinweg 12. In den Fünfzigerjahren des 18.Jh. erstellter Herrenstock des alten Landgutes W. Bei der Überbauung des Gutes durch F.TRACHSEL 1920/25 wurde es durch einen Umbau entstellt: Zwei Querflügel statt des T-förmigen Grundrisses, Vermauerung von Lauben und axialem Eingang.
Lit.: KDM 6

3) ⁊Kocher-Gut

4) Name der östlich ans ⁊Kocher-Gut anschliessenden Parzelle mit einem Landhaus.
Standort: Weissensteinstrasse 5

5) *Café W.* Zu Beginn des 20.Jh. eröffnetes, heute verschwundenes Restaurant.
Standort: Hopfenweg 23

Weisser Turm Nebentor der 4. ⁊Stadtbefestigung, erbaut 1345. Die Grabenbrücke führte auf die ⁊Schützenmatte hinaus. 1619 wird das Tor geschlossen und die Brücke entfernt. Der Turm dient im 17.Jh. als Pulver-, dann als Schwefeldepot. Abgebrochen 1833/35.
Standort: Südlich des Nordosteingangs des ⁊Amtshauses (Hodlerstrasse 7)
Lit.: Hofer, Wehrbauten

Welschfasshaus ⁊Fasshaus

Welschseckel-Schreiberei Die W. befand sich 1741–1798 im ⁊Nägelihaus 2) (Kornhausplatz 11).

Weltpost-Denkmal Am internationalen Preisausschreiben des Weltpostvereins in den Jahren 1903/04 gewann René de St. Marceaux (Paris) den 1. Preis. Sein Entwurf wurde 1908 in Bronze ausgeführt und am 4. Oktober 1909 auf der Kleinen ⁊Schanze eingeweiht.

Wendschatzbrunnen ⁊Vennerbrunnen

Wendschatzgasse Nach dem im 15.Jh. ausgestorbenen Berner Geschlecht Wendschatz genannte, nach dem Brand von 1405 erbaute Häuserreihe zu unterst an der Schattseite der ⁊Junkerngasse (heute ⁊Nydegg-Gasse Nr. 17 bis gegenüber dem Haus ⁊Nydeggstalden 30). An der W. standen von unten nach oben: das ⁊Morlotläubli, das ⁊Interlakenhaus, das Haus mit der Pintenwirtschaft zur ⁊Hoffnung, das ⁊Frienisbergerhaus und das nachmalige ⁊Böhlenhaus. Die Häuser wurden beim Bau der Zufahrt zur ⁊Nydeggbrücke in den Jahren 1842–1852 abgebrochen.
Lit.: KDM 2
Abbildungen 21 und 22, S.188

Wenger-Schule 1819 von Gottlieb Wenger (1799–1857) gegründete Privatschule im ⁊Polizeigebäude 1). Nach dem Tod des Gründers führte Gottl. Wenger jun. die Schule weiter.
Lit.: Durheim, Beschreibung

v. Werdt-Denkmal Kurz nach dem Tod des am 18. September 1802 im Stecklikrieg gefallenen Leutnants SIGMUND RUD. v. WERDT wird das ursprünglich von Trauerweiden überschattete Denkmal errichtet.
Standort: Östliche Stützmauer am Platz unten am Klösterlistutz, südöstlich des Hauses Altenbergstrasse 6
Lit.: KDM 1

v. Werdt-Haus 1) ↗Amtsschreiberei 3)
2) ↗ Seminar Muristalden

Werkhof, Äusserer oder Oberer ↗Steinwerkhof

Werkhof, Grosser ↗Holzwerkhof

Werkhof, Innerer ↗Münsterwerkhof

Werkhof am Altenberg Anlässlich der Belagerung von Le Landeron 1324 erwähnter W.
Standort: Auf dem ↗Saxer-Gut, Altenbergstrasse 29
Lit.: KDM 3

Werkhof am Hirschengraben Der aus dem Material des abgebrochenen ↗Holzwerkhofs 1850 errichtete W. verschwindet 1912. Er wird in den ↗Weberhof verlegt.
Standort: Bundesgasse 33/Schwanengasse 14
Lit.: KDM 3

Werkhof an der Sandfluh Der seit 1383 belegte W. war ursprünglich ein Zimmerplatz. Bis zu seiner Zuschüttung beim Bau des Grossen ↗Aargauerstaldens diente er dem Steinbruch an der ↗Sandfluh.
Standort: Altenbergstrasse 6
Lit.: KDM 3

Werkhof vor den Predigern Grosses ↗Zeughaus

Werkhofgasse ↗Swaflanzgasse

Werkmeistermätteli ↗Zehendermätteli

Wetterhorn ↗Schreckhorn

Wetterhüsi ↗Siebenschläfer-Kapelle

Weyermannshaus Murtenstrasse 131. Grosses Bauernhaus, das seit dem Ende des 17. Jh. ein Restaurant enthält. Vor der Verlegung der ↗Murtenstrasse lag das W. unmittelbar an dieser wichtigen Ausfallstrasse.

Weyermannshausbad und -see Der westliche Teil des westlichsten der drei Teiche, die das ↗Weyermannshausgut im 16.Jh. umfasste, wurde nicht zugeschüttet. Erst 1908/10 verlegte man den W.see weiter westwärts nahe an die Gemeindegrenze und richtete ihn als Badeanstalt ein. 1957/58 wurde diese umgebaut; 1972 kamen Hallenbad und Kunsteisbahn (Murtenstrasse 161) dazu.
Lit.: G. HOWALD, Der Holligenspiegel, Bern 1958

Weyermannshausgut Landgut zwischen Murten- und Freiburgstrasse. Da es sich über den ↗Steigerhubel erstreckt auch *Hubelgut* genannt. Von 1864 bis 1919 befand sich im 1692 ausgebauten Landhaus das *Gemeindelazarett,* ein Absonderungsspital für ansteckende Krankheiten, das erst mit dem Ausbau des ↗Tiefenauspitals aufgehoben werden konnte. Ihm folgte als letzte Benützerin des 1952 abgebrochenen Hauses die *Städt. Irrenstation Holligen.*
Standort: Etwas südlich des Hauses Bahnstrasse 53
Lit.: BfBGKA XXV

Weyermannshubel ↗Steigerhubel

Widmann-Brunnen Pavillonbrunnen am Südende des ↗Hirschengrabens, der 1914 in Erinnerung an den Dichter JOSEPH VICTOR WIDMANN (1842–1911) errichtet wurde. Die Bronze-Figur von HERMANN HALLER wurde erst 1923 aufgestellt.
Standort: Nördlich des Kiosks Bundesgasse 45
Lit.: SCHENK, Brunnenchronik

Widmer, Café Café ↗Kähr

Widmerkeller ↗Brunner-Haus

Wiener Café Am Ende der Sechzigerjahre des 19.Jh. vorerst als Bierablage eröffnete Wirtschaft der Brauerei JUKER. Mit dem Besitzerwechsel vor der Jahrhundertwende erhielt das bisher *Oberer Juker* genannte Restaurant den Namen *Gurten.* In den ersten Jahren des 20.Jh. hiess es *Café Zimmermann,* dann bald *Wiener Café.* Es wurde bei einer Erweiterung des Warenhauses LOEB aufgehoben.
Standort: Schauplatzgasse 32, heute zwischen Nord- und Südeingang des Warenhauses LOEB

Wienerpension In der Zeit des Ersten Weltkriegs bestehende Pension im Haus Kapellenstrasse 10

Wiggiswinkel Im 16. Jh. erwähnter Flurname.
Standort: Ungefähr Murtenstrasse 121

Wilder Mann 1) Das 1494 erwähnte Gasthaus zum ›W. M. befand sich bis 1643 im Haus Zibelegässli 16.
2) Der 1572 neu erbaute Gasthof an der Aarbergergasse 41 hiess bis 1643 *zum Hecht,* dann zum W. M. 1970 verschwand mit dem Abbruch des Hauses von 1924 auch das Hotel.
Lit.: KDM 6

Wildhain Von 1856 an wird ein Teil des ↗Manuelguts am heutigen Wildhainweg unter dem Namen W. parzelliert und überbaut. *Villa W.:* Wildhainweg 16.

Wildpark ↗Hirschenpark

Wild'sches Sommerhaus, auch **Hübeli** genannt. Das anfangs des 18. Jh. erbaute Landhaus gehörte in der ersten Hälfte des 18. Jh. JAK. ABRAHAM WILD. Nach seinen letzten Besitzern hiess die Besitzung später *Marcuard-Gut.* Abgebrochen 1934.
Standort: Hallerstrasse 49–55
Lit.: MORGENTHALER, Länggasse

Wilhelm Tell Café ↗Witschi

Willadingweg Name nach einem frühern Besitzer des westlichen ↗Kalcheggutes.

Winkelmühle Eine Mühle in der Nähe der ↗Stadtmühlen.
Standort: Mühleplatz 7
Lit.: WALTHARD, Description

Winkelried 1) Amthausgasse 10. Seit der Mitte des 19. Jh. bestehendes Restaurant, das im ersten Jahrzehnt des 20. Jh. den Namen in *Fürstenbergstübli* wechselte. Nach dem Ersten Weltkrieg hiess es *Café Schoop,* heute Restaurant *Ermitage.*
2) Belpstrasse 45. 1876 eröffnetes Restaurant, das vor dem ersten Jahrzehnt des 20. Jh. *Café Schaffer* hiess.

Wirtschaften ↗Gastgewerbe

Witemannshaus Bis zum Beginn des 15. Jh. Name des ↗Weyermannshausguts. Das W. soll ein Reichslehen gewesen sein.
Lit.: DURHEIM, Beschreibung

Witschi, Café Das um die Mitte des 19.Jh. eröffnete Hotel *Wilhelm Tell* wurde im Ersten Weltkrieg nur noch als Café W. weitergeführt; kurz vorher hiess es *Café Peschl*.
Standort: Zeughausgasse 27, um die Jahrhundertwende auch in Nr.29, später nicht mehr in Nr.27

Wittigkofen In der zweiten Hälfte des 13.Jh. genannter ritterlicher Lehenssitz, der dem Quartier den Namen gegeben hat. Das *Schloss W.* (Melchenbühlweg 37) wurde nach dem Brand von 1580 neu aufgebaut. In den Jahren zwischen 1740 und 1755 erfolgte der Umbau der Gebäude wie sie heute bestehen. 1715: Entdeckung von Gräbern aus der Völkerwanderungszeit.
Lit.: KDM 6

Witzwil, Wartsaal von ↗Grünegg 2)

Wolfstrasse 1915–1940 Name der nördlichen Verbindungsstrasse, zwischen der Aegerten- und der Schillingstrasse.

Worblaufenfeld Gebiet des heutigen Tiefenauspitals und des östlich anschliessenden Quartiers.

Worblaufenhaus, gelegentlich kurz **Worbhaus** genannt. 1907 abgebrochenes Eckhaus aus dem frühen 16.Jh. Name nach der Besitzerin, der Wollenspinnerei und -färberei Worb in Worblaufen. Der nach dem Besitzer *Zurbrügghaus* genannte Neubau von E.Joos verschwand 1967.
Standort: Spitalgasse 2
Lit.: KDM 2

Wundspital ↗Inselspital 1)

Würgengel ↗Eisenbahnbrücke

Wurstemberger-Gedenktafel Aarbergergasse 26. An diesem Hause erinnert eine Gedenktafel an SOPHIE WURSTEMBERGER (1809–1878), die in diesen Räumen am 25.Juli 1844 das Diakonissenhaus gründete. Die Gründerin heiratete 1855 JOH.FRIEDRICH DÄNDLIKER (1821–1900), den ersten Vorsteher des Diakonissenhauses und Gründer des ↗Salem-Spitals.

Wurstembergerkeller Kellerwirtschaft im Gesellschaftshaus zu ↗Obergerbern. Der kurz vor dem Ersten Weltkrieg geschlossene W. hiess auch *Hintergerbernkeller*.
Standort: Marktgasse 1

Wurstembergerturm, vor der Mitte des 18.Jh. **Grosser Egg-turm,** auch **Tillierturm.** Die äussere und die innere Mauer stiessen an diesen Turm der ↗4. Stadtbefestigung. Er wurde 1468/70 abgebrochen und neu aufgebaut. Seit 1720 Zeughaus der WUR-STEMBERGER Geschwindstücke, so benannt nach ihrem Erfinder J. R. WURSTEMBERGER (1679–1748), Oberstkommandant der Bernischen Artillerie. 1878 wird der Turm als Wohnhaus und Werkstatt verbaut. Die Fundamente sind im Hause Hodler-strasse 16 (Nordflügel) erhalten.

Lit.: HOFER, Wehrbauten

Wyberchefi ↗Frauentor

Wybermärit ↗Marktgasse

Wyderrain Der Name erinnert an die Grundbesitzerin in den Achtzigerjahren des 19.Jh., die Firma KONRAD & WYDER. Auf die gleiche Bauunternehmung geht der Name *Konradweg* zurück.

Wyler Bezeichnung der Moränenterrasse nördlich und nordwestlich des ↗Breitenrains.

Wyler, Hinterer Ca. 1880 erbautes, heute verschwundenes Vorstadthaus.

Standort: Nördlich des Hauses Scheibenstrasse 59

Wyleregg 1) Zu Beginn der Achtzigerjahre des 19.Jh. erbautes Vorstadthaus mit Wirtschaft. Heute abgebrochen.

Standort: Wylerstrasse 109

2) Heute Bezeichnung des ganzen Quartiers am nördlichen Teil der Wylerstrasse.

Wylerfeld-Bahnhof Vor der Eröffnung des ↗Bahnhofs war 1857–1860 der provisorische W. Endpunkt der Eisenbahnlinien von Olten und Thun.

Standort: Westteil der Wylerfeldstrasse

Wylerfeld-Schiessstand 1) Der nach 1866 gebaute und 1889 aufgehobene Schiessstand auf dem Wylerfeld befand sich auf dem nordöstlichen Teil des Areals der ↗Marien-Kirche (Wyler-strasse 26). Der Scheibenstand (20 Scheiben) befand sich südlich der Kreuzung Scheibenstrasse (Nr. 33)/Flurstrasse (Nr. 3). An den W. erinnern die Namen *Scheibenstrasse, Standstrasse, Schüt-zenweg, Waffenweg, Zielweg* und *Zeigerweg.*

2) 1894 wurde ein neuer Schiessstand beim ↗Kühschatten 1) eingeweiht, der 1926 nach dem Bau des Schiessplatzes Oberfeld (Gemeinde Bolligen-Ostermundigen) noch bis in die Sechzigerjahre des 20.Jh. der neuen Eidg. ↗Waffenfabrik diente.
Standort: Wylerbad (Scheibenstrasse 65), Schussrichtung Nordnordost
Lit.: Reismusketenschützen-Gesellschaft Bern, Bern 1936

Wylergut Grosses Landgut am Westabhang des ↗Wylers gegen die Aare. 1868 wurde dort eine Pflegeanstalt für arme, schwachsinnige Kinder eröffnet.
Standort des Herrenstocks: Dändlikerweg 60

Wylergut, Kleines ↗Lorraine

Wylerholz Im 13.Jh. als *Buch-* und *Eichholz* erwähnter Wald, von dem schon damals der erstgenannte Teil gerodet wurde.

Wylermatte Ca. 1870 erbautes Vorstadthaus.
Standort: Wylerstrasse 25

Wyssloch Laubeggstrasse 91. Bauerngut mit Gebäuden aus dem frühen 17.Jh. zwischen Egelgasse und Laubeggstrasse. Es gehörte am Ende des 18.Jh. dem Pastetenbeck EM. WYSS. Im 19.Jh. wird es noch mit *Vorderwittigkofen* und verfälscht mit *Weissenloch* bezeichnet.

Wysslochweg Fussweg, der zwischen den Häusern Schosshaldestrasse 44 und 46 ins ↗Wyssloch hinunter und in der Talsohle nach Nordosten führt.

Wyss'sches Haus 1659/60 erwirbt die Stadt das Haus des Guardein WYSS und verlegt dahin die ↗Meitlilehr. Später wird es mit den beiden westlich anschliessenden Häusern zum Verwaltungsgebäude, das 1787 beim Brand der alten ↗Münzstatt beschädigt, abgestützt und 1793 abgebrochen wird.
Standort: Westlich an die alte Münzstatt anschliessend, dem Haus Rathausgasse 1 gegenüber
Lit.: KDM 3

Wyttenbach ↗Rossschwemme

Zähringen, zum Herzog von ↗Morlotläubli

Zähringer Badgasse 1. In der Nachfolge eines Hauses zweifelhaften Rufes um die Mitte des 19.Jh. eröffnetes Restaurant, dessen südlicher Anbau der Verbreiterung der ↗Aarstrasse 1967 weichen musste.

Zähringerbrunnen 1535 errichtet HANS HILTBRAND Figur, Kapitell und Säule des *Brunnens am Rossmarkt*. Der Name Z. taucht erst in der Mitte des 19.Jh. auf, nachdem es vorher nicht an andern historisierenden Vorschlägen gefehlt hat (1757 *Berchtolds-brunnstock*). Gelegentlich wird der Z. *Finstergässlibrunnen* genannt. 1889 stellt LAURENTI einen neuen Trog her. Zu Beginn des 20.Jh. heisst der Z. auch *Bärenbrunnen*.
Standort: Vor 1603 und seit 1902: vor dem Haus Kramgasse 63; 1603–1902 etwas weiter östlich vor dem Haus Nr. 61
Lit.: KDM 1

Zähringer-Denkmal 1) Das Standbild des Stadtgründers BERCHTOLD V. ZÄHRINGEN († 1218) wurde auf der ↗Plattform im Mai 1847 enthüllt. KARL EMANUEL TSCHARNER vom Lohn schuf nachher auch die vier Bronzetafeln, die am Postament (entworfen von FRIEDRICH STUDER) befestigt wurden. Ende 1961 verschwindet das Z. von der Plattform und wird 1968 mit neuem Sockel im ↗Nydegghöfli aufgestellt. Die vier Bronzetafeln werden später an der Stützmauer der Nydeggasse befestigt.
Lit.: KDM 1

2) 1601 vom Münsterbaumeister HANS THÜRING geschaffenes Denkmal am Ostabschluss des Südschiffes des ↗Münsters, 1673 von C. H. FRIEDRICH in frühbarocker Manier mit Scheinarchitektur umgeben.
Standort: ↗Matterkapelle
Lit.: KDM 4

Zähringerhof 1) ↗Schweizerhof
2) Hallerstrasse 19. Im letzten Jahrzehnt des 19.Jh. eröffnetes Hotel. Heute nur noch Restaurant.

Zähringerstadt ↗Bern

Zähringia Zu Beginn des 20.Jh. eröffnetes, heute verschwundenes Restaurant, das anfänglich *Alkoholfreies Logenheim* hiess.
Standort: Gesellschaftsstrasse 37

Zankbrunnen Eine Quelle im Bächtelengut (Wabern), die zehn Miteigentümern vom ↗Hölzigen Ofen bis an die ↗Inselgasse zugeleitet wurde.
Lit.: DURHEIM, Beschreibung

Zbinden Café ↗Schär

Zebra Schwalbenweg 2. Im vorletzten Jahrzehnt des 19.Jh. als Café *Muesmatt* eröffnetes Restaurant. Die Änderung des Namens in Z. erfolgte in den ersten Jahren des 20.Jh.
Ursprünglicher Standort: Fabrikstrasse 36

Zeerleder, Privatbank Ludwig Z. ↗Grenus-Haus

Zeerleder-Haus Junkerngasse 51. 1516 wird der Westteil des heutigen Hauses, das frühere Stadthaus des Nonnenklosters Fraubrunnen, mit dem Ostteil vereinigt. Die Gassenfront dieses spätgotischen Hauses wurde 1897 von HANS und RUDOLF MÜNGER mit dem Besitzerstammbaum von 1335 bis 1806 (Übergang an die Familie ZEERLEDER) bemalt.

Zehendermätteli Reichenbachstrasse 161. Seit 1656 ist das Z. Sommersitz des Holzwerkmeisters. Es hiess vor 1798 offiziell *(Hölzern-) Werkmeister-Mätteli.* Seit der Wende zum 19.Jh. wird es nach den beiden letzten Amtsinhabern vor 1798 L.E. und E.ZEHENDER genannt. Die Wirtschaft besteht seit der Aufhebung des Holzwerkmeisteramtes 1814.
Lit.: KDM 3

Zehndscheuer Bis ins 19.Jh. Name der Scheuer, die zur ↗Spitalmatte 5) gehörte. Nach KARL ADOLF v.MORLOT (1820–67) wurden bei der Z. römische Leistenziegel gefunden.
Standort: Laubeggstrasse 21
Lit.: JbBHM 1897

Zeichenklassen, Städtische Brunngasse 66/Grabenpromenade 3. Die 1898 eröffneten Z. befanden sich ursprünglich im Grossen ↗Kornhaus (Kornhausplatz 18), wurden später teilweise dezentralisiert und bezogen 1922 das ↗Brunngassschulhaus.
Lit.: SCHIFFMANN, Städt. Z., ungedruckt, Schuldirektion der Stadt Bern

Zeigermätteli ↗Schützenmatte

Zeigerweg ↗Wylerfeld-Schiessstand

Zeitglocken-Apotheke Bim Zytglogge 5. Im Westteil des ehemaligen Gasthofes zur ↗Sonne 3) eröffnete DANIEL LAUTERBURG 1633 eine Apotheke. 1642 wurde dem Haus die hölzerne Verkaufsbude angebaut. An deren Stelle befindet sich heute ein Kiosk.

Zeitglockenturm ↗Zytglogge

Zentweg ↗Stationsweg

Zeughaus, Äusseres ↗Kavalleriekaserne

Zeughaus, Grosses Auf dem alten Werkhof vor den Predigern wird (nördlich des ↗Frauenturms) zwischen 1517 und 1526 das *Büchsenhaus* erbaut, das 1560 und 1577 erweitert wird. Zuletzt wird auch das Kornhaus des Grossen ↗Spitals einbezogen. Den Aus- und Neubau vollendet 1601 DANIEL HEINTZ II. Der Werkhof wird 1614 vor das Obere ↗Marzilitor verlegt. Das Z. wird 1876 abgebrochen.
Standort: Zeughausgasse 18–28, Nägeligasse 4–6 und 7–13
Lit.: KDM 3

Zeughaus, Venezianisches Vermutlich ein nur in der ersten Hälfte des 17.Jh. verwendeter Flügel des Baukomplexes des Grossen ↗Zeughauses. Das V.Z. diente zur Verwahrung der Armatur der in venezianischen Diensten stehenden Berner (Bündnis Berns und Zürichs mit Venedig 1615).
Lit.: KDM 3

Zeughausbrunnen ↗Lindenbrunnen

Zeughausgasse Die Z. heisst ursprünglich *vor den Predigern* nach dem nahe gelegenen ↗Predigerkloster. Seit der Reformation heisst sie bis ins 18.Jh. *Beim Totentanz* nach N. MANUELS «Totentanz» an der ↗Totentanzmauer. 1745 wird die Gasse Z. genannt und erstmals erweitert. Die zweite Erweiterung folgt 1880 beim Abbruch des Grossen ↗Zeughauses.
Lit.: KDM 2

Zeughausplatz ↗Waisenhausplatz

Zeughausschopf Langgestrecktes Gebäude, abgebrochen 1724 für den Bau der ↗Heiliggeistkirche
Standort: Nordwestteil des Hauses Bahnhofplatz 11

Zeughauswache Wachthaus der Stadtwache, 1746 erbaut, 1765 durch ein viersäuliges, nach Westen geöffnetes Peristyl von N. HEBLER erweitert, 1868 abgebrochen.
Standort: In der Mitte der Zeughausgasse nördlich des Hauses Waisenhausplatz 21
Lit.: KDM 3

Zeugwarthaus Die Verwaltungsräume des Grossen ↗Zeughauses und die Amtswohnung des Zeugwarts befinden sich seit dem 17.Jh. im zu diesem Zweck aus der ↗Stadtwerkmeisterwohnung umgebauten Haus Aarbergergasse 2. Nach 1798 beherbergt das Z. die Kantonale Militärdirektion. 1886 gelangt das

Haus in Privatbesitz (Café ↗STEIGER) und wird 1968 abgebrochen. Der Neubau folgt den alten Bauformen.
Lit.: KDM 3

Zibelegässli Bis ins 15.Jh. heisst das Z. zusammen mit der ↗Hotelgasse *An der alten Ringmauer.* Seit 1500 heisst es *Zwiebelnmarkt,* spätestens seit 1732 *Zwiebelgässchen,* seit 1959 lautet der Name Z.
Lit.: KDM 2

Zibelemärit Seit dem 15.Jh. findet an einem Montag im November (heute jeweils am vierten) der Z. statt. Der Z. soll für die (freiburgischen) Bauern aus dem Wistenlach als Dank für die Hilfe nach dem Stadtbrand von 1405 gestattet worden sein. Er fand nie nur im ↗Zibelegässli statt.

Ziegelacker Feld bei der Zentralwäscherei (Murtenstrasse 149). Bis 1771 im Besitz der Stadt.

Ziegelhof, Äusserer oder **Oberer** Seit 1355 städtische Ziegelei, die noch lange unter dem alten Namen ↗*Brunschür* bekannt bleibt. Das zweigeschossige Gebäude geht zusammen mit Ofenhaus, Ziegellager und dem ↗Ziegelacker 1771 in Privatbesitz über. Im 19.Jh. heisst die alte Ziegelhofverwalterwohnung *Ziegelhütte.* Abgebrochen 1911.
Standort: Laupenstrasse 8–12
Lit.: KDM 3

Ziegelhof, Innerer oder **Unterer** Im Zusammenhang mit dem Wiederaufbau nach dem Stadtbrand von 1405 vor dem ↗Golatenmattgasstor errichtet. Gegen Ende des 17.Jh. aufgehoben.
Lit.: KDM 3

Ziegelhütte ↗Ziegelhof, äusserer

Ziegelturm, früher **Holzrütiturm** Erbaut 1345. Turm der innern Mauer der ↗4.Stadtbefestigung. 1535 niedergebrannt und wieder aufgebaut. 1749/50 wird der Zwingelhof zwischen dem Z. und dem ↗Hakentürmchen für das ↗Salzmagazin überdeckt. Abgebrochen 1856 bei der Anlage der Christoffelgasse.
Standort: Christoffelgasse 3
Lit.: HOFER, Wehrbauten

Ziegelweg ↗Amselweg

Ziegler & Rollier, später **Ziegler jun. & Cie** Privatbank ↗Schnell

Zieglerplatz Heute Schwarztorstrasse zwischen Ziegler- und Belpstrasse

Zieglers Gässli ↗Länggasse 2)

Zieglerspital Morillonstrasse 79–91. Der 1867 verstorbene G. Em. Ludw. Ziegler (1807–1867) hinterlässt der Stadt Bern die ↗Bellevue-Besitzung und sein Kapital zum Bau eines Spitals für Bedürftige. Am 10. Mai 1869 wird das Spital eröffnet. Nach dem Neubau von 1881 umfasst das Z. 100 Betten. Spätere Erweiterungen folgten 1951 und 1968.
Lit.: Hundert Jahre Zieglerspital, Bern 1969

Zieglerstrasse-Brunnen ↗Münzstattbrunnen

Zielerhäuser Die Häuser Kramgasse 7/Münstergasse 6 heissen im letzten Viertel des 19. Jh. Z. nach der dort untergebrachten 1869 gegründeten Zieler'schen Waisenstiftung. Im 1559 erbauten spätgotischen Haus Kramgasse 7 lässt Wolfgang v. Mülinen 1645 das 1896 ins ↗Historische Museum versetzte Prunktäfer durch Hans Schulthes und Michel Lot anfertigen.
Lit.: KDM 2

Zielweg ↗Wylerfeld-Schiessstand

Zigerli v. Ringoltingen-Haus ↗Affen

Zimmerleuten Kramgasse 2. Die Gesellschaft zu Z., die 1389 erwähnt wird und damals vermutlich das Haus Münstergasse 78 besass, kauft 1520 das Haus Marktgasse 4, das mehrfach umgebaut und renoviert erst 1906/09 durch einen Neubau von Joos ersetzt wird. 1953 erwirbt die Zunft ihr heutiges Haus an der Kramgasse und baut es 1963/65 sorgfältig um.
Lit.: KDM 6

Zimmermann Oberer ↗Juker

Zimmermannia Brunngasse 19. Das in den frühen Vierzigerjahren des 19. Jh. von F. Zimmermann-Hügli eröffnete Restaurant war Stammlokal der radikalen Erneuerer des Staates Bern. Hier soll die Staatsverfassung von 1846 entstanden sein.
Lit.: KDM 2

Zimmerweg Bis 1932 hiess die Morillonstrasse zwischen Weissenbühlweg und Seftigenstrasse Z.

Zingg, Café Café ↗Bieri 2)

Zionskapelle Nägeligasse 4. 1877 von RUD. ISCHER erbaute Kapelle der Evangelischen Gemeinschaft.

Zollgasse, seit 1963 **Obere Z.** Die Z. ist eine seit alters bekannte Strasse, die den Warenverkehr vom Mittelland ins Oberland ausserhalb des Gebiets der städtischen Finanzhoheit vorbeiführte.

Zoologischer Garten Um die Mitte des 19. Jh. war ein Z. G. (CHALLANDES Tiergruppen) unten an der ↗Vannazhalde eingerichtet. Später wurde er nach Neuenburg verlegt.
Standort: Münzrain 10a
Lit.: DURHEIM, Beschreibung

Zuchthaus, Grosses In den Jahren 1826/30 nach Plänen von J. D. OSTERRIETH erbaut. Hauptwerk des Spätklassizismus in Bern. 1834 Übersiedlung der Sträflinge. Eingerichtet für 460 Insassen war diese grösste Strafanstalt der Schweiz von Anfang an mit 500–700 Sträflingen überbelegt. 1893/94 abgebrochen.
Standort: ↗Bollwerkpost, Bollwerk 25
Lit.: KDM 3; DURHEIM, Beschreibung
Abbildung 5, S. 51

Zuchthauslazarett Krankenanstalt des ↗Schallenwerks, 1792 erbaut, abgebrochen im ersten Jahrzehnt des 20. Jh.
Standort: Engehaldenstrasse 22

Zucht- und Waisenhaus ↗Knabenwaisenhaus

Zünfte und **Zunfthäuser**
↗Affen, Distelzwang, Kaufleuten, Metzgern, Mittellöwen, Mohren, Obergerwern, Pfistern, Rebleuten, Schiffleuten, Schmieden, Schuhmachern, Webern, Zimmerleuten

Zurbrügghaus ↗Worblaufenhaus

Zürichtor ↗Untertor

Zwiebelngässchen ↗Zibelegässli

Zwiebelnmarkt ↗Zibelegässli

Zwingelhof 1) Bernische Bezeichnung des Zwingers, des Raumes zwischen innerer und äusserer Stadtmauer.
2) Seit dem Bau der 4. ↗Stadtbefestigung bezeichnet Z. vor allem die entsprechende Anlage zwischen ↗Wurstembergerturm und Oberem ↗Marzilitor.

Zwischen den Toren ↗Bubenbergplatz

Zytglogge 1) Bim Zytglogge 3. Der vermutlich vor 1218 erbaute Turm der ↗2. Stadtbefestigung diente von 1256 bis zum Anfang des 15. Jh. als *Kebie* (Gefängnis). Nach dem Brand von 1405 blieb die Durchfahrt nördlich des Z. offen, ebenso wurde Zugbrücke von 1239 nicht wieder hergestellt. Die heutige Form des Z., der seit dem 15. Jh. seiner Stundenglocke wegen *Zeitglokkenturm* heisst, geht auf die Renovation von 1770/71 zurück. Die Astronomische Uhr, die 1527/30 CASPAR BRUNNER schuf, ersetzte damals eine Bannerträgerfigur. Im Torbogen des Z. sind seit der Mitte des 17. Jh. die bernischen Urmasse angebracht. Die heutigen datieren von 1877 (Ablösung des Schweizerfusses durch den Meter).
Lit.: HOFER, Wehrbauten

2) Amthausgasse 2. Das in den Siebzigerjahren des 19. Jh. als *Café Hauptwache* eröffnete Restaurant heisst seit dem Neubau von 1905 Café Z. Die Namensänderung erfolgte nach der Verlegung der Kantonspolizei von der ↗Hauptwache ins ↗Amthaus 2). Der Populärname *Blausäure* erinnerte an den Suizid eines Arztes, der einen Kunstfehler begangen zu haben glaubte. Im Hause des C. Z. befand sich schon im 18. Jh. eine Kellerwirtschaft.

Zytgloggelaube und **Bim Zytglogge** Seit 1959 ist diese Schreibweise statt der früheren Zeitglocken... offiziell.

STANDORTVERZEICHNIS

Aufgeführt sind alle im alphabetischen Teil erwähnten Standorte mit einer bestimmten Hausnummer, wobei auf den betreffenden Hauptartikel verwiesen wird. Innerhalb der Strassen folgen die geraden Nummern den ungeraden.

PERSONENVERZEICHNIS

Aufgeführt sind alle im alphabetischen Teil erwähnten Personen, wobei auf die betreffenden Hauptartikel verwiesen wird.

AARBERG, JOHANN III. v.: v. Aarberg-Valangin-Haus
ABART FRANZ: Murtentor
ABEILLE JOSEPH: Burgerspital
AESCHBACHER, Seidenweber: Mattenspital
ANNA FEODOROWNA: Alexandraweg, Elfenau
ALEXANDRA FEODOROWNA: Alexandraweg
ANTOINE JACQUES DENIS: Münzstatt, Neue, Münzstattbrunnen, Münztor, Rathaus-Terrasse
APIARIUS MATTHIAS: Apiarius-Haus
ARMBRUSTER JOH.: Armbrusterhaus, Armbrusterkapelle
ARN, Bäcker: Bäckereiweg
AUBIGNE, THEODORE AGRIPPA D': Schanze, Grosse
AUER HANS: Bundeshaus Ost, Parlamentsgebäude

BACHMANN ISIDOR: Studerstein
BARGETZI, Steinmetz: Bärenplatzbrunnen, Mühleplatzbrunnen
BAUMGARTNER SAMUEL: Falken 1), Schmieden
BAUMGART, Architekt: Bollwerkpost
BAUR H., Architekt: Bruder Klausen-Kirche
BEER F.: Inselspital 1)
BELL, Ingenieur: Kornhausbrücke
BENTELI R., Architekt: Waisenhaus, Burgerliches
BERGMANN, Bildhauer: Belpstrassbrunnen
BERRY MELCHIOR: Bogenschützenhaus
BERSETH BEAT LUDWIG: Friedeck
BERSETH-MÜLLER MARIE: Melchenbühl
BEYER AUGUST: Münster
BIDER OSKAR: Bider-Denkmal
BIDERBO THOMAS: Elendenkreuzkapelle
BIRENVOGT NIKLAUS: Erlach-Ligerz-Kapelle, Lombachkapelle, Münsterkapelle
BITTER W., Architekt: Marienkirche
BLASER, Gemeinderat: Blasermätteli
BLUMENSTEIN, Oberrichter: Blumensteinstrasse
BÖHLEN, Müllermeister: Böhlenhaus, Böhlenstock

BÖHM, M., Architekt: Petruskirche
BONDELI C. A.: Bondelihaus
BÖSIGER, Architekt: BKW-Verwaltungsgebäude
BRACHER, Architekt: Obergericht
BRECHBÜHL, Architekt: Kunstmuseum
BRUNNER CASPAR: Zytglogge
BUBENBERG JOH. V.: Schwellenmätteli
– ADRIAN I. V.: Bubenberg-Denkmal, Bubenbergplatz, Kantonalbank
– ADRIAN II. V.: Bubenbergkapelle
BÜCHLER HEINRICH: Elendenherberge
BULZINGER HANS: Bulzingerkapelle
BÜREN, LUDWIG V.: Bürenstock
– OTTO V.: Bürenstock
BÜRKI FRITZ: Bürkihaus

CALDELARI, Bildhauer: Hallerdenkmal 1)
CHALLANDE: Zoologischer Garten
CHAMPAGNE LOUIS DE, Comte DE LA SUZE: Hohliebe, Schanze Gr.
CHÉRET PHILIPPE: Davidbrunnen
CHRISTEN RAPHAEL: Bernabrunnen, Kunstmuseum
CURJEL, Architekt: Johanneskirche, Pauluskirche
CYRO PETER: Cyro-Haus

DÄHLER, Architekt: Nydeggkirche
DÄNDLIKER, JOH. FRIEDR.: Salem, Wurstemberger-Gedenktafel
DAPPLES ERNST: Dapplesweg
DAXELHOFER L. M.: Obergericht, Schweizerhof
– H.: Gymnasium Kirchenfeld, Markuskirche
– Bildhauer: Mosesbrunnen
DIESBACH HANS GEORG V.: Diesbachhaus
– NIKLAUS II. V.: Diesbachkapelle
DIWY CARL RUDOLF: Posthaus
DORER OTTO: Telegraphengebäude
– ROBERT: Kantonalbank
DUBI HANS: Anna Seiler-Brunnen, Simsonbrunnen, Thunplatz-Brunnen
DUBI SAMUEL: Burgau
DUMAS F., Architekt: Marienkirche
DÜNZ ABRAHAM (I): Lindenbrunnen, Schützenbrunnen, Schützenhausbrunnen, v. Wattenwylhaus

– Abraham (II): Inselspital 1), Kornhaus, Rathaus 3), Webern
– Hans Jakob: Deutscheckelschreiberei, Kirchbergerhaus, Kornhaus, Rathaus-Apotheke, Schultheissenpforte
Dürer Albrecht: Pfeiferbrunnen
Durheim Joh., Seckelschreiber: Durheimhaus
– J. C.: Blutturm

Edelstein Abraham: Fleischschaal, Staatskanzlei
Effinger Friedr. Ludwig v.: Effingerstrasse
Egger, Architekt: Matthäuskirche
Eggimann Karl Joh.: Eggimannstrasse
Eggimann, Architekt: Kaserne 4)
Einstein Albert: Einstein-Haus, Observatorium
Engel Samuel: Knabenwaisenhaus
Engel Franz Christoph: Engel-Gut
Ensinger Mathäus: Brüggler-Kapelle, Bulzinger-K. Diesbach-K., Krauchtal-K., Lombach-K., Münster, Ringoltingen-K., Schopfer-K., Schütz-K.
Erlach Alfred v.: Vannazhalde
– Bernhard v.: Erlachhaus 3)
– Hieronymus v.: Erlacherhof
– Rudolf v.: Davidbrunnen, Erlachdenkmal, Krauchthal-Kapelle
– Rudolf v.: Erlachhaus 2)
– v.-v. Ligerz Jonata: Erlach-Ligerz-Kapelle
Ernst R. A., Architekt: Metzgern

Fellenberg Edmund v.: Studerstein
Ferry, Architekt: Nydeggbrücke
Fischer J. F., Rittmeister: Reitschule
Fischer Beat: Posthaus
– Henry B. v.: Pavillon, Souvenir
– J. R.: Burgerkanzlei
– Max v.: Souvenir
Frey, Architekt: Matthäuskirche
Freudenreich Abr., Venner: Mädchenwaisenhaus
Fricker Thüring: Kantonalbank
Friedrich C. H.: Zähringerdenkmal 2)
– Valentin: Schanze, Grosse
Frisching Hans: Ringoltingen-Kapelle
– Samuel: Kantonalbank

Fruting Jakob: Fruting-Garten
Füchslin Adolf: Telegraphengebäude
Fueter Christian: Münzstatt, Neue
– Max: Konservatoriumsbrunnen, Staatskanzlei
Funk J.F., Bildhauer: Blatternspital, Gypsreibe, Thunplatz-Brunnen

Gabus William: Tierpark Dählhölzli
Gall Dominicus: Kreuzgassbrunnen
Ganting Hans: Lateinschule
Gantner Boley: Sonne 3)
Gassmann, Bildhauer: Davidbrunnen
Gassner Rupert: Schützengarten
Gengenbach H. v.: Rathaus 3)
Gerber Friedr. Gottlieb: Seminar Muristalden
Gieng Hans: Anna-Seiler-Brunnen, Gerechtigkeitsbr., Kindli-fresserbr., Läuferbr., Pfeiferbr., Ryfflibr., Simsonbr., Schüt-zenbr., Vennerbr.
Gohl Th., Architekt: Bundesarchiv
Gösler Joseph: Gösler-Haus
Goethe, Gartendirektor: Schanze, Kleine
Graf J., Negotiant: Neubrücke
Gränicher, Ingenieur: Altenbergsteg, Eisenbahnbrücke
Greyerz Emil v.: v. Greyerz-Denkmal 1)
– Otto v.: Schneckenhübeli
Gruber, Viererobmann: Engeallee
Grundmann Samuel: Grundmannhaus
Gruner, Dekan: Blutturm
Gryf Franz Samuel: Gryf-Egg
Guisan Henri: Guisan-Platz
Gunten W.v.: Staatsarchiv
Gürtler: Christoffel, Bastion
Gysenstein Niclaus v.: Elendenkreuzkapelle

Haller Albrecht v.: Anatomie 1), Haller-Denkmal, Hallerhaus 3), Hasli, Kantonalbank, Knabenwaisenhaus, Physiologisches Institut
– Albrecht Karl: Hallerhaus 1)
– Hermann: Bider-Denkmal, Widmann-Brunnen
– Karl Gabriel: Holzwerkmeisterhaus, Sommerleist
Hallwyl Hans v.: Kantonalbank
Hänny Karl: Kocherdenkmal, Rosengarten 1)

HARTENBACH, Ingenieur: Monbijoubrücke
HEBLER GOTTLIEB: Bürenstock, Davidbrunnen, Erlachdenk-
   mal, Schuhmachern, Stadtbibliothek, Waisenhausturnhalle,
   Waldau
HEBLER JOH. RUD.: Deutschseckelschreiberei, Marcuard-Haus 1),
   Staldenschule, Tscharnerhaus 2)
HEBLER NIKLAUS: Adler, Bundesplatz, Fleischschaal, Hebam-
   mentür, Kirchbergerhof, Stift, Zeughauswache
HEER AUGUST: Florabrunnen
HEINTZ DANIEL II.: Aarbergertor, Kaufhaus, Murtentor, Pfi-
   stern, Schanze, Grosse, Zeughaus, Grosses
HERPORT J. A.: Knabenwaisenhaus
HETZEL H.: Rathaus 3)
HILTBRAND HANS: Zähringerbrunnen
HILTY KARL: Hiltystrasse
HODLER ALFRED: Martinshubel, Sarepta, Universität
HODLER FERDINAND: Hodler-Gedenktafel, Hodlerstrasse
HOFFMANN FELIX: Schützkapelle
HOFMANN, Architekt: Casino 2), Falken 1), Tiefenauspital
HOSTETTLER, Architekt: Landesbibliothek
HÖTGER B., Bildhauer: Volkshaus
HOWALD KARL: Anna Seiler-Brunnen, Ryfflibrunnen, Venner-
   brunnen
HUGGLER ARNOLD: Rosengarten 1)
HÜNERWADEL A., Architekt: Alkoholverwaltung
HUTTENLOCHER F., Bildhauer: Bärenplatzbrunnen

IMHOOF, Topograph: Schanze, Kleine
IMHOF S. J.: Knabenwaisenhaus, Mohren, Schuhmachern, Sin-
   nerhaus
IMMER K. FR.: Kaufhaus
INDERMÜHLE ERNST: Antonierkirche
– KARL: Badgasse, Friedenskirche, Kunstmuseum, Länggass-
   brunnen, Löschbrunnen
INGOLD OTTO: Volkshaus
ISCHER RUDOLF: Johanneskirche, Mädchenschule, Neue, Zions-
   kapelle
ISENHUT ITA: Isenhuthaus

JECKER J.: Läuferbrunnen
JENNER FRANZ ABR.: Hasli
– JULIE V.: Jennerspital

- NIKLAUS: Jennerhaus 4)
- SAMUEL: Affen, Distelzwang, Hochschule, Mohren, Schuhmachern
JOOS EDUARD: Bundeshaus Nord, Universität, Worblaufenhaus, Zimmerleuten
JOST, Architekt: Bollwerkpost
JUSTINGER, KONRAD, Chronist: Käfigturm, Sack

KASSER A., Architekt: Parlamentsgebäude
KAUFMANN, Architekt: Landesbibliothek
KELLER JOHANNA: Pelikan
KIEFER OTTO: Pauluskirche
KIENTAL JOH. V.: Brügglerkapelle
KIRCHBERGER K. R.: Kirchbergerhof
KLAUSER, Architekt: Postmuseum
KLEINMANN PETER: Staatskanzlei
KLÖTZLI NIKLAUS: Klötzlikeller
KOCHER THEODOR: Kocher-Denkmal, K.-Gasse, K.-Spital
KOLLER GOTTLIEB: Kollerweg
KÖNIG ARNOLD: Engländerhubel
- NIKLAUS: König-Keller 2)
- RUDOLF: König-Keller 1)
- , Baumeister: Nydeggtreppe
KONRAD, Baumeister: Bäckereiweg
KRAFFT J., Hotelier: Antonierkirche, Bernerhof, Krone 1)
KRAUCHTHAL PETERMANN V.: Krauchthalkapelle, Thorbergerhaus
KRONECKER, Architekt: Physiologisches Institut
KÜNG ERHARD: Antonierkirche, Münster, Schultheissenpforte
KUNZ PAUL: Lorrainebrücke
KÜPFER, Architekt: Schuhmachern
KURZ DANIEL: Maulbeerbaum

LANZ ALFRED: Kunstmuseum, Naturhistor. Museum 2), Niggeler-Denkmal, Stämpflidenkmal
LAUFFER, Kaffeewirt: Falkenburg
LAURENTI ANSELMO: Pfeiferbrunnen, Zähringerbrunnen
LAUTERBURG DANIEL: Zeitglocken-Apotheke
LEDER FRIEDRICH: Lederstutz
LENTULUS RUPERTUS SCIPIO: Lentulus-Grab, Mon Repos

LERBER BEAT RUD. V.: Sulgeneck, Hafnerhäuschen
– FRANZ RUD.: Lerberhaus
– THEODOR V.: Lerberschule, Seminar Muristalden
LEU MAX: Bubenbergdenkmal
LINCK W.: Bärenplatzbrunnen, Brunner-Haus
LINDT, Architekt: Casino 2), Falken 1), Tiefenauspital
LORY C. L.: Loryspital
LÖSCH HEINR. PHILIPP: Löschbrunnen
LOT MICHEL: Zielerhäuser
LUTERNAU V.: Schanze, Kleine
LUTSTORF, Architekt: Krematorium, Oberseminar, Tierspital
LUTZ SAMUEL: Burgerspital, Operatorhaus, Reitschule 3), Stift,
  Tollhaus

MAGRAN-V. BÜREN PHILIPP: Bürenstock
MAILLART ROBERT: Lorrainebrücke
MANUEL HANS RUDOLF: Kindlifresserbrunnen
MANUEL NIKLAUS: Kantonalbank, Matterkapelle, Noll-Haus
  Totentanzmauer, Zeughausgasse
MANUEL NIKLAUS d. J.: Schopferkapelle
MARITZ SAMUEL: Bohrhaus, Giesshaus
MATHYS ANDREAS: Plattform
MATHYS, Architekt: Krematorium, Oberseminar
MATTER HEINRICH: Isenhuthaus
MATTER PETER: Matterkapelle
MAY ANNA MARIA: Dienstenspital
– BARTHLOME: Mayhaus 1), 2
MENTH JOSEPH: Konservatoriumsbrunnen, Ryfflibrunnen
MICHEL VON SCHWERTSCHWENDI WOLFGANG: Schopferkapelle
MINGER RUDOLF: Pulverweg
MIRANI A. M.: Aargauerstalden
MONTFAUCON AYMON DE: Falken 1)
– SEBASTIEN DE: Falken 1)
MORLOT KARL ADOLF: Zehntscheuer
MOSER KARL: Johanneskirche, Pauluskirche
MUHLEREN JOH. V.: Muhlerenhaus
MÜLINEN WOLFGANG V.: Zielerhäuser
MÜLLER AUGUST: Münster
– KARL EMANUEL: Nydeggbrücke
MÜLLER-WIPF, Architekt: Markuskirche
MÜNGER HANS: Zeerlederhaus

MÜNGER RUDOLF: Bärenplatzbrunnen, Brügglerkapelle, Kornhaus, Zeerlederhaus
MÜNSTER HANS V.: Antonierkirche
MUNZINGER KARL: Knabensekundarschule Munzinger
MURALT V., Altseckelmeister: Chardonne-Keller
MÜSLIN WOLFGANG: Herrengass-Pfarrhäuser
MUTACH, A.F. V.: Akademie, Hochschule

NÄGELI HANS FRANZ: Kantonalbank, Nägeligasse, Nägelihaus 1), 2), 3), Wartegg
NÄGELI HANS RUDOLF: Nägelihaus 3)
NAGER F., Architekt: Güterbahnhof
NAHL JOH. AUG.: Erlacherhof
NIEDERHÄUSER CARL: Sommer
NIGGELER JOHANNES: Niggeler-Denkmal
NIKOLAUS I., Zar von Russland: Alexandraweg
NOLL ANTON: Noll-Haus
– HANS: Krauchthal-Kapelle

OESCHGER, Architekt: Landesbibliothek
OSTERMANN D.: Löwen
OSTERRIETH JOH. DANIEL: Aarbergertor, Anatomie 1), Dittlingerturm, Münzstatt, Neue, Münzterrasse, Silberstrecke, Untertorbrücke, Zuchthaus Gr.
OTZ ERNST: Pfründerhaus

PERINCIOLI ETIENNE: Gerberngrabenbrunnen, Neuengassbrunnen, Oberer, Thunplatzbrunnen, Schanze Kl.
– MARCEL: Feuerwehrkaserne, Nydeggkirche, Staatsarchivbrunnen
PETERHANS, Architekt: Matthäuskirche
PIGUET GUSTAVE: Petruskirche
PLEPP JOSEPH: Herrengassbrunnen, Käfigturm
PRAROMAN BARBARA V.: Erlachhaus 2)
PROBST A., Architekt: Konservatorium
PUGIN FRANÇOIS-MICHEL: Bubenbergkapelle

REIST CHRISTIAN ANTON: Kreuzgassbrunnen
RENFER R., Architekt: Oberseminar
RINGOLTINGEN RUD. V.: Ringoltingenkapelle
RISCH M.: Rathaus 3)

RITTER ERASMUS: Felsenburg, Untertorbrücke, v. Wattenwyl-
haus
RODT EDUARD V.: Kaserne 4), Matterkapelle, Stadtbibliothek
ROMAGNOLI A. UND G.: Telegraphendenkmal
ROOS OTTO: Florabrunnen
ROSCHI-PLÜSS MARIA: Greisenasyl
RUESS JACOB: Münster
RÜMLIGEN JAKOB V.: Rümligenhaus
RUOF FRANZ: Ruof 1), 2)
RÜTTE FRIEDR. V.: Sulgeneck
RYBI E., Architekt: Synagoge 4)
RYF, Strumpffabrikant: Gypsreibe

SAHLI, HERMANN: Muldenstrasse
SALVISBERG FRIEDRICH: Kunstmuseum, Rathaus 3)
SAVOYEN KARL V.: Muhlerenhaus
SAXER FR. EM.: Saxergut
SCHAEFER FRIEDRICH: Davidbrunnen
SCHIFERLI RUDOLF ABRAHAM: Schiferligut
SCHILLING DIEBOLD: Schilling-Haus
SCHILTKNECHT NIKLAUS: Burgerspital, Franz. Kirche, Heilig-
geistkirche, Heiliggeistpfarrhaus, Kaufleuten, Läuferbrunnen
SCHLÄFLI LUDWIG: Observatorium
SCHLÜSSELVELD, Schneider: Schlüsselveld-Haus
SCHMALZ EM.: Burgau
SCHMID LORENZ: Stadtbibliothekbrunnen
– LUDWIG FRIEDRICH: Fastnacht & Buser, Kirchbergerhaus 1)
SCHNEIDER FRIEDRICH: Inselspital 2), Kornhaus
SCHNYDER LUDWIG FRIEDRICH: Bubenbergkapelle, Casino 1),
Rathausterrasse, Sommerleist, Stadtmühle
SCHOPFER PETER: Schopferkapelle
SCHULTHESS HANS: Zielerhäuser
SCHÜTZ-DREYER HANS UND BARBARA: Schütz-Kapelle
SCHWAAR WALTER: Haushaltungsschule, Tierspital
SEEWAGEN HEINI: Münster
SEGESSER H. V.: Dreifaltigkeitskirche
SEILER ANNA: Anna Seiler-Brunnen, Seilerinspital
– HEINRICH: Elendenherberge, Seilerinspital
– RUDOLF: Elendenherberge
SIDLER G. J.: Sidlerstrasse
SIEGWART HUGO: Hallerdenkmal 2)

Simon Anton Gottlieb: Simonstrasse
- Eduard Albert: Seidenweg
- Jakob: Storchen 2)
- Johann: Mattenspital
Simons, Ingenieur: Kornhausbrücke
Sinner Carl Ahasver: Blumenrain, Bröwenhaus, Käfiggässchen, Muralt-Häuser, Sommerleist
- Friedrich Emanuel: Falkenegg
- Jakob: Hallerhaus 3)
- Karl Ludwig: Sinnerhaus
- Rudolf: Bärenplatzbrunnen
Sommer Wwe.: Sommer
Sporrer, Bildhauer: Mosesbrunnen
Sprüngli Niklaus: Amthausgassbrunnen, Anna Seiler Brunnen, Bibliotheksgalerie, Burgerkanzlei, Burgerspitalkornhaus, Egelberg, Hangard, Hauptwache, Herberge z. Heimat, Hôtel de Musique, Kreuzgassbrunnen, Marcuard, Mosesbrunnen, Münzstatt, Neue, Muristaldenbrunnen, Nydegg 2), Plattform, Schiffländtebrunnen, Siechenschlössli, Sinnerhaus, Staldenwachthaus, Untertorbrücke, Waisenhausplatzbrunnen
- Pfarrer: Bibliothekgalerie
St. Marceaux René de: Weltpostdenkmal
Stämpfli Jakob: Stämpfli-Denkmal
Steiger Joh.: Lorraine
- Niklaus Friedr. v.: Bubenberg-Kapelle, Kantonalbank
Steiger S. A.: Mon Repos
- v., Architekt: Oberseminar
Stein, Professor: Sarepta
Steinegger Rudolf: Golaten
Stettler Eduard: Bogenschützenhaus, Obergerwern
- Eugen: Kunstmuseum, Lerberschule, Nydegglaube, Studer-Haus
Streit, Architekt: Postmuseum
Studer Bernhard: Studerstein 2)
- Friedrich: Baumgarten 1), Bernerhof, Bundeshaus West, Pfistern, Zähringerdenkmal 1)
- Gottlieb: Bei den Eichen, Studerstrasse
- H.: Konservatorium
Stürler Albrecht: Chorhaus 2), Durheimhaus, Erlacherhof, Grenus-Haus, Jennerhaus 4), Marcuard-Haus 1), Morlothaus 1),

Obergerwern, Rathaus des Äussern Standes, Stift, Tscharner-
haus 1)
– DANIEL: Posthaus, Vollenweiderhaus
– KARL: Sternen
– LUDWIG SAMUEL: Murtentor, Neuengassbrunnen, Oberer,
Obergerwern, Stadtmühle
SUZE Comte DE LA: Hohliebe, Schanze Gr.

THORMANN GABRIEL: Adler
THUN BELA V.: Bröwenhaus
THÜRING HANS: Kaufhaus, Zähringer-Denkmal 2)
TIÈCHE ADOLF: Kaserne 4), Kornhaus, Münzstattbrunnen, Neu-
engassbrunnen, Oberer
TILLMANN BERNHARD: Staatskanzlei
TRACHSEL F., Architekt: Weissenstein 2)
TRAFFELET FRIEDRICH: Ständli
TREYTORRENS FRANÇOIS DE: Schanze Gr.
TRÜSSEL BERTHA: Haushaltungsschule
TSCHIFFELI, Architekt: Bärengraben 4), Schuhmachern
TSCHARNER BEAT FRIEDR. V.: Tscharnerhaus 5)
– BEAT JAKOB: Tscharnerhaus 2)
– BERNHARD: Tscharnerhaus 1)
– D.'s WITWE: Tscharnerhaus 4)
– KARL EDUARD: Sulgeneck
– KARL EMANUEL: Zähringerdenkmal 1)
– KARL FRIEDRICH: Tscharnerstrasse
– NIKLAUS EMANUEL: Lateinschule
– SAMUEL: Tscharnerhaus 5)

VANNAZ SAMUEL: Vannazhalde
VIVINEL, Architekt: Münzstatt, Neue
VOLMAR JOSEPH SIMON: Erlach-Denkmal, Rossschwemmeturm
VORUZ, Ingenieur: Muristalden

WAEBER, Werkmeister: Hôtel de Musique
– KARL FRIEDRICH: Stadtmühle
WAGNER SIGMUND: Karlsruhe, Kunstmuseum
WALTHER THÜRING: Ringoltingen-Kapelle
WATTENWYL ALEXANDER V.: Sonne 1), Marcuardhaus 1)
– EMANUEL V.: Herberge z. Heimat
– EMANUEL MORITZ V.: Moritzweg

LITERATURABKÜRZUNGEN

Aufgeführt sind nur die Abkürzungen, die in den Literaturangaben des alphabetischen Teils verwendet werden.

BfBGKA	Blätter für Bernische Geschichte, Kunst und Altertumskunde
BLOESCH, Bern	H. BLOESCH, 700 Jahre Bern, Bern 1931
BRECHBÜHL, Länggasse	F. BRECHBÜHL, Länggass-Brückfeld-Linde-Stadtbach-Chronik, Bern 1960
BTb	Berner Taschenbücher
BZfGH	Berner Zeitschrift für Geschichte und Heimatkunde
DURHEIM, Beschreibung	C. J. DURHEIM, Beschreibung der Stadt Bern, Bern 1859
DURHEIM, Ortschaften	C. J. DURHEIM, Die Ortschaften des eidg. Freistaates Bern, Bern 1838
FELLER, Stadt Bern	R. FELLER, Die Stadt Bern seit 1798, Bern 1962
GOHL, Heilquellen	F. W. GOHL, Die Heilquellen und Badeanstalten des Kantons Bern, Bern 1862
GRUNER, Deliciae	(GRUNER J. R.,) Deliciae Urbis Bernae, Zürich 1732
HAAS, Altenberg	H. HAAS, Altenberg und Rabbental in Bern, in BZfGH 1947
HAAS, Nydegg	H. HAAS, An den Aareübergängen bei der Nydegg in Bern, in BZfGH 1945
HEBEISEN, Lorraine	A. HEBEISEN, Die Lorraine in Bern, Bern 1952
HOFER, Wehrbauten	P. HOFER, Die Wehrbauten Berns, Bern 1953
HOWALD, Brunnen 1–5	K. HOWALD, Brunnenchronik, Bd. 1–5, ungedruckt, Burgerbibliothek Bern
JbBHM	Jahrbuch des Bernischen Historischen Museums
KDM 1	P. HOFER, Kunstdenkmäler der Stadt Bern, Bd. 1, Basel 1952
KDM 2	P. HOFER, Kunstdenkmäler der Stadt Bern, Bd. 2, Basel 1959
KDM 3	P. HOFER, Kunstdenkmäler der Stadt Bern, Bd. 3, Basel 1947
KDM 4	L. MOJON, Kunstdenkmäler der Stadt Bern, Bd. 4, Basel 1960
KDM 5	P. HOFER, L. MOJON, Kunstdenkmäler der Stadt Bern, Bd. 5, Basel
KDM 6	P. HOFER, Kunstdenkmäler der Stadt Bern, Bd. 6, Manuskript beim Verfasser
MANDACH, Henry B. v. Fischer	C. v. MANDACH, Henry B. v. Fischer, ein bernischer Architekt, in BZfGH 1951
MESSINGER, Geschichte	E. MESSINGER, Ein Rückblick auf die Geschichte der Juden in der Stadt Bern seit dem Jahre 1191, Bern 1948

MORGENTHALER, Felsenau	H. MORGENTHALER, Geschichtliche Angaben zum Kartenblatt Felsenau-Neubrücke, in BZfGH 1949
MORGENTHALER, Länggasse	H. MORGENTHALER, Gedenkschrift zum 75jährigen Bestehen des Länggassleistes Bern, Bern 1940
MORGENTHALER, Trinkwasser	H. MORGENTHALER, Die ältere Trinkwasserversorgung der Stadt Bern, Bern 1951
NBTb	Neue Folge der Berner Taschenbücher
v. RODT, Stadtgeschichte	E. RODT, Bernische Stadtgeschichte, Bern 1886
ROTHEN, Mädchenschule	G. ROTHEN, 100 Jahre Mädchenschule in der Stadt Bern, Bern 1936
SCHAUFELBERGER, Bankwesen	A. SCHAUFELBERGER, Die Geschichte des Bern. Bankwesens, Diss. Bern 1948
SCHENK, Brunnen	P. SCHENK, Berner Brunnenchronik, Bern 1960
SOMMERLATT, Adressenbuch	C. v. SOMMERLATT, Adressenbuch der Republik Bern, Bern, 1836
STÜRLER, Obergerwern	M. v. STÜRLER, Die Gesellschaft zu Ober-Gerwern in Bern, Bern 1924
TSCHUMI, Urgeschichte	O. TSCHUMI, Urgeschichte des Kantons Bern, Bern 1953
WALTHARD, Description	WALTHARD, Description topographique et historique de la ville et des environs de Berne, Bern 1827

ABBILDUNGSVERZEICHNIS

SCHRIFTEN
DER BERNER BURGERBIBLIOTHEK

Historisch-topographisches Lexikon der Stadt Bern in ihren Grenzen vor der Eingemeindung von Bümpliz am 1.Januar 1919, von BERCHTOLD WEBER, Bern 1976; 324 Seiten, 22 Abbildungen, 2 Stadtpläne; geb. ca. 38.– Fr.

AUSSERHALB IHRER REIHE «SCHRIFTEN DER BERNER BURGERBIBLIOTHEK» HAT DIE BIBLIOTHEK FOLGENDE WERKE VERÖFFENTLICHT:

Schätze der Burgerbibliothek Bern, hrg. im Auftrag der burgerlichen Behörden der Stadt Bern anlässlich der 600-Jahr-Feier des Bundes der Stadt Bern mit den Waldstätten, Bern 1953; 135 Seiten, 32 Tafeln (davon 8 farbig); geb. 26.– Fr.

Die illustrierten Handschriften der Burgerbibliothek Bern, Die vorkarolingischen und karolingischen Handschriften, von OTTO HOMBURGER, Bern 1962; 180 Seiten Text und Register, 63 Kunstdruckseiten mit 148 Abbildungen, 10 Farbtafeln; geb. 150.– Fr.

IM BUCHHANDEL ERHÄLTLICH

DIE «SCHRIFTEN DER BERNER BURGERBIBLIOTHEK» ERSCHEINEN IM

VERLAG STÄMPFLI & CIE AG BERN